P. GUGLIELMONI

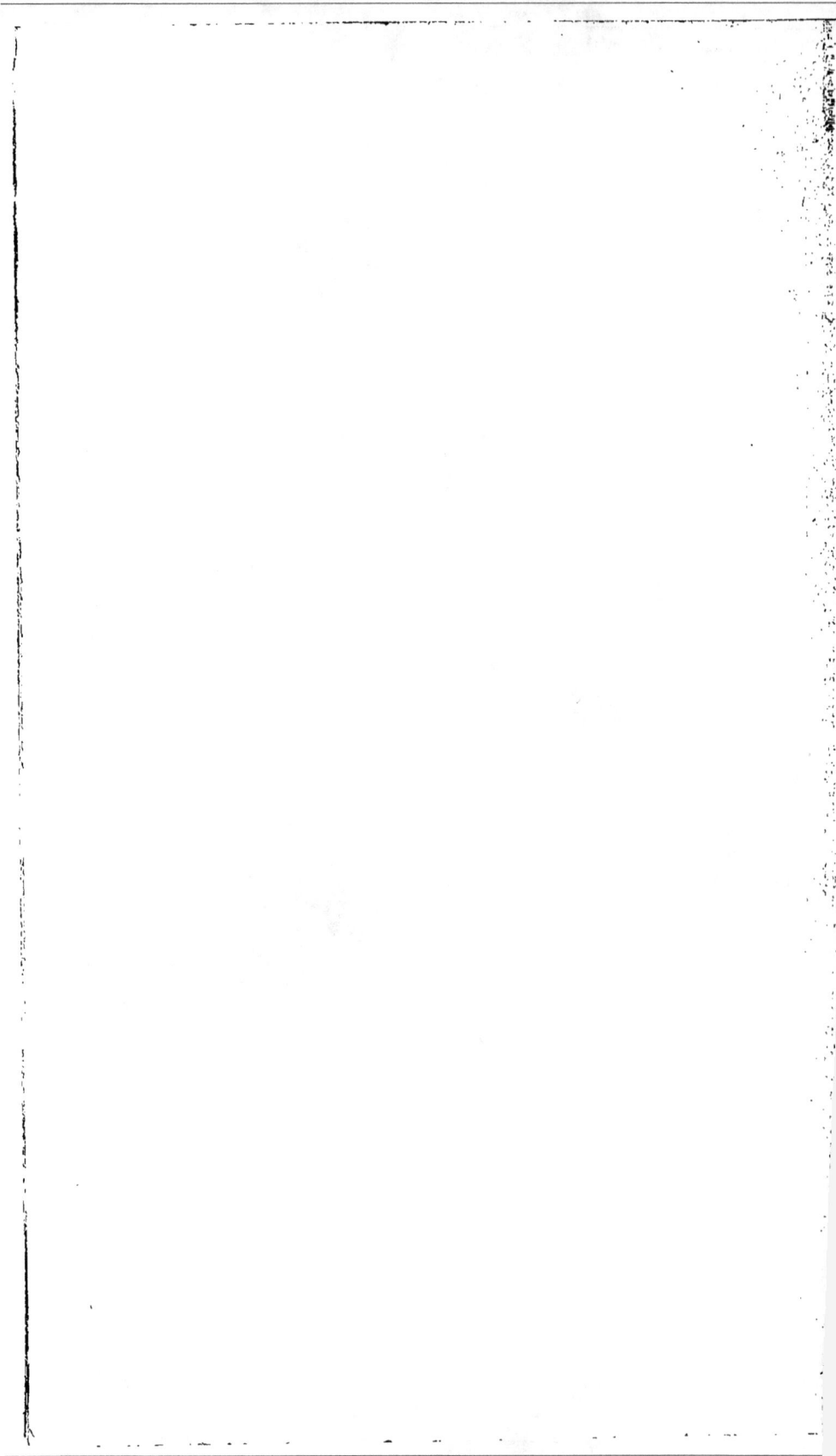

INSPECTION GÉNÉRALE DES FINANCES.

RECUEIL

DES

LOIS, DÉCRETS ET ORDONNANCES

SUR

LES CONTRIBUTIONS INDIRECTES

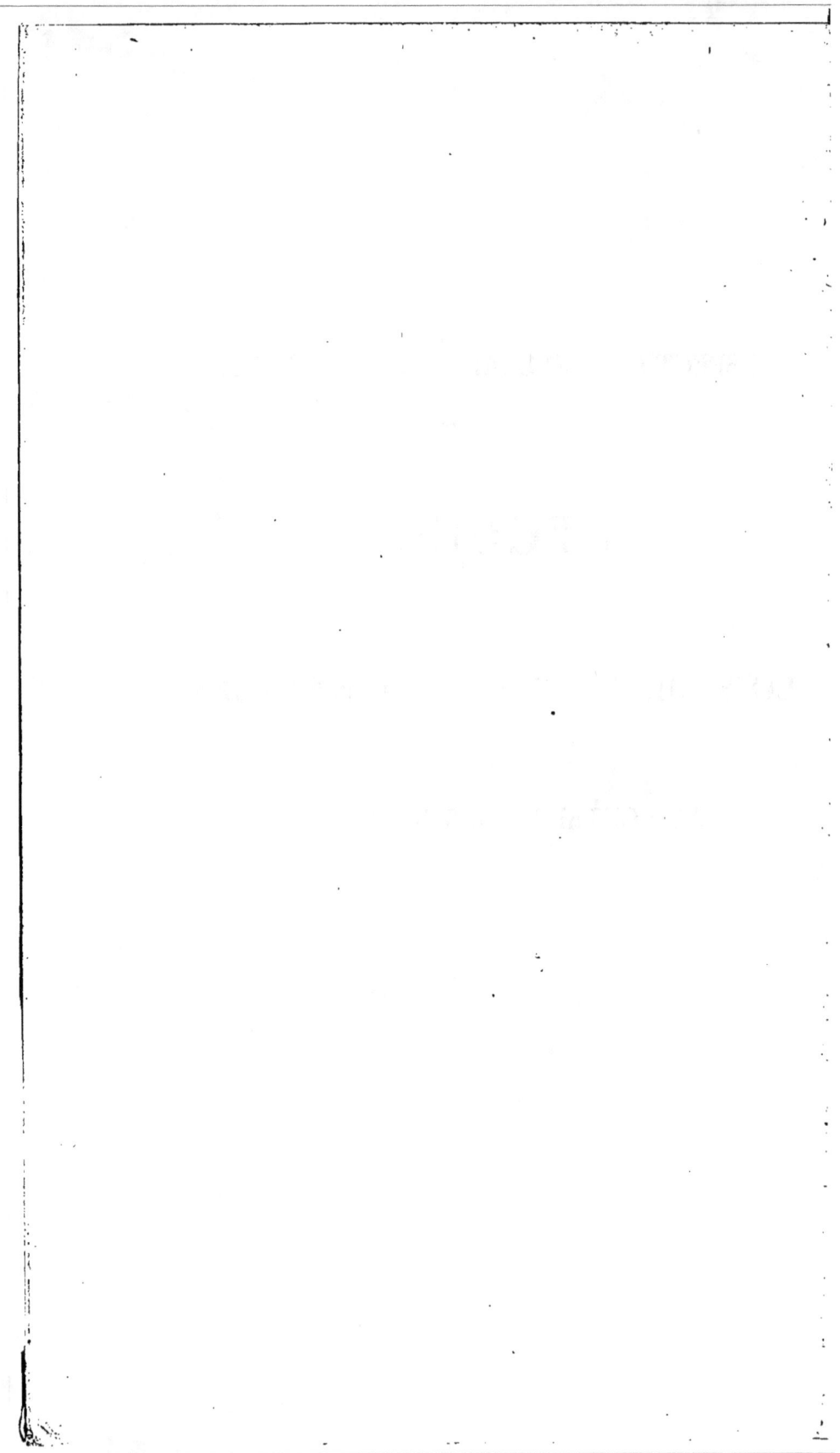

RECUEIL

DES

LOIS, DÉCRETS ET ORDONNANCES

SUR

LES CONTRIBUTIONS INDIRECTES

PARIS

IMPRIMERIE ROYALE

—

M DCCC XLIV

1845

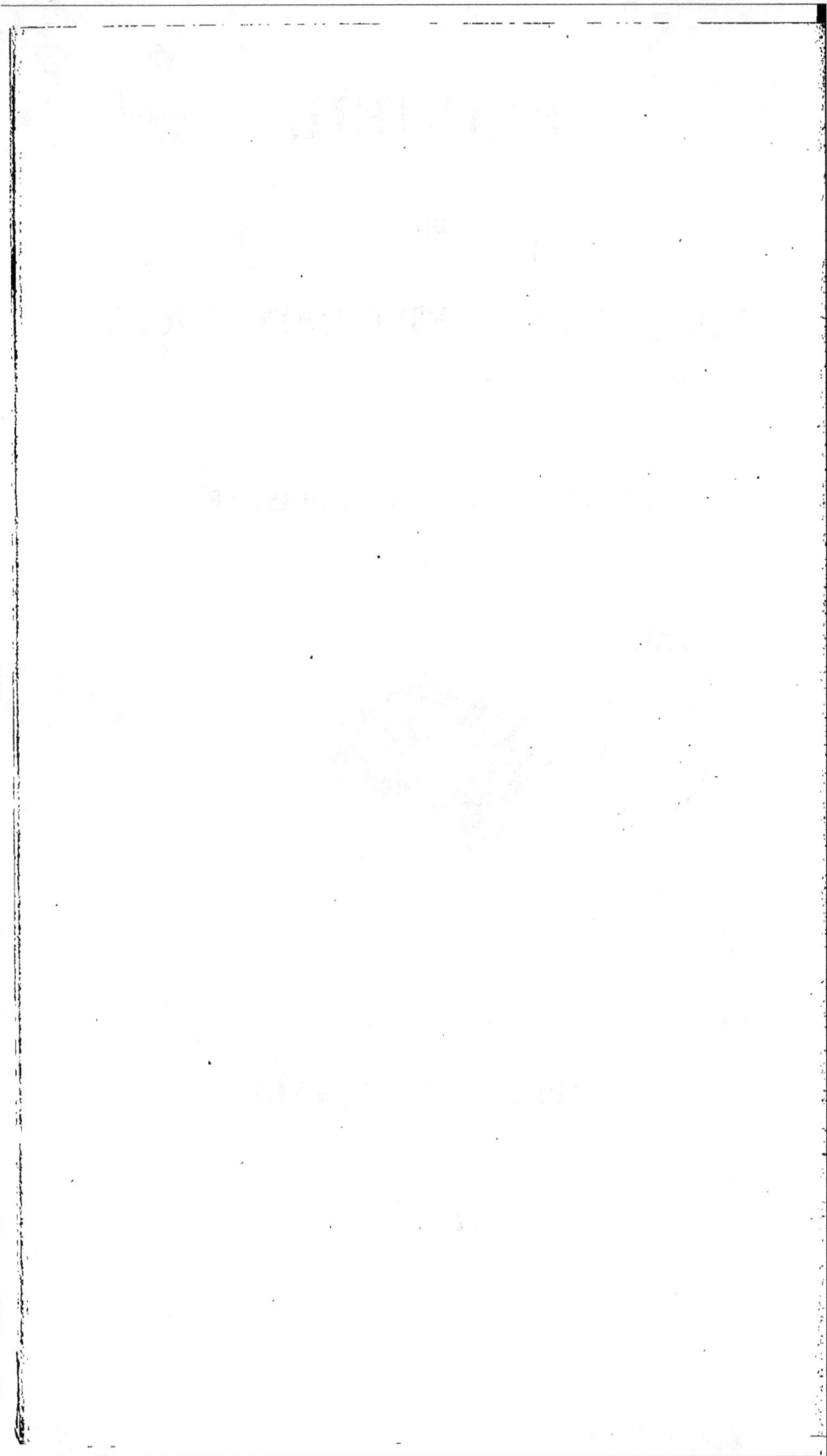

RECUEIL

DES

LOIS, DÉCRETS ET ORDONNANCES

SUR

LES CONTRIBUTIONS INDIRECTES.

BOISSONS.

LOI DU 28 AVRIL 1816.

TITRE Ier.

DROIT SUR LES BOISSONS.

CHAPITRE Ier.

DROIT DE CIRCULATION.

ART. 1er. A chaque enlèvement ou déplacement de vins, cidres, poirés, eaux-de-vie, esprits et liqueurs composées d'eau-de-vie ou d'esprits[1], sauf les exceptions qui seront

---

[1] Le droit de circulation a été supprimé sur les eaux-de-vie et esprits (art 2 de la loi du 24 juin 1824, n° 2), et établi sur les hydromels. (Loi du 25 mars 1817.)

énoncées par les articles 3, 4 et 5, il sera perçu un droit de circulation, conformément au tarif annexé à la présente loi, sous le n° 1 [1].

2. Il ne sera dû qu'un seul droit pour le transport à la destination déclarée, quelles que soient la longueur et la durée du trajet, et nonobstant toute interruption ou changement de voie et de moyens de transport.

3. Ne seront pas assujettis au droit imposé par l'article 1er,

1° Les boissons qu'un propriétaire fera conduire de son pressoir, ou d'un pressoir public, dans ses caves ou celliers;

2° Celles qu'un colon partiaire, fermier ou preneur à bail emphythéotique à rente, remettra au propriétaire ou recevra de lui, en vertu de baux authentiques ou d'usages notoires;

3° Les vins, cidres et poirés qui seront expédiés par un propriétaire, colon partiaire ou fermier, des caves ou celliers où sa récolte aura été déposée, et pourvu qu'ils proviennent de ladite récolte, quels que soient le lieu de destination et la qualité du destinataire [2].

4. La même exemption sera accordée aux négociants, marchands en gros, courtiers, facteurs, commissionnaires, distillateurs et débitants, pour les boissons qu'ils feront transporter de l'une de leurs caves dans une autre située dans l'étendue du même département [3].

5. Le transport des boissons qui seront enlevées pour l'étranger ou pour les colonies françaises [4] sera également affranchi du droit de circulation.

6. Aucun enlèvement ni transport de boissons ne pourra être fait sans déclaration préalable de l'expéditeur ou de l'a-

---

[1] Remplacé par le tarif annexé à la loi du 12 décembre 1830.
[2] Cet article a été remplacé par l'article 15 de la loi du 25 juin 1841.
[3] Remplacé par l'article 82 de la loi du 25 mars 1817.
[4] Et, en outre, *pour la ville de Paris* (art. 85 de la loi du 15 mai 1818), *pour une ville rédimée du droit de circulation* (art. 35 de la loi du 21 avril 1832), et enfin *pour toute personne faisant un commerce de boissons en vertu de licence* (art. 82 de la loi du 25 mars 1817).

cheteur, et sans que le conducteur soit muni d'un congé, d'un acquit-à-caution[1] ou d'un passavant pris au bureau de la régie. Il suffira d'une seule de ces expéditions pour plusieurs voitures ayant la même destination et marchant ensemble.

7. Les propriétaires, fermiers ou négociants qui feront transporter des vins, des cidres ou des poirés dans un des cas prévus par les articles 3 et 4, ne seront tenus de se munir que d'un passavant, dont le coût sera de 25 centimes, le droit de timbre compris.

8. Lorsque la déclaration aura pour objet des boissons expédiées à l'étranger ou aux colonies françaises[2], l'expéditeur, pour jouir de l'exemption prononcée par l'article 5, sera obligé de se munir d'un acquit-à-caution, sur lequel sera désigné le lieu de sortie. *Ce lieu ne pourra être changé sans qu'il y ait ouverture à la perception du droit, si ce n'est du consentement de la régie, qui ne pourra le refuser en cas de force majeure.*

Le coût de l'acquit-à-caution sera également de 25 centimes, y compris le timbre.

9. Dans tous les cas autres que ceux déterminés par les deux articles précédents, l'expéditeur sera tenu de payer les droits portés en l'article 1er, et de se munir d'un congé, s'il s'agit de vins, de cidres ou poirés; ou d'un acquit-à-caution, s'il s'agit d'eaux-de-vie, d'esprits ou de liqueurs, sauf l'exception qui sera prononcée par l'article 88 ci-après[3].

10. Il ne sera délivré de passavant, congé ou acquit-à-caution que sur des déclarations énonçant les quantités, espèces et qualités de boissons, les lieux d'enlèvement et de destination; les noms, prénoms, demeures et professions

[1] Voir ci-après, page 39, la législation sur les acquits-à-caution.

[2] Et, en outre, *à Paris ou à une ville rédimée du droit de circulation* ou enfin *à toute personne faisant un commerce de boissons en vertu de licence.*

[3] L'art. 9 a été abrogé par les articles 82 et 83 de la loi du 25 mars 1817 et par les articles 84 et 85 de la loi du 15 mai 1818.

des expéditeurs, voituriers et acheteurs ou destinataires[1]. Dans les cas d'exception posés par l'article 3, les déclarations contiendront, en outre, la mention que l'expéditeur est réellement propriétaire, fermier ou colon partiaire récoltant, et non marchand en gros ni débitant, et que les boissons expédiées proviennent de sa récolte.

11. L'obligation de déclarer l'enlèvement et de prendre des expéditions n'est point applicable aux transports de vendanges ou de fruits.

12. Dans tous les cas où un simple passavant[2] sera nécessaire, et lorsque la régie n'aura pas de bureau dans le lieu de l'enlèvement, cette expédition pourra n'être délivrée qu'au passage des boissons devant le premier bureau, moyennant que le conducteur ait été muni, au départ, d'un laissez-passer signé par l'expéditeur, et contenant toutes les indications voulues par la déclaration; ce laissez-passer sera échangé contre le passavant.

Les laissez-passer seront marqués du timbre de la régie; il en sera déposé en blanc dans les bureaux principaux, pour être délivré aux personnes solvables qui seront autorisées à en faire usage. Les propriétaires qui les auront obtenus seront obligés d'en faire connaître l'emploi; ils n'auront de valeur que durant le cours de l'année pendant laquelle ils auront été délivrés[3].

Toutes boissons circulant avec un laissez-passer au delà du bureau où il aurait dû être échangé seront considérées comme n'étant accompagnées d'aucune expédition, et passibles de la saisie.

13. Les boissons devront être conduites à la destination déclarée, dans le délai porté sur l'expédition. Ce délai sera fixé en raison des distances à parcourir et des moyens de

---

[1] Les *noms des destinataires* peuvent n'être déclarés qu'aux lieux d'arrivée. (Loi du 21 avril 1832, art. 43.)

[2] Ou toute autre *expédition*. (Art. 43 de la loi du 21 avril 1832.)

[3] Ces deux paragraphes sont modifiés par l'article 43 de la loi du 21 avril 1832.

transport. Il sera prolongé, en cas de séjour en route, de tout le temps pendant lequel le transport aura été interrompu. Il n'y aura lieu à la perception d'un nouveau droit de circulation que dans le cas où l'interruption serait suivie d'un changement de destination.

14. Le conducteur d'un chargement dont le transport sera suspendu sera tenu d'en faire la déclaration au bureau de la régie dans les vingt-quatre heures et avant le déchargement des boissons. Les congés, acquits-à-caution ou passavants seront conservés par les employés jusqu'à la reprise du transport. Ils seront visés et remis au départ, après vérification des boissons, lesquelles devront être représentées aux employés à toute réquisition.

15. Toute opération nécessaire à la conservation des boissons, telle que transvasion, ouillage ou rabattage, sera permise en cours de transport, mais seulement en présence des employés, qui en feront mention au dos des expéditions. Dans le cas où un accident de force majeure nécessiterait le prompt déchargement d'une voiture ou d'un bateau, ou la transvasion immédiate des boissons, ces opérations pourront avoir lieu sans déclaration préalable, à charge par le conducteur de faire constater l'accident par les employés, ou, à leur défaut, par le maire ou l'adjoint de la commune la plus voisine.

16. Les déductions réclamées pour coulage de route seront réglées d'après les distances parcourues, l'espèce de boissons, les moyens employés pour le transport, sa durée, la saison dans laquelle il aura été effectué et les accidents légalement constatés. La régie se conformera, à cet égard, aux usages du commerce.

17. Les voituriers, bateliers et tous autres, qui transporteront ou conduiront des boissons, seront tenus d'exhiber, à toute réquisition des employés des contributions indirectes, des douanes et des octrois, les congés, passavants ou acquits-à-caution, ou laissez-passer, dont ils devront être

porteurs; faute de représentation desdites expéditions, ou en cas de fraude ou de contravention, les employés saisiront le chargement; ils saisiront aussi les voitures, chevaux et autres objets servant au transport, mais seulement comme garantie de l'amende, à défaut de caution solvable. Les marchandises faisant partie du chargement, qui ne seront pas en fraude, seront rendues au propriétaire.

18. Les voyageurs ne seront pas tenus de se munir d'expéditions pour les vins destinés à leur usage pendant le voyage, pourvu qu'ils n'en transportent pas au delà de trois bouteilles par personne.

19. Les contraventions au présent chapitre seront punies de la confiscation des boissons saisies, et d'une amende de 100 à 600 francs, suivant la gravité des cas.

CHAPITRE II.

DROIT D'ENTRÉE.

§ Ier. De la Perception.

20. Il sera perçu, au profit du trésor, dans les villes et communes ayant une population agglomérée de *deux mille* âmes [1] et au-dessus, conformément au tarif annexé à la présente loi, sous le n° 2 [2], un droit d'entrée sur les boissons introduites ou fabriquées dans l'intérieur, et destinées à la consommation du lieu.

Le classement des départements, établi par le tableau n° 3 [3], pourra, s'il s'élève des réclamations, être rectifié par le ministre secrétaire d'État des finances, sur l'avis du directeur général des contributions indirectes, lorsqu'il sera reconnu qu'il y a eu erreur dans les calculs ou les bases qui ont déterminé la classification.

---

[1] Quatre mille. (Loi du 12 décembre 1830.)
[2] Remplacé par le tarif annexé à la la loi du 12 décembre 1830.
[3] Voir le tableau qui fait suite à la loi du 12 décembre 1830.

21. Ce droit sera perçu dans les faubourgs des lieux sujets, et sur toutes les boissons reçues par des débitants établis sur le territoire de la commune ; mais les habitations éparses et les dépendances rurales entièrement détachées du lieu principal en seront affranchies.

22. Les communes assujetties aux droits d'entrée seront rangées dans les différentes classes du tarif, en raison de leur population agglomérée. S'il s'élève des difficultés relativement à l'assujettissement d'une commune ou à la classe dans laquelle elle devra être rangée par sa population, la réclamation de la commune sera soumise au préfet, qui, après avoir pris l'opinion du sous-préfet et celle du directeur, la transmettra, avec son avis, au directeur général des contributions indirectes, sur le rapport duquel il sera statué par le ministre des finances, sauf le recours de droit, et la décision du préfet sera provisoirement exécutée.

23. Les vendanges et les fruits à cidre ou à poiré seront soumis au même droit, à raison de trois hectolitres de vendanges pour deux hectolitres de vin, et de cinq hectolitres de pommes ou poires pour deux hectolitres de cidre ou de poiré.

Les fruits secs destinés à la fabrication du cidre et du poiré seront imposés à raison de vingt-cinq kilogrammes de fruits pour un hectolitre de cidre ou de poiré. Les eaux-de-vie ou esprits altérés par un mélange quelconque seront soumis au même droit que les eaux-de-vie ou esprits purs.

24. Tout conducteur de boissons sera tenu, avant de les introduire dans un lieu sujet aux droits d'entrée, de produire les congés, acquits-à-caution ou passavants, dont il sera porteur, et d'acquitter les droits, si les boissons sont destinées à la consommation du lieu.

25. Dans les lieux où il n'existera qu'un bureau central de perception, les conducteurs ne pourront décharger les voitures, ni introduire les boissons au domicile du destina-

taire, avant d'avoir rempli les obligations qui leur sont imposées par l'article précédent.

26. Les boissons ne pourront être introduites dans un lieu sujet aux droits d'entrée que dans les intervalles de temps ci-après déterminés, savoir :

Pendant les mois de janvier, février, novembre et décembre, depuis sept heures du matin jusqu'à six heures du soir ;

Pendant les mois de mars, avril, septembre et octobre, depuis six heures du matin jusqu'à sept heures du soir;

Pendant les mois de mai, juin, juillet, août, depuis cinq heures du matin jusqu'à huit heures du soir.

27. Toute boisson introduite sans déclaration dans un lieu sujet aux droits d'entrée sera saisie par les employés; il en sera de même des chevaux, voitures et autres objets servant au transport, à défaut par le contrevenant de consigner le maximum de l'amende ou de donner caution solvable.

§ II. Du passe-debout.

28. Les boissons introduites dans un lieu sujet aux droits d'entrée, pour le traverser seulement ou y séjourner moins de vingt-quatre heures, ne seront pas soumises à ces droits, mais le conducteur sera tenu d'en consigner ou d'en faire cautionner le montant à l'entrée, et de se munir d'un passe-debout.

La somme consignée ne sera restituée ou la caution libérée qu'au départ des boissons, et après que la sortie du lieu en aura été justifiée.

Lorsqu'il sera possible de faire escorter les chargements, le conducteur sera dispensé de consigner ou de faire cautionner les droits.

29. Les boissons conduites à un marché, dans un lieu sujet aux droits d'entrée, seront soumises aux formalités prescrites par l'article précédent.

§ III. Du transit.

30. En cas de séjour des boissons, au delà de vingt-quatre heures, le transit sera déclaré conformément aux dispositions de l'article 14, et la consignation ou le cautionnement du droit d'entrée subsistera pendant toute la durée du séjour.

§ IV. De l'entrepôt.

31. Tout négociant ou propriétaire qui fera conduire dans un lieu sujet aux droits d'entrée *au moins neuf hectolitres de vin, dix-huit hectolitres de cidre ou poiré*[1], ou quatre hectolitres d'eau-de-vie ou d'esprit, pourra réclamer l'admission de ces boissons en entrepôt, et il ne sera tenu d'acquitter les droits que sur les quantités non représentées, et qu'il ne justifiera pas avoir fait sortir de la commune.

La durée de l'entrepôt est illimitée.

Ne seront pas tenus de faire entrer la quantité de boissons ci-dessus fixée, les négociants ou propriétaires jouissant déjà de l'entrepôt lors de l'introduction desdites boissons, en sorte qu'ils pourront n'en faire entrer qu'un hectolitre, s'ils le jugent à propos, sans qu'ils puissent être tenus d'en acquitter de suite les droits.

32. Tout bouilleur ou distillateur qui introduira dans un lieu sujet des vins, cidres ou poirés, pour être convertis en eau-de-vie ou esprit, pourra aussi réclamer l'entrepôt. Le produit de la distillation, constaté par l'exercice des employés, ne sera soumis aux droits d'entrée que dans le cas déterminé par l'article précédent.

33. La faculté d'entrepôt sera aussi accordée aux personnes qui introduiront dans les lieux sujets aux droits d'entrée des vendanges et fruits, et qui destineront les boissons en provenant à être transportées hors de la commune.

34. Cette même faculté pourra également être accordée

---

[1] Ces dispositions sont modifiées par l'article 39 de la loi du 21 avril 1832, en ce qui concerne les propriétaires récoltants.

à des particuliers qui recevraient des boissons pour être conduites, peu de temps après leur arrivée, soit à la campagne, soit à une autre résidence. La déclaration devra en être faite au moment de l'arrivée des boissons.

35. Les déclarations d'entrepôt seront faites avant l'introduction des chargements, et signées par les entrepositaires ou leurs fondés de pouvoirs. Elles indiqueront les magasins, caves ou celliers où les boissons devront être déposées, et serviront de titre pour la prise en charge.

36. Tout bouilleur ou distillateur de grains, marcs, lies, fruits et autres substances, établi dans un lieu sujet aux droits d'entrée, sera tenu, s'il ne réclame la faculté de l'entrepôt, d'acquitter ce droit sur l'eau-de-vie provenant de sa distillation, et dont la quantité sera constatée par l'exercice du commis.

37. Les entrepositaires, négociants ou distillateurs, seront soumis à toutes les obligations imposées aux marchands en gros de boissons. Ils seront tenus, en outre, de produire aux commis, lors de leurs exercices, des certificats de sortie pour les boissons qu'ils auront expédiées pour l'extérieur, et des quittances du droit d'entrée pour celles qu'ils auront livrées à l'intérieur. A la fin de chaque trimestre, ils seront soumis au payement de ce même droit sur les quantités manquantes à leurs charges, sauf les déductions pour coulage et ouillage autorisées par l'article 103 de la présente loi[1].

38. Lorsque les boissons auront été emmagasinées dans un entrepôt public, sous la clef de la régie, il ne sera exigé aucun droit de l'entrepositaire pour les manquants à ses charges.

39. Les personnes qui auront droit à l'entrepôt pourront l'obtenir à domicile, lors même qu'il existerait dans le lieu un entrepôt public[2] (Paris excepté).

---

[1] Cet article 103 est modifié par l'article 2 de la loi du 24 juin 1824, et par les articles 6 et 7 de la loi du 20 juillet 1837.

[2] Cette disposition est modifiée par l'article 9 de la loi du 28 juin 1833.

40. Dans celles des villes ouvertes où la perception des droits d'entrée sur les vendanges, pommes ou poires, ne peut être opérée au moment de l'introduction, la régie sera autorisée à faire faire, après la récolte, chez tous les propriétaires récoltants, l'inventaire des vins ou cidres fabriqués. Il en sera de même à l'égard des vendanges et fruits récoltés dans l'intérieur d'un lieu sujet aux droits d'entrée. Tout propriétaire qui ne réclamera pas l'entrepôt, *ou qui n'aura pas récolté une quantité de boissons suffisante pour l'obtenir* [1], sera tenu de payer *immédiatement* [2] les droits d'entrée sur les vins ou cidres inventoriés.

41. Les propriétaires qui jouiront de l'entrepôt pour les produits de leur récolte seulement, en vertu de l'article précédent, ne seront soumis, outre l'inventaire, qu'à un recensement avant la récolte suivante. Toutefois, ils seront obligés de payer le droit d'entrée au fur et à mesure de leurs ventes à l'intérieur. Lors du recensement, ils acquitteront le même droit sur les manquants non justifiés, déduction faite de la quantité allouée pour coulage et ouillage.

42. Les boissons dites *piquettes*, faites par les propriétaires récoltants avec de l'eau jetée sur les simples marcs, sans pression, ne seront pas inventoriées chez eux, et seront conséquemment exemptes du droit, à moins qu'elles ne soient déplacées pour être vendues en gros ou en détail.

43. Dans celles des villes sujettes aux droits d'entrée, où la perception du droit de détail sera remplacée par un abonnement avec la commune, conformément à l'article 73, le compte d'entrée et de sortie des boissons reçues par les entrepositaires sera tenu au bureau de la régie. Les employés feront seulement, chaque trimestre, et en présence de l'entrepositaire, les vérifications nécessaires pour constater les quantités de boissons qui resteront en magasin, et

---

[1] Il n'y a plus de limites. (Art. 39 de la loi du 21 avril 1832.)
[2] Ou par douzième. (Même loi.)

établir le décompte des droits dus sur celles qui auront été livrées à la consommation du lieu.

§ V. Dispositions particulières.

44. Les personnes voyageant à pied, à cheval, ou en voitures particulières et suspendues, ne seront pas assujetties aux visites des commis, à l'entrée des villes sujettes aux droits d'entrée [1].

45. Les courriers ne pourront être arrêtés à leur passage, sous prétexte de la perception ; mais ils seront obligés d'acquitter les droits sur les objets qui y seront sujets. A cet effet, les employés pourront accompagner les malles et assister à leur déchargement.

Tout courrier, tout employé des postes, qui serait convaincu d'avoir fait ou favorisé la fraude, outre les peines résultant de la contravention, serait destitué par l'autorité compétente.

46. Les contraventions aux dispositions du présent chapitre seront punies de la confiscation des boissons saisies, et d'une amende de 100 à 200 francs, suivant la gravité des cas, et sauf celui de la fraude en voitures suspendues, lequel entraînera toujours la condamnation à une amende de 1,000 francs.

Dans le cas de fraude par escalade, par souterrain ou à main armée, il sera infligé aux contrevenants une peine correctionnelle de six mois de prison, outre l'amende et la confiscation.

CHAPITRE III.
DROITS A LA VENTE EN DÉTAIL DES BOISSONS.

§ Ier. De la perception.

47. Il sera perçu, lors de la vente en détail des vins, cidres, poirés [2], *eaux-de-vie ou liqueurs composées d'eau-de-vie*

---

[1] Modifié pour Paris et les villes ayant un octroi. (Art. 7 de la loi du 29 mars 1832, et 9 de la loi du 24 mai 1834.)

[2] Et hydromels. (Loi du 25 mars 1817.)

ou d'esprit [1], *un droit de 15 pour 100 du prix de ladite vente* [2].

48. Les vendants en détail seront tenus de déclarer aux commis le prix de vente de leurs boissons chaque fois qu'ils en seront requis; lesdits prix seront inscrits tant sur les portatifs et registres, que sur une affiche apposée par le débitant dans le lieu le plus apparent de son domicile.

49. En cas de contestation entre les employés et les débitants, relativement à l'exactitude de la déclaration des prix de vente, il en sera référé au maire de la commune, lequel prononcera sur le différend, sauf le recours, de part et d'autre, au préfet en conseil de préfecture, qui statuera définitivement dans la huitaine, après avoir pris l'avis du sous-préfet et du directeur des contributions indirectes.

Le droit sera provisoirement perçu d'après la décision du maire, sauf rappel ou restitution. La décision ne pourra s'appliquer aux boissons débitées antérieurement à la contestation.

§ II. Des débitants.

50. Les cabaretiers, aubergistes, traiteurs, restaurateurs, maîtres d'hôtels garnis, cafetiers, liquoristes, buvetiers, débitants d'eau-de-vie, concierges, et autres donnant à manger au jour, au mois ou à l'année, ainsi que tous autres qui voudront se livrer à la vente en détail des boissons spécifiées en l'article 47, seront tenus de faire leur déclaration au bureau de la régie, dans les trois jours de la mise à exécution de la présente loi, et, à l'avenir, avant de commencer leur débit, de désigner les espèces et quantités de boissons qu'ils auront en leur possession, dans les caves ou celliers de leur demeure, ou ailleurs, ainsi que le lieu de la vente ; comme aussi d'indiquer par une enseigne ou bouchon leur qualité de débitant.

---

[1] Les eaux-de-vie et liqueurs sont maintenant frappées d'un droit général de consommation. (Loi du 24 juin 1824.)

[2] Modifié par l'article 3 de la loi du 12 décembre 1830.

51. Les cantiniers des troupes seront tenus de se conformer aux dispositions de l'article précédent, à l'exception de ceux établis dans les camps, forts et citadelles, pourvu qu'ils ne reçoivent que des militaires et qu'ils aient une commission du ministre de la guerre.

52. Toute personne qui vend en détail des boissons, de quelque espèce que ce soit, est sujette aux visites et exercices des employés de la régie.

53. Les boissons déclarées par les dénommés en l'article 50 seront comptées et prises en charge aux registres portatifs des commis. A cet effet, les futailles seront jaugées et marquées par les employés, les boissons dégustées, et le degré des eaux-de-vie et esprits vérifié : il en sera de même de toutes les boissons qui arriveront chez les vendants en détail pendant le cours du débit, et qui ne pourront être introduites dans leur domicile, leurs caves ou celliers, qu'en vertu de congés, acquits-à-cautions ou passavants, lesquels seront produits lors des visites et exercices, et seront relatés dans les actes de charge.

Les débitants domiciliés dans les lieux sujets aux droits d'entrée seront tenus, en outre, de produire aux employés, lors de leurs exercices, les quittances de ces droits pour les boissons qu'ils auront reçues, ainsi que celles des droits d'octroi ou de banlieue, lorsqu'ils auront dû être acquittés.

54. Le débit de chaque pièce sera suivi séparément, et le vide marqué sur la futaille à chaque exercice des employés. Les manquants seront constatés, comme les charges, par des actes réguliers, lesquels devront être signés de deux commis et inscrits à leurs registres portatifs.

55. Les débitants pourront avoir un registre sur papier libre, coté et paraphé par un juge de paix, et les commis seront tenus d'y consigner le résultat de leurs exercices et les payements qui auront été faits, ou de mentionner dans leurs actes, au portatif, le refus qu'aura fait le débitant de se munir dudit registre ou de le représenter.

56. Les débitants seront tenus d'ouvrir leurs caves, celliers et autres parties de leurs maisons aux employés, pour y faire leurs visites, même les jours de fêtes et dimanches, hors les heures où, à raison du service divin, lesdits lieux seront fermés en exécution des lois et ordonnances.

57. Les débitants ne pourront vendre de boissons en gros qu'en futailles contenant au moins un hectolitre [1], et il ne pourra en être fait décharge à leur compte qu'autant que les vaisseaux auront été démarqués par les commis. En cas d'enlèvement sans démarque, le droit de détail sera constaté sur la contenance des futailles, sans préjudice des effets de la contravention.

Le compte des débitants sera également déchargé des quantités de boissons gâtées ou perdues, lorsque la perte sera dûment justifiée.

58. Les vendants en détail ne pourront recevoir ni avoir chez eux, à moins d'une autorisation spéciale, de boissons en vaisseaux d'une contenance moindre qu'un hectolitre; ils ne pourront établir le débit des vins et eaux-de-vie sur des vaisseaux d'une contenance supérieure à cinq hectolitres, ni mettre en vente ou avoir en perce à la fois plus de trois pièces de chaque espèce de boissons. L'usage de mettre les vins en bouteilles sera néanmoins permis, pourvu que la transvasion ait lieu en présence des commis. Les bouteilles seront cachetées du cachet de la régie; le débitant fournira la cire et le feu.

59. Il est défendu aux débitants de faire aucun remplissage sur les tonneaux, soit marqués, soit démarqués, si ce n'est en présence des commis; d'enlever de leurs caves les pièces vides, sans qu'elles aient été préalablement démarquées, et de substituer de l'eau ou tout autre liquide aux boissons qui auront été reconnues dans les futailles lors de la prise en charge.

---

[1] Ou *en bouteilles cachetées*, dans le cas prévu par l'article 6 de la loi du 24 juin 1824, n° 3.

60. Les débitants ne pourront avoir qu'un seul râpé de raisin de trois hectolitres au plus, et, pouvu qu'ils aient en cave au moins trente hectolitres de vin; ils ne pourront verser de vin sur ce rapé hors la présence des commis.

61. Il est fait défense au vendants en détail de receler des boissons dans leurs maisons ou ailleurs, et à tous propriétaires ou principaux locataires de laisser entrer chez eux des boissons appartenant aux débitants, sans qu'il y ait bail par acte authentique pour les caves, celliers, magasins et autres lieux où seront placées lesdites boissons. Toute communication intérieure entre les maisons des débitants et les maisons voisines est interdite, et les commis sont autorisés à exiger qu'elle soit scellée.

62. Lorsqu'il y aura impossibilité d'interdire les communications, le voisin du débitant pourra être soumis aux exercices des commis et au payement du droit à la vente en détail, lorsque sa consommation apparente sera évidemment supérieure à ses facultés et à la consommation réelle de sa famille, d'après les habitudes du pays.

63. Dans le cas prévu par l'article précédent, et avant de procéder à aucune opération, les employés feront par écrit un rapport à leur directeur. Le directeur le transmettra au préfet, qui prononcera définitivement, sur l'avis du maire, et autorisera, s'il y a lieu, l'exercice chez le voisin du débitant. Les employés ne pourront procéder à cet exercice sans exhiber l'arrêté du préfet qui l'aura autorisé.

64. Si le résultat de cet exercice fait reconnaître une consommation apparente évidemment supérieure à la consommation réelle de l'individu exercé, le directeur en référera au préfet, qui, sur son rapport, et après avoir pris l'avis du sous-préfet et du maire, déterminera, chaque trimestre, la quantité qui sera allouée pour consommation, et celle qui sera assujettie au payement du droit.

65. Le décompte des droits à percevoir en raison des

boissons trouvées manquantes chez chaque débitant sera
arrêté tous les trois mois, et les quantités de boissons restantes seront portées à compte nouveau. Le payement desdits droits sera exigé à la fin de chaque trimestre, ou à la
cessation du commerce d'un débitant. Il pourra même l'être
au fur et à mesure de la vente, pourvu qu'il y ait une pièce
entière débitée, ou lorsque les boissons auront été mises
en vente dans les foires, marchés ou assemblées.

66. Il sera accordé aux débitants, pour tous déchets et
pour consommation de famille, trois pour cent sur le montant des droits de détail [1] qu'ils auront à payer.

67. Les débitants de boissons qui auront déclaré cesser
leur débit seront tenus de retirer leur enseigne ou bouchon, et resteront soumis, pendant les trois mois suivants,
aux visites et exercices des commis. En cas de continuation
de vente, il sera dressé procès-verbal de cette contravention, et, en outre, ils seront contraints, pour tout le temps
écoulé depuis la déclaration de cesser, au payement des
droits, proportionnellement aux sommes constatées à leur
charge pendant le trimestre précédent.

68. Les débitants qui auront refusé de souffrir les exercices des employés seront contraints, nonobstant les suites
à donner aux procès-verbaux, au payement du droit de
détail sur toutes les boissons restant en charge lors du dernier exercice. Ils seront tenus d'acquitter, en outre, le même
droit, pour tout le temps que les exercices demeureront
suspendus, au prorata de la somme la plus élevée qu'ils
auront payée pour un trimestre pendant les deux années
précédentes.

- A l'égard des débitants qui n'auraient pas été soumis
précédemment aux exercices, ils seront obligés d'acquitter
une somme égale à celle payée par le débitant le plus imposé du même canton de justice de paix.

Les procès-verbaux rapportés pour refus d'exercice se-

[1] Ou de consommation (art. 6 de la loi du 24 juin 1824).

ront présentés dans les vingt-quatre heures au maire de la commune, qui sera tenu de viser l'original.

69. La vente en détail des boissons ne pourra être faite par les bouilleurs ou distillateurs pendant le temps que durera leur fabrication. Cette vente pourra, toutefois, être autorisée, si le lieu du débit est totalement séparé de l'atelier de distillation.

§ III. Des abonnements pour le droit de vente en détail.

70. Toutes les fois qu'un débitant se soumettra à payer par abonnement l'équivalent du droit de détail dont il sera estimé passible, il devra y être admis par la régie. Lorsque la régie ne sera pas d'accord avec ledit débitant pour fixer l'équivalent du droit, le préfet, en conseil de préfecture, prononcera, sauf le recours au conseil d'État, en prenant en considération les consommations des années précédentes et les circonstances particulières qui peuvent influer sur le débit de l'année pour laquelle l'abonnement est requis. Les abonnements seront faits par écrit, et ne seront définitifs qu'après l'approbation de la régie. Leur durée ne pourra excéder un an. Ils ne pourront avoir pour effet d'attribuer à l'abonné le privilège de vendre, à l'exclusion de tous autres débitants qui voudraient s'établir dans la même commune.

71. Il pourra encore être consenti par la régie, de gré à gré avec les débitants, des abonnements à l'hectolitre pour les différentes espèces de boissons qu'ils auront déclaré vouloir vendre. Ces abonnements auront pour effet d'affranchir les débitants des obligations qui leur sont imposées relativement aux déclarations de prix de vente. Ils seront faits par écrits et approuvés par les directeurs, et ne pourront avoir plus de durée que deux trimestres.

72. Les abonnements consentis en vertu des deux articles précédents seront révoqués de plein droit, en cas de fraude ou contravention dûment constatée.

73. La régie devra également consentir dans les villes,

avec les conseils municipaux, lorsqu'ils en feront la demande, un abonnement général[1] pour le montant des droits de détail et de circulation dans l'intérieur, moyennant que la commune s'engage à verser dans les caisses de la régie, par vingt-quatrième, de quinzaine en quinzaine, la somme convenue pour l'abonnement, sauf à elle à s'imposer sur elle-même pour le recouvrement de cette somme, comme elle est autorisée à le faire pour les dépenses communales.

74. Ces abonnements, discutés entre les directeurs de la régie ou leurs délégués et les conseils municipaux, n'auront d'exécution qu'après qu'ils auront été approuvés par le ministre des finances, sur l'avis du préfet et le rapport du directeur général des contributions indirectes. Ils ne seront conclus que pour une année, et seront révocables de plein droit, en cas de non-payement d'un des termes à l'époque fixée.

75. La régie poursuivra le recouvrement des sommes dues au trésor en raison desdits abonnements, par voie de contrainte sur le receveur municipal, et par la saisie des deniers et revenus de la commune.

76. Dans les villes où ces abonnements seront accordés, tout exercice chez les débitants sera supprimé, et la circulation des boissons dans l'intérieur affranchie de toute formalité.

77. Sur la demande des deux tiers au moins des débitants d'une commune, approuvée en conseil municipal, et notifiée par le maire, la régie devra consentir pour une année, et sauf renouvellement, à remplacer la perception du droit de détail par exercice, au moyen d'une répartition, sur la totalité des redevables, de l'équivalent dudit droit.

78. Ce mode de remplacement ne pourra être admis qu'autant qu'il offrira un produit égal à celui d'une année moyenne, calculée d'après trois années consécutives d'exer-

---

[1] Ou une taxe unique aux entrées. (Art. 35 de la loi du 21 avril 1832.)

2.

cice. Il sera discuté entre les débitants ou leurs délégués et l'employé supérieur de la régie, en présence du maire ou d'un membre du conseil municipal, et pourra être exécuté provisoirement en vertu de l'autorisation du préfet, donnée sur la proposition du directeur de la régie : il devra néanmoins être approuvé par le ministre des finances, sur le rapport du directeur général des contributions indirectes.

Lorsque la régie ne sera pas d'accord avec lesdits débitants pour fixer l'équivalent du droit, le préfet, en conseil de préfecture, prononcera, sauf le recours au conseil d'État, en prenant en considération les consommations des années précédentes et les circonstances particulières qui peuvent influer sur le débit de l'année pour laquelle l'abonnement est requis.

79. Lorsque ce remplacement sera adopté, les syndics nommés par les débitants, sous la présidence du maire ou de son délégué, procéderont, en présence de ce magistrat, à la répartition de la somme à imposer entre tous les débitants alors existant dans la commune. Les rôles arrêtés par les syndics, et rendus exécutoires par le maire, seront remis au receveur de la régie, pour en poursuivre le recouvrement.

80. Les débitants ainsi abonnés seront solidaires pour le payement des sommes portées aux rôles. En conséquence, aucun nouveau débitant ne pourra s'établir dans la commune, pendant la durée de l'abonnement, s'il ne remplace un autre débitant compris dans la répartition.

81. Les sommes portées aux rôles seront exigibles par douzième, de mois en mois, d'avance et par voie de contrainte. A défaut de payement d'un terme échu, les redevables dûment mis en demeure, le directeur de la régie sera autorisé à faire prononcer par le préfet la révocation de l'abonnement, et à faire rétablir immédiatement la perception par exercices, sans préjudice des poursuites à exercer pour raison des sommes exigibles.

82. Les employés de la régie constateront par procès-verbal, à la requête des débitants ou de leurs syndics, toute vente en détail de boissons opérée dans la commune abonnée par des personnes non comprises dans la répartition. Les poursuites seront exercées par les syndics, et les condamnations prononcées au profit de la masse des débitants.

83. Le débitants ainsi abonnés, ou leurs syndics, pourront concéder à des personnes non comprises aux rôles de répartition le droit de vendre en détail des boissons lors des foires et assemblées.

84. Les sommes à recouvrer en exécution des deux articles précédents seront perçues par le receveur de la régie, et imputées à tous les débitants de la commune, au marc le franc de leur cote.

§. IV. Des propriétaires vendant en détail les boissons de leur cru.

85. Les propriétaires qui voudront vendre les boissons de leur cru en détail jouiront d'*une remise de 25 pour 100 sur les droits qu'ils auront à payer*[1]. Ils devront, dans la déclaration préalable à laquelle ils seront tenus comme tous les autres débitants, indiquer la quantité de boissons de leur cru qu'ils auront en leur possession, et celle dont ils entendront faire la vente en détail, et se soumettre, en outre, à ne vendre aucune boisson autre que celles de leur cru. Ils devront faire cette vente par eux-mêmes, ou par des domestiques à leurs gages, dans des maisons à eux appartenant, ou qu'ils auront louées par bail authentique.

86. Ils ne pourront fournir aux buveurs que les boissons déclarées, avec des bancs et tables, et seront libres d'établir leur vente en détail sur des vaisseaux d'une contenance supérieure à cinq hectolitres. Ils seront, d'ailleurs, assujettis à toutes les obligations imposées aux débitants de profession : néanmoins les visites et exercices des commis n'auront pas

[1] Remise supprimée par l'article 21 de la loi du 25 juin 1841.

lieu dans l'intérieur de leur domicile, pourvu que le local
où leurs boissons seront vendues en détail en soit séparé.

§ V. Du droit général de consommation sur l'eau-de-vie.

87. Un droit général de consommation, égal à celui fixé
pour la vente en détail par l'article 47, sera perçu sur toute
quantité d'eau-de-vie, d'esprit, ou de liqueur composée
d'eau-de-vie ou d'esprit, qui sera adressée à une personne
autre que celles assujetties aux exercices des employés de la
régie [1].

Ce droit ne sera pas dû sur les eaux-de-vie, esprits et
liqueurs qui seront exportés à l'étranger.

88. Le droit général de consommation sera perçu d'après
le prix courant de la vente en détail au lieu de destination [2].
Il sera payé à l'arrivée des boissons, et avant la décharge de
l'acquit-à-caution ; il pourra néanmoins être acquitté au lieu
de l'enlèvement par les expéditeurs, lesquels, dans ce cas,
seront tenus seulement, pour opérer le transport, de se
munir d'un congé, au lieu d'un acquit-à-caution.

89. Tout marchand en gros d'eau-de-vie, esprit et liqueur, acquittera le droit de consommation sur les quantités de ces boissons qui manqueront à ses charges après la
déduction fixée par l'article 103. La même obligation est
imposée à tout débitant qui cessera son commerce, pour
les quantités d'eaux-de-vie, esprits et liqueurs qu'il conservera.

90. Le droit de consommation ne sera point exigé des
personnes non soumises aux exercices, en cas de transport
d'eaux-de-vie, d'esprits ou de liqueurs de l'une de leurs
maisons dans une autre, ou dans un nouveau domicile, en
justifiant toutefois, aux employés appelés à décharger les
acquits-à-caution, de leurs droits à cette exemption.

Les bouilleurs de cru qui feront transporter les produits

[1] Modifié par l'article 1er de la loi du 24 juin 1824, n° 3.
[2] Modifié par le tarif annexé à la loi du 12 décembre 1830.

de leur distillation dans des caves ou magasins séparés de la brûlerie, n'auront droit à la même exemption qu'en soumettant ces caves ou magasins aux exercices des préposés de la régie.

91. Les eaux-de-vie versées sur les vins seront également affranchies du droit de consommation, pourvu que la quantité employée n'excéde pas un vingtième de la quantité de vin soumise à cette opération, qui ne pourra se faire qu'en présence des employés de la régie.

§ VI. Remplacement du droit de détail à Paris.

92. Il n'y aura pas, dans l'intérieur de la ville de Paris, d'exercices sur les boissons autres que les bières. Le droit de détail et celui d'entrée y seront remplacés au moyen d'une taxe unique aux entrées, fixée ainsi qu'il suit [1] :

93. Les dispositions du chapitre II, et les peines y prononcées en cas de contravention, sont applicables à la taxe établie par l'article précédent.

§ VII. Dispositions générales applicables au présent chapitre.

94. Les boissons trouvées en la possession de personnes vendant en détail sans déclaration, ainsi que celles à l'égard desquelles des contraventions seront constatées chez les débitants, seront saisies par les employés de la régie.

95. Les personnes convaincues de faire le commerce des boissons en détail sans déclaration préalable, ou après déclaration de cesser, seront punies d'une amende de 300 francs à 1,000 francs, et de la confiscation des boissons saisies. Les contrevenants pourront néanmoins obtenir la restitution desdites boissons, en payant une somme de 1,000 francs, indépendamment de l'amende prononcée par le tribunal.

96. Les autres contraventions aux dispositions du présent chapitre seront punies de la confiscation des objets saisis, et d'une amende qui, pour la première fois, ne

---

[1] Voir le tarif annexé à la loi du 12 décembre 1830.

pourra être moindre de 50 francs, ni supérieure à 300 francs, et qui sera toujours de 500 francs en cas de récidive.

CHAPITRE IV.

MARCHANDS EN GROS ET ENTREPOSITAIRES.

97. Les marchands en gros, courtiers, facteurs, commissionnaires, commissionnaires de roulage, dépositaires, distillateurs, bouilleurs de profession, et autres, qui voudront faire le commerce des boissons en gros (qu'ils soient ou non entrepositaires, s'ils habitent un lieu sujet aux entrées), seront tenus de déclarer les quantités, espèces, et qualités des boissons qu'ils possèdent, tant dans le lieu de leur domicile qu'ailleurs.

98. Sera considéré comme marchand en gros tout particulier qui recevra ou expédiera, soit pour son compte, soit pour le compte d'autrui, des boissons, soit en futailles d'un hectolitre au moins, ou en plusieurs futailles qui, réunies, contiendraient plus d'un hectolitre, soit en caisses et paniers de vingt-cinq bouteilles et au-dessus.

99. Ne seront pas considérés comme marchands en gros, les particuliers recevant accidentellement une pièce, une caisse ou un panier de vin pour le partager avec d'autres personnes, pourvu que, dans sa déclaration, l'expéditeur ait énoncé, outre le nom et le domicile du destinataire, ceux des copartageants et la quantité destinée à chacun d'eux.

La même exception sera applicable aux personnes qui, dans le cas de changement de domicile, vendront les boissons qu'elles auront reçues pour leur consommation.

Elle le sera également aux personnes qui vendraient, immédiatement après le décès de celle à qui elles auraient succédé, les boissons dépendant de sa succession et provenant de sa récolte ou de ses provisions, pourvu qu'elle ne fût ni marchand en gros, ni débitant, ni fabricant de boissons.

100. Les dénommés en l'article 97 pourront transvaser, mélanger et couper leurs boissons hors la présence des employés : les pièces ne seront pas marquées à l'arrivée ; seulement il sera tenu, pour les boissons en leur possession, un compte d'entrée et de sortie dont les charges seront établies d'après les congés, acquits-à-caution ou passavants, qu'ils seront tenus de représenter, sous peine de saisie, et les décharges, d'après les quittances du droit de circulation.

Les eaux-de-vie et esprits seront suivis par degrés. Les charges seront accrues, lors du règlement de compte, en proportion de l'affaiblissement du degré des quantités expédiées ou restant en magasin.

101. Les employés pourront faire, à la fin de chaque trimestre, les vérifications nécessaires, à l'effet de constater les quantités de boissons restant en magasin, et le degré des eaux-de-vie et esprits.

Indépendamment de ces vérifications, ils pourront également faire, dans le cours du trimestre, toutes celles qui seront nécessaires pour connaître si les boissons reçues ou expédiées ont été soumises au droit de circulation ou aux autres droits dont elles pourraient être passibles.

Ces vérifications n'auront lieu que dans les magasins, caves et celliers, et seulement depuis le lever jusqu'au coucher du soleil.

102. Les dénommés en l'article 97 pourront faire accidentellement des ventes de boissons en quantités inférieures à celles fixées par l'article 98 : ils seront tenus de payer le droit de détail pour ces ventes, lorsque la quantité expédiée ne formera pas un hectolitre, si elle est en une ou plusieurs futailles, ou vingt-cinq litres, si elle est en bouteilles. Les vins, eaux-de-vie et liqueurs en bouteilles, expédiés en quantités de vingt-cinq litres et au-dessus, devront être contenues dans des caisses ou paniers fermés et emballés, suivant les usages du commerce.

103. Il sera accordé aux marchands en gros, pour ouil-lage, coulage et affaiblissement de degrés, une déduction de 5 pour 100 par an sur les eaux-de-vie au-dessous de vingt-huit degrés et de 6 pour 100 sur les eaux-de-vie rectifiées et esprits de vingt-huit degrés et au-dessus, et de 6 pour 100 sur les cidres et poirés.

Le décompte de cette déduction sera fait, à la fin de chaque trimestre, en raison de la durée du séjour des eaux-de-vie, cidres et poirés en magasin.

La déduction sur les vins sera de 6 pour 100, divisés par portions égales sur les trimestres d'octobre et de janvier, pour les vins nouveaux entrés pendant ces deux trimestres, et d'un pour cent pour chacun de ceux d'avril et de juillet sur les vins existant lors de ces deux trimestres.

La régie pourra accorder une plus forte déduction pour les vins qui éprouvent un déchet supérieur à la remise ci-dessus fixée[1].

104. Les marchands en gros seront tenus de payer un droit égal à celui de détail, d'après le prix courant du lieu de leur résidence, sur les quantités de boissons qui seront reconnues manquer à leurs charges, après la déduction accordée pour coulage et ouillage.

105. Nul ne pourra faire une déclaration de cesser le commerce en gros de boissons, tant qu'il conservera en sa possession des boissons qu'il aura reçues en raison de ce commerce, excepté, toutefois, lorsque la quantité n'excédera pas celle reconnue nécessaire pour sa propre consommation.

106. Toute personne qui fera le commerce des boissons en gros sans déclaration préalable, ou après une déclaration de cesser, ou qui, ayant fait une déclaration de marchand en gros, exercera réellement le commerce des boissons en détail, sera punie d'une amende de 500 à 2,000 francs, sans

[1] Remplacé par l'article 87 de la loi du 25 mars 1817, par la loi du 24 juin 1824, et par les articles 6 et 7 de la loi du 20 juillet 1837.

préjudice de la saisie et de la confiscation des boissons en
sa possession. Elle pourra en obtenir la mainlevée en payant
une somme de 2,000 francs, indépendamment de l'amende
prononcée par le tribunal.

Toute autre contravention aux dispositions du présent chapitre sera punie de la confiscation des objets saisis, et d'une
amende qui ne pourra être moindre de 50 francs ni supérieure à 300 francs. En cas de récidive, cette amende sera
toujours de 500 francs.

CHAPITRE V.

DROIT DE FABRICATION DES BIÈRES.

107. Il sera perçu, à la fabrication des bières, un droit de
*2 francs par hectolitre de bière forte, et de 50 centimes par
hectolitre de petite bière* [1].

108. Il n'y aura lieu à faire l'application de la taxe sur
la petite bière que lorsqu'il aura été fabriqué plusieurs brassins avec la même drêche, et cette exception ne sera appliquée qu'au dernier brassin, pourvu d'ailleurs qu'il ne soit
entré dans sa fabrication aucune portion des matières résultant des trempes données pour les premiers, qu'il n'ait
été fait aucune addition ni remplacement de drêche, et que
la chaudière où il aura été fabriqué n'excède, en contenance,
aucune de celles qui auront servi pour ces brassins ; faute de
quoi tous les brassins seront réputés de bière forte et imposés comme tels [2].

109. Le produit des trempes données pour un brassin
ne pourra excéder de plus du vingtième la contenance de
la chaudière déclarée pour sa fabrication : la régie des contributions indirectes est autorisée à régler, suivant les circonstances, l'emploi de cet excédant, de manière qu'il ne
puisse en résulter aucun abus.

110. La quantité de bière passible du droit sera évaluée,

[1] Voir le tarif de la loi du 12 décembre 1830.
[2] Remplacé par l'article 8 de la loi du 1er mai 1822.

quelles qu'en soient l'espèce et la qualité, en comptant pour chaque brassin la contenance de la chaudière, lors même qu'elle ne serait pas entièrement pleine. Il sera seulement déduit sur cette contenance 20 pour 100, pour tenir lieu de tous déchets de fabrication, d'ouillage, de coulage et autres accidents.

111. Les employés de la régie sont autorisés à vérifier dans les bacs et cuves, ou à l'entonnement, le produit de la fabrication de chaque brassin.

Tout excédant à la contenance brute de la chaudière sera saisi. Un excédant de plus d'un dixième supposera, en outre, la fabrication d'un brassin non déclaré, et le droit sera perçu en conséquence, indépendamment de l'amende encourue.

Tout excédant à la quantité déclarée imposable par l'article 110 sera soumis au droit, quand il sera de plus du dixième de cette quantité, soit qu'on le constate sur les bacs, ou à l'entonnement.

112. L'entonnement de la bière ne pourra avoir lieu que de jour.

113. Il ne pourra être fait d'un même brassin qu'une seule espèce de bière. Elle sera retirée de la chaudière et mise aux bacs refroidissoirs sans interruption; les décharges partielles sont, par conséquent, défendues.

114. La petite bière fabriquée sans ébullition, sur des marcs qui auront déjà servi à la fabrication de tous les brassins déclarés, sera exempte de tout droit, pourvu qu'elle ne soit que le produit d'eau froide versée dans la cuve-matière sur ces marcs, qu'elle ne soit fabriquée que de jour, qu'elle n'excède pas en quantité le huitième des bières assujetties au droit pour un des brassins précédents, et qu'en sortant de la cuve-matière elle soit livrée de suite à la consommation, sans être mélangée d'aucune autre espèce de bière.

A défaut d'une de ces conditions, toute la petite bière fabriquée sera soumise au droit, indépendamment des peines encourues pour fausse déclaration, s'il y a lieu.

115. Les bières destinées à être converties en vinaigre sont assujetties aux mêmes droits de fabrication que les autres bières.

Les quantités passibles du droit seront évaluées, lorsque ces bières auront été fabriquées par infusion, en comptant pour chaque brassin la contenance de la cuve dans laquelle le produit des trempes aura dû être réuni pour fermenter, lors même qu'elle ne serait pas entièrement pleine.

Il sera déduit sur la contenance de la chaudière ou de la cuve, quelles que soient les quantités fabriquées, pourvu qu'elles n'excèdent point la contenance des vaisseaux, 20 pour 100 pour tous déchets de fabrication, d'ouillage, de coulage, d'évaporation et autres accidents.

En cas d'excédant à la contenance de la chaudière ou de la cuve, il sera fait application des peines établies par l'article 111 pour les autres bières.

116. Il ne pourra être fait usage, pour la fabrication de la bière, que de chaudières de six hectolitres et au-dessus.

Il est défendu de se servir de chaudières qui ne seraient pas fixées à demeure et maçonnées.

Les brasseries ambulantes sont interdites, et néanmoins la régie pourra les permettre, suivant les localités.

117. Les brasseurs seront tenus de faire au bureau de la régie la déclaration de leur profession et du lieu où seront situés leurs établissements; ils seront, en outre, obligés à déclarer par écrit la contenance de leurs chaudières, cuves et bacs avant de s'en servir; ils fourniront l'eau et les ouvriers nécessaires pour vérifier par l'empotement de ces vaisseaux les contenances déclarées : cette opération sera dirigée en leur présence par des employés de la régie, et il en sera dressé procès-verbal.

Chaque vaisseau portera un numéro et l'indication de sa contenance en hectolitres.

118. Il est défendu de changer, modifier ou altérer la contenance des chaudières, cuves et bacs, ou d'en établir

de nouveaux, sans en avoir fait la déclaration par écrit vingt-quatre heures d'avance. Cette déclaration contiendra la soumission du brasseur de ne faire usage desdits ustensiles qu'après que leur contenance aura été vérifiée, conformément à l'article précédent.

119. Le feu ne pourra être allumé sous les chaudières, dans les brasseries, que pour la fabrication de la bière.

120. Tout brasseur sera tenu, chaque fois qu'il voudra mettre le feu sous ses chaudières, de déclarer, au moins quatre heures d'avance dans les villes, et douze heures dans les campagnes,

1° Le numéro et la contenance des chaudières qu'il voudra employer, et l'heure de la mise du feu sous chacune;

2° Le nombre et la qualité des brassins qu'il devra fabriquer avec la même drêche;

3° L'heure de l'entonnement de chaque brassin;

4° Le moment où l'eau sera versée sur les marcs, pour fabriquer la petite bière sans ébullition, exempte du droit, et celui où elle devra sortir de la brasserie.

Les brasseurs qui voudront faire, pour la fabrication du vinaigre, un ou plusieurs brassins par infusion, déclareront, en outre, la contenance de la cuve dans laquelle toutes les trempes devront être réunies pour fermenter.

Le préposé qui aura reçu une déclaration en remettra une ampliation, signée de lui, au brasseur, lequel sera tenu de la représenter à toute réquisition des employés pendant la durée de la fabrication.

121. La mise de feu sous une chaudière supplémentaire pourra être autorisée, sans donner ouverture au payement du droit de fabrication, pourvu qu'elle ne serve qu'à chauffer les eaux nécessaires à la confection de la bière et au lavage des ustensiles de la brasserie.

Le feu sera éteint sous la chaudière supplémentaire, et elle sera vidée aussitôt que l'eau destinée à la dernière trempe en aura été retirée.

122. Les brasseurs sont autorisés à se servir de hausses mobiles, qui ne seront point comprises dans l'épalement, pourvu qu'elles n'aient pas plus d'un décimètre (environ quatre pouces) de hauteur, qu'elles ne soient placées sur les chaudières qu'au moment de l'ébullition de la bière, et qu'on ne se serve point de mastic, ou autres matières, pour les soutenir et pour les élever.

123. Toutes constructions en charpente, maçonnerie ou autrement, qui seront fixées à demeure sur les chaudières, et qui s'étendront sur plus de moitié de leur contour, seront comprises dans l'épalement; les brasseurs devront, en conséquence, les détruire, ou faire les dispositions convenables pour qu'elles puissent être épalées.

124. Toute brasserie en activité portera une enseigne sur laquelle sera inscrit le mot *brasserie*.

Les brasseurs de profession apposeront sur leurs tonneaux une marque particulière, dont une empreinte sera par eux déposée au bureau de la régie, au moment où ils feront la déclaration prescrite par l'article 117.

125. Les brasseurs seront soumis aux visites et vérifications des employés, et tenus de leur ouvrir, à toute réquisition, leurs maisons, brasseries, ateliers, magasins, caves et celliers, ainsi que de leur représenter les bières qu'ils auront en leur possession. Ces visites ne pourront avoir lieu dans les maisons non contiguës aux brasseries ou non enclavées dans la même enceinte.

Ils seront également tenus de faire sceller toute communication des brasseries avec les maisons voisines, autres que leur maison d'habitation.

126. Les brasseurs pourront avoir un registre coté et paraphé par le juge de paix, sur lequel les employés consigneront le résultat des actes inscrits à leurs portatifs.

127. Les brasseurs auront avec la régie des contributions indirectes, pour les droits constatés à leur charge, un compte ouvert qui sera réglé et soldé à la fin de chaque mois.

Les sommes dues pourront être payées en obligations dûment cautionnées, à trois, six ou neuf mois de terme, pourvu que chaque obligation soit au moins de 300 francs.

128. Les particuliers qui ne brassent que pour leur consommation, les colléges, maisons d'instruction et autres établissements publics, sont assujettis aux mêmes taxes que les brasseurs de profession, et tenus aux mêmes obligations, excepté au payement du prix de la licence.

Néanmoins, les hôpitaux ne seront assujettis qu'à un droit proportionnel à la qualité de la bière qu'ils font fabriquer pour leur consommation intérieure : ce droit sera réglé par deux experts, dont l'un sera nommé par la régie, et l'autre par les administrateurs des hôpitaux. En cas de discord, le tiers-arbitre sera nommé par le préfet.

129. Toute contravention aux dispositions du présent chapitre sera punie d'une amende de 200 à 600 francs.

Les bières trouvées en fraude et les chaudières qui ne seraient pas fixées à demeure et maçonnées seront, en outre, saisies et confisquées.

130. La régie pourra consentir, de gré à gré, avec les brasseurs de la ville de Paris et des villes au-dessus de 30,000 âmes, un abonnement général pour le montant du droit de fabrication dont ils seront présumés passibles. Cet abonnement sera discuté entre le directeur de la régie et des syndics qui seront nommés par les brasseurs ; il ne pourra être accordé pour 1816 qu'autant qu'il offrira un produit égal à celui d'une année moyenne, calculée d'après la quantité de bière fabriquée dans Paris durant dix années consécutives. Il ne sera définitif qu'après qu'il aura été approuvé par le ministre des finances, sur le rapport du directeur général des contributions indirectes.

131. Dans le cas de l'abonnement autorisé par l'article précédent, les syndics des brasseurs procéderont, chaque trimestre, en présence du préfet ou d'un membre du conseil municipal délégué par lui, à la répartition entre les bras-

seurs, en proportion de l'importance du commerce de chacun, de la somme à imposer sur tous. Les rôles arrêtés par les syndics, et rendus exécutoires par le préfet ou son délégué, seront remis au directeur de la régie, pour qu'il en fasse poursuivre le recouvrement.

132. Les brasseurs de Paris et des villes au-dessus de 30,000 âmes seront solidaires pour le payement des sommes portées aux rôles. En conséquence, aucun nouveau brasseur ne pourra s'établir, s'il ne remplace un autre brasseur compris dans la répartition.

133. Pendant toute la durée de l'abonnement, nul brasseur ne pourra accroître ses moyens de fabrication, soit en augmentant le nombre et la capacité des chaudières, soit de toute autre manière.

134. Les sommes portées aux rôles de répartition seront exigibles par douzième, de mois en mois, d'avance et par voie de contrainte. A défaut de payement d'un terme échu, les redevables dûment mis en demeure, ou en cas de contravention à l'article précédent, le ministre des finances, sur le rappprt du directeur général des contributions indirectes, sera autorisé à prononcer la révocation de l'abonnement, et à faire remettre immédiatement en vigueur le mode de perception établi par la présente loi, sans préjudice des poursuites à exercer pour raison des sommes exigibles.

135. Au moyen de l'abonnement autorisé par l'art. 130, les brasseurs seront dispensés de la déclaration qu'ils sont tenus, par l'article 120 de la présente loi, de faire au bureau de la régie, avant chaque mise de feu; mais, afin de fournir aux syndics les éléments de la répartition, et à la régie les moyens de discuter l'abonnement pour l'année suivante, les brasseurs inscriront, sur leur registre coté et paraphé, chaque mise de feu, au moment même où elle aura lieu. Les commis, lors de leurs visites, établiront, sur leur registre portatif, les produits de la fabrication,

d'après la contenance des chaudières, et sous la déduction réglée par l'article 110, et s'assureront, seulement par la vérification des quantités de bière existant dans les brasseries, qu'il n'a point été fait de brassin qui n'ait été inscrit sur le registre des fabricants.

136. L'abonnement ne pourra être consenti que pour une année. En cas de renouvellement, les brasseurs procéderont, au préalable, à la nomination d'un tiers des membres du syndicat. Les syndics qui devront être remplacés la première et la deuxième année seront désignés par le sort. Ils ne pourront, dans aucun cas, être réélus qu'après une année au moins d'intervalle.

137. Les bières fabriquées dans Paris, qui seraient expédiées hors du département de la Seine, seront soumises, à la sortie dudit département, au droit de fabrication établi par l'article 107 de la présente loi [1], et auquel sont assujettis les brasseurs des départements circonvoisins. Il en sera de même des bières fabriquées dans les villes où l'abonnement avec les brasseurs aura été consenti, lorsqu'elles seront expédiées hors desdites villes.

CHAPITRE VI.

BOUILLEURS ET DISTILLATEURS.

138. Les distillateurs et bouilleurs de profession seront tenus de faire, par écrit, avant de commencer à distiller, toutes les déclarations nécessaires pour que les employés puissent surveiller leur fabrication, en constater les résultats, et les prendre en charge sur leurs portatifs.

Il leur sera délivré des ampliations de leurs déclarations, qu'ils devront représenter à toute réquisition des employés pendant la durée de la fabrication.

[1] Voir l'article 3 de la loi du 12 décembre 1830.

§ Ier. Des distilleries de grains, pommes de terre et autres substances farineuses.

139. La déclaration à faire par les distillateurs de profession, en conformité de l'article précédent, aura lieu au moins quatre heures d'avance dans les villes, et douze heures dans les campagnes : elle énoncera,

1° Le numéro et la contenance des chaudières et cuves de macération qui devront être mises en activité ;

2° Le nombre des jours de travail ;

3° Le moment où le feu sera allumé et éteint, chaque jour, sous les chaudières ;

4° L'heure de chargement des cuves de macération ;

5° La quantité de farine qui sera employée ;

6° Enfin, et par approximation, la quantité et le degré de l'eau-de-vie qui devra être fabriquée.

140. Les dispositions des articles 117, 118 et 125, relatives à la déclaration des vaisseaux en usage dans les brasseries, et aux vérifications que les brasseurs sont obligés de souffrir dans leurs ateliers et dépendances, seront applicables aux distillateurs de profession.

§ II. Des distilleries de vins, cidres, poirés, marcs, lies et fruits.

141. La déclaration à faire par les bouilleurs de profession, en conformité de l'article 138, aura lieu au moins quatre heures d'avance dans les villes, et douze heures dans les campagnes : elle énoncera,

1° Le nombre des jours de travail ;

2° La quantité des vins, cidres, poirés, marcs, lies, fruits ou mélasses qui seront mis en distillation ;

3° Par approximation, la quantité et le degré de l'eau-de-vie qui devra être fabriquée.

142. Les directeurs de la régie sont autorisés à convenir, de gré à gré, avec les bouilleurs de profession, d'une base d'évaluation des vins, cidres, poirés, lies, marcs ou fruits, en eaux-de-vie ou esprits.

3.

143. Toute contravention aux dispositions du présent chapitre sera punie conformément à ce qui est prescrit par l'article 129 ci-dessus.

LICENCES.

CHAPITRE VII.

DISPOSITIONS GÉNÉRALES APPLICABLES AU PRÉSENT TITRE.

144. Toute personne assujettie par le présent titre à une déclaration préalable, en raison d'un commerce quelconque de boissons, sera tenue, en faisant ladite déclaration, et sous les mêmes peines, de se munir d'une licence dont le prix annuel est fixé par le tarif ci-annexé.

145. Dans toutes les opérations relatives aux taxes établies par le présent titre, les bouteilles seront comptées chacune pour un litre ; les demi-bouteilles chacune pour un demi-litre, et les droits perçus en raison de ces contenances.

146. Toute personne qui contestera le résultat d'un jaugeage fait par les employés de la régie pourra requérir qu'il soit fait un nouveau jaugeage, en présence d'un officier public, par un expert que nommera le juge de paix, et dont il recevra le serment. La régie pourra faire vérifier l'opération par un contre-expert, qui sera nommé par le président du tribunal d'arrondissement. Les frais de l'une et de l'autre vérification seront à la charge de la partie qui aura élevé mal à propos la contestation.

171. Toutes les personnes dénommées au tarif ci-annexé ne pourront commencer la fabrication ou le débit qu'après avoir obtenu une licence qui ne sera valable que pour un seul établissement, et pour l'année où elle aura été délivrée.

Il sera payé comptant[1], pour droit de licence, la somme fixée audit tarif, à quelque époque de l'année que soit faite la déclaration.

---

[1] Voir l'article 44 de la loi du 21 avril 1832.

Toute contravention relative au droit de licence sera punie d'une amende de 300 francs, laquelle, en cas de fraude, sera augmentée du quadruple des droits fraudés.

TARIF

DES DROITS DE LICENCE A PERCEVOIR EN EXÉCUTION DE L'ARTICLE 171 DE LA PRÉSENTE LOI.

PROFESSIONS.	DÉSIGNATION DES LIEUX.	PRIX de la LICENCE [1].
		fr.
Débitants de boissons......	Dans les communes au-dessous de 4,000 âmes..............	6
	Dans celles de 4 à 6,000 âmes...........................	8
	Dans celles de 6 à 10,000 âmes..........................	10
	Dans celles de 10 à 15,000 âmes.........................	12
	Dans celles de 15 à 20,000 âmes.........................	14
	Dans celles de 20 à 30,000 âmes.........................	16
	Dans celles de 30 à 50,000 âmes.........................	18
	Dans celles de 50,000 âmes et au-dessus (Paris excepté).......	20
Brasseurs......	Dans les départements de l'Aisne, des Ardennes, du Nord, du Pas-de-Calais, du Bas-Rhin, de la Seine et de la Somme.........	50
	Dans les départements du Calvados, de la Côte-d'Or, du Doubs, du Finistère, de la Gironde, d'Ille-et-Vilaine, de la Marne, de la Meurthe, de la Meuse, de la Moselle, du Haut-Rhin, du Rhône, de la Seine-Inférieure, de Seine-et-Marne, de Seine-et-Oise et des Vosges...............................	30
	Dans les autres départements........................	20
Bouilleurs et distillateurs....	Dans tous les lieux..................................	10
Marchands en gros de boissons........	Dans tous les lieux..................................	50
Fabricants de cartes.......	Dans tous les lieux..................................	50

[1] Pour un an. Il faut y ajouter un décime par franc. (*Art. 232 de la présente loi.*)

Nota. Des droits de licence ont été établis depuis la loi du 28 avril 1816, savoir : pour les voitures publiques, par l'article 115 de la loi du 25 mars 1817 ;

pour les fabricants libres de salpêtre, par l'article 4 de la loi du 10 mars
1819; et enfin, pour les fabricants de sucres, par l'article 1er de la loi du
18 juillet 1837.

TITRE VI.

DES ACQUITS-À-CAUTION.

230. Tout ce qui concerne les acquits à caution délivrés par la régie sera réglé suivant les dispositions de la
loi du 22 août 1791..(Voir ci-après, pag. 39.

TITRE VII.

DISPOSITIONS GÉNÉRALES.

232. Le décime par franc pour contribution de guerre
est maintenu sur ceux des droits désignés, établis ou conservés par la présente loi, qui en sont passibles. Il sera
également perçu en sus des droits établis par les titres Ier,
III et IV de la présente loi. (*Boissons, Cartes, Licence.*)

DÉLIVRANCE DES EXPÉDITIONS.

233. La régie des contributions indirectes établira un
bureau dans toutes les communes où il sera présenté un
habitant solvable qui puisse remplir les fonctions de buraliste.

234. Les buralistes tiendront leur bureau ouvert au
public depuis le lever jusqu'au coucher du soleil, les jours
ouvrables seulement.

LOI DU 22 AOUT 1791.

TITRE III.

ART. 2. Les marchandises sujettes à des droits de sortie
seront déclarées, vérifiées et expédiées par acquit-à-caution.

.....quits contiendront la soumission de rapporter, dans le délai qui sera fixé, suivant la distance des lieux, un certificat de l'arrivée ou du passage des marchandises au bureau désigné, ou de payer le double des droits de sortie. Les expéditionnaires donneront caution solvable, qui s'obligera solidairement avec eux au rapport du certificat de décharge. Si les expéditionnaires préfèrent de consigner le montant des droits de sortie, les registres des déclarations portant lesdites soumissions énonceront, ainsi que les acquits-à-caution, la reconnaissance des sommes consignées.

6. Les.... voituriers seront tenus de présenter les marchandises dont ils seront chargés, savoir :.... celles expédiées par terre, aux bureaux de leur passage, en même qualité et quantité que celles énoncées dans l'acquit-à-caution dont ils seront porteurs. Cet acquit ne pourra être déchargé par les préposés auxdits bureaux qu'après vérification faite.... des marchandises, et il ne sera rien payé pour les certificats de décharge qui devront être inscrits au dos des acquits-à-caution, et signés au moins de deux desdits préposés dans les bureaux où il y aura plusieurs commis. Il est défendu auxdits préposés, à peine de tous dépens, dommages et intérêts, de différer la remise dudit certificat, lorsque les formalités prescrites par les acquits-à-caution auront été remplies, ou qu'il sera rapporté des procès-verbaux dans la forme indiquée par l'article 8 ci-après; et, pour justifier le refus, le conducteur des marchandises sera tenu d'en faire rédiger acte, qui sera signifié sur-le-champ au receveur du bureau, et aucune preuve par témoins ne sera admise à cet égard.

7. Les préposés de la régie ne pourront délivrer de certificat de décharge pour les marchandises qui seront représentées au bureau de la destination ou du passage, après le temps fixé par l'acquit-à-caution.......

8. ...... Les marchands ou conducteurs des marchan-

dises transportées par terre seront .... admis à justifier
des retardements qu'ils auront éprouvés pendant la route,
en rapportant au bureau de la régie des procès-verbaux en
bonne forme, faits par les juges des lieux où ils auront été
retenus, et, à défaut d'établissement d'aucune juridiction,
par les officiers municipaux desdits lieux; lesquels procès-
verbaux feront mention des circonstances et des causes du
retard : dans ce cas, les acquits-à-caution auront leur effet,
et les certificats de décharge seront délivrés par les préposés de la régie. Il ne pourra être suppléé par la preuve tes-
timoniale au défaut desdits rapports ou procès-verbaux, qui
ne seront admis qu'autant qu'ils auront été déposés au bureau de destination ou de passage, en même temps que les
marchandises y auront été représentées.

9. Dans le cas où, lors de la visite au bureau de destination ou de passage, les marchandises mentionnées dans
l'acquit-à-caution se trouveront différentes dans l'espèce,
elles seront saisies; et la confiscation en sera prononcée
contre les conducteurs, avec amende de cent livres, sauf
leur recours contre les expéditionnaires. Si la quantité est
inférieure à celle portée dans l'aquit-à-caution, il ne sera déchargé que pour la quantité représentée; en cas d'excédant,
il sera soumis au double droit, en observant ce qui est prescrit par l'article 19 du titre II.

10. Les soumissionnaires qui rapporteront dans les délais les acquits-à-caution déchargés certifieront au dos desdites expéditions la remise qu'ils en feront; ils seront tenus
de déclarer le nom, la demeure et la profession de celui qui
leur aura remis le certificat de décharge, pour être procédé,
s'il y a lieu, comme à l'égard des falsifications ou altérations
de tous genres d'expéditions, soit contre les soumissionnaires
ou porteurs des expéditions; dans ce dernier cas, les soumissionnaires et leur cautions ne seront tenus que des condamnations purement civiles, conformément à leurs soumissions. Le délai pour s'assurer de la vérité du certificat de

décharge et pour intenter l'action sera de quatre mois, et, après ledit délai, la régie sera non recevable à former aucune demande.

11. Les droits consignés seront rendus aux marchands, et les soumissions qu'eux et leurs cautions auront faites seront annulées, en leur présence et sans frais, sur le registre, en rapportant par eux les acquits-à-caution revêtus des certificats de décharge en bonne forme, sauf le cas prévu par l'article précédent.

12. Si les certificats de décharge, qui devront être délivrés dans les bureaux de destination ou de passage, ne sont pas rapportés dans les délais fixés par les acquits-à-caution, et s'il n'y a pas eu consignation du simple droit à l'égard des marchandises qui y sont soumises, les préposés à la perception dans les bureaux décerneront contrainte contre les soumissionnaires et leurs cautions pour le payement du double droit de sortie.

14. Néanmoins, si lesdits soumissionnaires rapportent, dans le terme de six mois, après l'expiration du délai fixé pour les acquits-à-caution, les certificats de décharge en bonne forme, et délivrés en temps utile, ou les procès-verbaux du refus des préposés, les droits, amendes ou autres sommes qu'ils auront payés leur seront remis; ils seront néanmoins tenus des frais faits par la régie jusqu'au jour du rapport desdites pièces. Après ledit délai de six mois, aucunes réclamations relatives auxdites sommes consignées ou payées ne seront admises, et il en sera compté par la régie au trésor public.

TITRE XIII

53. L'exécution des contraintes ne pourra être suspendue par aucune opposition ou autre acte, si ce n'est quant à celles décernées pour défaut de rapport de certificats de décharge des acquits-à-caution, en consignant le simple

droit. Il est défendu à tous juges de donner contre lesdites contraintes aucunes défenses ou surséances, qui seront nulles et de nul effet, sauf les dommages et intérêts de la partie.

ORDONNANCE ROYALE DU 11 JUIN 1816.

Art. 1er. Dans tous les cas où, en vertu des lois et règlements en vigueur, la régie des contributions indirectes délivrera un acquit-à-caution, l'expéditeur des marchandises que cet acquit-à-caution devra accompagner s'engagera à rapporter, dans un délai déterminé, un certificat de l'arrivée desdites marchandises à la destination déclarée ou de leur sortie du royaume, et se soumettra à payer, à défaut de cette justification, le double des droits que l'acquit-à-caution aura eu pour objet de garantir; ledit expéditeur donnera, en outre, caution solvable qui s'obligera solidairement avec lui à rapporter le certificat de décharge, si mieux il n'aime consigner le montant du double droit.

2. Les acquits-à-caution délivrés pour des marchandises à la destination de l'étranger seront déchargés après la sortie du territoire ou l'embarquement. Ceux qui auront accompagné des marchandises enlevées pour l'intérieur ne seront déchargés qu'après la prise en charge des quantités y énoncées, si le destinataire est assujetti aux exercices des employés de la régie, ou le payement du droit, dans le cas où il sera dû à l'arrivée.

3. Les certificats de décharge seront signés par deux employés au moins, et enregistrés au lieu de la destination. Les employés qui auront signé un certificat de décharge seront tenus d'en délivrer un duplicata, toutes les fois qu'ils en seront requis.

4. Les préposés de la régie ne pourront délivrer de

certificat de décharge pour les marchandises qui leur seront représentées après le terme fixé par l'acquit-à-caution, ni pour celles qui ne seraient pas de l'espèce énoncée dans l'acquit-à-caution. Dans ces deux cas, les marchandises seront saisies comme n'étant pas accompagnées d'une expédition valable, et il sera dressé procès-verbal de cette contravention, conformément à la loi.

5. Lorsqu'il y aura seulement différence dans la quantité, et qu'il sera reconnu que cette différence provient de substitution, d'addition ou de soustraction, l'acquit-à-caution sera déchargé pour la quantité représentée, indépendamment du procès-verbal qui sera rapporté, dans ce cas, pour contravention aux articles 6 et 10 de la loi du 28 avril 1816. Si la différence est en moins, l'expéditeur sera tenu, aux termes de la soumission, de payer le double droit pour la quantité manquante; si la différence est en plus, le destinataire sera tenu d'acquitter, sur l'excédant, le double des mêmes droits.

6. Lorsque les acquits-à-caution seront rapportés au bureau d'enlèvement, revêtus de certificats de décharge en bonne forme, ou, en cas de perte de ces expéditions, lorsqu'il sera produit un duplicata régulier desdits certificats de décharge, les engagements du soumissionnaire et leurs cautions seront annulés, et les sommes consignées restituées, sauf la retenue, s'il y a lieu, pour doubles droits, sur les manquants reconnus à l'arrivée, et moyennant que les soumissionnaires certifient, au dos desdites expéditions, la remise qu'ils en feront, et qu'ils déclarent le nom, la demeure et la profession de celui qui leur aura renvoyé le certificat de décharge.

7. Dans le cas où les certificats de décharge, après vérification, seraient reconnus faux, les soumissionnaires et leurs cautions ne seraient tenus que des condamnations purement civiles, conformément à leur soumission, sans préjudice des poursuites à exercer contre qui de droit,

comme à l'égard de falsification ou altération d'écritures publiques. La régie aura quatre mois pour s'assurer de la validité des certificats de décharge et intenter l'action; après ce délai, elle ne sera plus recevable à former aucune demande.

8. Si les certificats de décharge ne sont pas rapportés dans les délais fixés par la soumission, et s'il n'y a pas eu consignation au départ, les préposés à la perception décerneront contrainte contre les soumissionnaires et leurs cautions, pour le payement du double droit; néanmoins, si les soumissionnaires rapportent, dans le terme de six mois après l'expiration dudit délai, le certificat de décharge en bonne forme, délivré en temps utile, les sommes qu'ils auront payées leur seront remboursées.

9. Après le délai de six mois, aucune réclamation ne sera admise, et les doubles droits seront acquis à la régie, l'un comme perception ordinaire, l'autre à titre d'amende.

LOI DU 25 MARS 1817.

Art. 82. Seront affranchis, à l'avenir, du droit de circulation, quels que soient le lieu d'enlèvement et l'expéditeur, et pourvu que, dans le lieu de destination, le commerce des boissons ne soit pas affranchi des exercices des employés de la régie,

1° Les boissons qui seront enlevées à destination de négociants, marchands en gros, courtiers, facteurs, commissionnaires, distillateurs et tous autres munis d'une licence de marchand en gros ou distillateur;

2° Les vins, cidres et poirés qui seront enlevés à destination de toute personne qui vend en détail lesdites boissons, pourvu qu'elle soit munie d'une licence de débitant [1].

---

[1] Les articles 84 et 85 de la loi du 15 mai 1818 prononcent deux autres exceptions.

83. Pour jouir de l'exemption prononcée par l'article précédent, l'expéditeur sera tenu de se munir d'un acquit-à-caution dont le coût demeure fixé à 25 centimes, timbre compris.

Les conducteurs des boissons qui se trouveront en cours de transport, lors de la mise à exécution de la présente loi, auront quinze jours pour échanger les congés ou passavants dont ils seront porteurs contre des acquits-à-caution.

84. Les droits d'entrée seront perçus, à l'avenir, dans les villes et communes ayant une population agglomérée de quinze cents âmes et au-dessus : à cet effet, la première classe du tarif annexé à la loi du 28 avril 1816 comprendra les communes de quinze cents à quatre mille âmes de population agglomérée [1].

85. L'hydromel sera compris au nombre des boissons soumises aux droits de circulation, d'entrée, de détail et de licence; il sera imposé dans tous les cas comme le cidre.

87. Il sera accordé aux marchands en gros pour ouillage et coulage..... une déduction de..... 7 p. o/o sur les cidres et poirés [2].

LOI DU 15 MAI 1818.

Art. 84. Les boissons expédiées, par un détenteur non entrepositaire, d'une de ses caves dans des lieux sujets aux droits d'entrée dans un autre domicile, seront accompagnées d'un acquit-à-caution en franchise de droit.

85. Ne seront point assujettis aux droits de circulation établis par l'article 80 de la loi du 25 mars 1817 [3] les vins et cidres expédiés pour la ville de Paris.

[1] Remplacé par l'article 3 de la loi du 12 décembre 1830.

[2] Les déductions concernant les vins et les eaux-de-vie ont été modifiées par les lois du 24 juin 1824 et du 20 juillet 1837.

[3] Cet article 80 a été remplacé par le tarif annexé à la loi du 12 décembre 1830.

LOI DU 23 JUILLET 1820.

Art. 4. Le droit de fabrication sera restitué sur les bières qui seront expédiées à l'étranger ou pour les colonies françaises.

LOI DU 1er MAI 1822.

Art. 8. Il continuera d'être perçu à la fabrication des bières un droit de......[1].

Il ne pourra être fait application de la taxe sur la petite bière que lorsqu'il aura été préalablement fabriqué un brassin de bière forte avec la même drêche, et pourvu, d'ailleurs, que cette drêche ait subi, pour le premier brassin, au moins deux trempes; qu'il ne soit entré dans le second brassin aucune portion des métiers résultant des trempes données pour le premier; qu'il n'ait été fait aucune addition, ni aucun remplacement de drêche, et que le second brassin n'excède point, en contenance, le brassin de bière forte.

S'il était fabriqué plus de deux brassins avec la même drêche, le dernier seulement sera considéré comme petite bière.

Indépendamment des obligations imposées par l'article 120 de la loi du 28 avril 1816, les brasseurs indiqueront, dans leurs déclarations, l'heure à laquelle les trempes de chaque brassin devront être données.

A défaut d'accomplissement des conditions ci-dessus, tout brassin sera réputé de bière forte, et imposé comme tel.

D'après les dispositions qui précèdent, les articles 107 et

[1] Voir ci-après, page 53, le tarif de la loi du 12 décembre 1830.

108 de la loi du 28 avril 1816, et 86 de la loi du 25 mars 1817 sont abrogés.

10. La fabrication et la distillation des eaux-de-vie et esprits sont prohibées dans la ville de Paris.

Toute contravention à cette disposition sera punie d'une amende de 1,000 à 3,000 francs, indépendamment des autres peines portées par l'article 129 de la loi du 28 avril 1816.

LOI DU 24 JUIN 1824. (N° 2.)

ART. 1er. A partir du 1er janvier 1825, il sera accordé aux marchands en gros une déduction de *huit pour cent par an sur les vins pris en charge à leur compte*, sans distinction d'année de récolte[1].

Cette déduction, destinée à couvrir tous les déchets résultant des ouillages, coupages et soutirages, continuera d'être calculée, en raison du séjour des vins en magasin.

La faculté précédemment accordée à la régie d'allouer une plus forte déduction pour les vins qui en seraient susceptibles est maintenue[2].

2. Toutes les quantités de vins manquantes, après les déductions allouées conformément à l'article précédent, seront soumises aux droits imposés par l'article 104 de la loi du 28 avril 1816 ; mais ces droits ne seront définitivement acquis à la régie *qu'au mois de décembre de chaque année*[3], époque à laquelle sera arrêté le compte définitif du mouvement annuel de chaque entrepositaire.

Cependant, si, du décompte qui sera provisoirement établi à la fin de chaque trimestre, il résultait un manquant

[1] Modifié par l'article 6 de la loi du 20 juillet 1837.
[2] Voir l'article 7 de la loi du 20 juillet 1837.
[3] Modifié par l'article 7 de la loi du 20 juillet 1837.

supérieur à la déduction proportionnelle allouée pour trois mois, l'entrepositaire sera tenu de consigner ou de cautionner le montant des droits dus sur cet excédant, sauf compensation à établir lors de la clôture définitive du décompte. Il en sera de même pour le payement des droits sur les manquants de cidres, poirés et hydromels.

3. Les propriétaires qui jouissent de l'entrepôt en vertu de la loi du 28 avril 1816 auront droit à la déduction accordée aux marchands en gros par l'article 1er de la présente loi.

LOI DU 24 JUIN 1824, N° 3.

ART. 4. Les eaux-de-vie ou esprits dont la densité aurait été altérée par un mélange opéré dans le but de frauder les droits, seront saisis et confisqués, et les contrevenants passibles d'une amende de 100 à 600 francs, suivant la gravité du cas.

5. La déduction accordée, par l'article 87 de la loi du 25 mars 1817, aux marchands en gros, pour ouillage, coulage et affaiblissement de degrés, est fixée à 8 pour cent par an des quantités d'alcool représentant les charges en eaux-de-vie et esprits.

Toutes les quantités d'alcool manquantes après la déduction ci-dessus fixée seront soumises aux droits imposés par l'article 2 de la présente loi; mais ce droit ne sera définitivement acquis à l'administration qu'après la clôture du trimestre d'octobre de chaque année, époque à laquelle sera définitivement arrêté le décompte du mouvement annuel de chaque entrepositaire.

Cependant si du décompte qui sera provisoirement établi à la fin de chaque trimestre il résultait un manquant reconnu excéder la proportion des 2 pour cent accordés pour trois mois, la régie pourra exiger le payement de ce manquant, sauf la compensation à établir lors de la clôture du décompte annuel [1].

6. Le droit général de consommation fixé par l'*article 2* [2] sera acquitté par les débitants, sur les manquants reconnus à leurs charges, sous la déduction de 3 pour cent. Les débitants obtiendront décharge de toute quantité d'eaux-de-vie et liqueurs en bouteilles expédiée par acquit-à-caution à d'autres débitants; ils seront tenus de se conformer aux dispositions de l'article 58 de la loi du 28 avril 1816, en ce qui concerne les transvasions et le cachetage des bouteilles.

7. Les eaux-de-vie versées sur les vins seront affranchies de tous droits, pourvu que la quantité employée n'excède pas la proportion de cinq litres d'alcool pur par hectolitre de vin, et que les vins soumis à cette opération, qui ne pourra se faire qu'en présence des préposés de la régie, ne contiennent pas plus de vingt et un centièmes d'alcool pur.

LOI DU 24 JUIN 1824, N° 4.

ART. 1er. Nul ne peut exercer la profession de fabricant de liqueurs sans en avoir fait préalablement la déclaration au bureau de la régie.

Les liquoristes prendront la licence de débitant ou celle de marchand en gros, suivant qu'ils préféreront se soumettre aux obligations imposées à l'une ou à l'autre des ces professions.

2. Les liquoristes débitants resteront assujettis aux dispositions du chapitre III du titre Ier de la loi du 28 avril 1816, sous les modifications prononcées par la loi relative à la perception des droits sur l'eau-de-vie.

---

[1] Article modifié par les articles 6 et 7 de la loi du 20 juillet 1837.
[2] L'article 2 est remplacé par le tarif annexé à la loi du 12 décembre 1830.

3. Les dispositions du chapitre IV du titre Ier de la loi du 28 avril 1816 seront appliquées aux liquoristes marchands en gros, sauf les modifications ci-après.

4. Les liquoristes marchands en gros, domiciliés dans les lieux sujets aux droits d'entrée ou d'octroi, seront toujours considérés comme entrepositaires.

5. Ils ne pourront vendre de liqueurs en détail, ni exercer le commerce en gros des vins, cidres ou poirés, que dans des magasins séparés de leurs ateliers de fabrication, et qui n'auront avec ceux-ci et avec les habitations voisines aucune communication que par la voie publique ; mais ils pourront faire des envois de liqueurs en toute quantité et à toute destination au moyen d'expéditions prises au bureau de la régie.

Il leur est interdit de placer dans les ateliers de leurs fabriques des vins, cidres ou poirés, et de s'y livrer à la fabrication des eaux-de-vie ; ils pourront seulement rectifier les eaux-de-vie prises en charge à leur compte.

6. La contenance du vaisseau servant à la fabrication des liqueurs sera reconnue par l'empotement, et marquée sur chacun d'eux, en présence des employés de la régie ; les fabricants fourniront l'eau et les ouvriers nécessaires pour cette opération.

Dans tous les cas, il sera tenu compte des vidanges pour le règlement du droit.

7. Les manquants en eaux-de-vie et esprits seront considérés comme ayant été employés à la fabrication des liqueurs, dans la proportion moyenne de quarante [1] litres d'alcool pur pour un hectolitre de liqueur, sous la déduction de 8 pour cent accordée par l'article 5 de la loi relative à la perception des droits sur l'eau-de-vie [2].

8. Les quantités de liqueurs non représentées et pour lesquelles il ne sera point produit d'expéditions légales

[1] Voir les modifications des articles 22 et 23 de la loi du 25 juin 1841.
[2] Modifié par l'article 6 de la loi du 20 juillet 1837.

seront passibles du droit général de consommation, indépendamment des droits d'entrée et d'octroi dans les lieux sujets.

Les excédants en liqueurs, provenant de la différence
entre le résultat éventuel de la fabrication et les bases de
convention, seront simplement pris en charge.

9. Les liquoristes marchands en gros ne pourront faire
sortir de leurs fabriques des eaux-de-vie ou esprits en nature qu'en futailles contenant au moins un hectolitre.

10. Les contraventions aux dispositions de la présente
loi, autres que celles prévues par les lois antérieures, seront
punies d'une amende de 500 à 2,000 francs.

LOI DU 17 OCTOBRE 1830.

Art. 1er. Pour faciliter la perception de l'impôt sur les
boissons, conformément aux lois en vigueur jusqu'à la promulgation de nouvelles dispositions législatives, l'abonnement sera substitué à l'exercice en faveur de tous ceux des
débitants qui en feront la demande.

2. Dans les lieux où les perceptions auront été inter-
rompues, le Gouvernement fera appliquer d'office, et pour
tous les droits non perçus, l'abonnement général autorisé
par l'article 73 de la loi du 28 avril 1816, pendant toute la
durée de l'interruption.

A défaut de vote spécial et immédiat, le remplacement
s'opérera dans chaque commune au moyen de centimes
additionnels aux contributions foncière, personnelle et mobilière.

LOI DU 12 DÉCEMBRE 1830.

Art. 3. A partir du 1er janvier prochain, le droit d'entrée sur les boissons sera supprimé dans les villes au-des-

4.

sous de quatre mille âmes; le droit à la vente ne sera plus perçu qu'à raison de 10 p. o/o du prix de vente; les droits de circulation, de consommation, d'entrée, de remplacement aux entrées de Paris et de fabrication des bières seront réduits conformément au tarif annexé à la présente loi.

TARIF

DES DROITS À PERCEVOIR SUR LES BOISSONS.

DÉSIGNATION DES DROITS et POPULATION DES COMMUNES sujettes aux droits d'entrée.	TAXE PAR HECTOLITRE (en principal).							
	VINS EN CERCLES et en bouteilles dans les départements de				Cidres, poirés et hydromels.	Alcool pur contenu dans les eaux-de-vie et esprits en cercles; eaux-de-vie et esprits en bouteilles; liqueurs et fruits à l'eau-de-vie.	BIÈRES.	
	1re classe.	2e classe.	3e classe.	4e classe.			Bière forte.	Petite bière.
	fr. c.	fr. c.	fr. c.	fr. c.	fr. c.	fr. c.	fr. c.	fr. c.
Entrée dans les communes. — de 4,000 à 6,000 âmes.	0 60	0 80	1 00	1 20	0 50	4 00	"	"
de 6,000 à 10,000.....	0 90	1 20	1 50	1 80	0 75	6 00	"	"
de 10,000 à 15,000	1 20	1 60	2 00	2 40	1 00	8 00	"	"
de 15,000 à 20,000	1 50	2 00	2 50	3 00	1 25	10 00	"	"
de 20,000 à 30,000	1 80	2 40	3 00	3 60	1 50	12 00	"	"
de 30,000 à 50,000	2 10	2 80	3 50	4 20	1 75	14 00	"	"
de 50,000 âmes et au-dessus.............	2 40	3 20	4 00	4 80	2 00	16 00	"	"
Circulation (suivant le lieu de destination).............	0 60	0 80	1 00	1 20	0 50	"	"	"
Remplacement aux entrées de Paris.................	8				4 00	50 00	"	"
Détail (dans tout le royaume).	10 p. 0/0 du prix de la vente......					34 00	"	"
Consommation (dans tout le royaume).............	....					34 00	"	"
Fabrication des bières (dans tout le royaume).........	....					"	2 40	0 60

TABLEAU

DES DÉPARTEMENTS DU ROYAUME, DIVISÉS EN QUATRE CLASSES, POUR LA PER-
CEPTION DES DROITS DE CIRCULATION ET D'ENTRÉE SUR LES BOISSONS.

1re CLASSE.	2e CLASSE.	3e CLASSE.	4e CLASSE.
Var.	Drôme.	Jura.	Nord.
Alpes (Basses-).	Ardèche.	Doubs.	Pas-de-Calais.
Vaucluse.	Alpes (Hautes-).	Saône (Haute-).	Somme.
Bouches-du-Rhône.	Isère.	Saône-et-Loire.	Ardennes.
Gard.	Puy-de-Dôme.	Rhône.	Seine-Inférieure.
Hérault.	Allier.	Loire.	Calvados.
Aude.	Nièvre.	Sarthe.	Orne.
Pyrénées-Orientales.	Cher.	Morbihan.	Manche.
Tarn.	Indre.	Seine.	Mayenne.
Garonne (Haute-).	Vienne.	Seine-et-Oise.	Ille-et-Vilaine.
Ariége.	Sèvres (Deux-).	Seine-et-Marne.	Côtes-du-Nord.
Lot.	Vendée.	Eure-et-Loir.	Finistère.
Tarn-et-Garonne.	Loire-Inférieure.	Creuse.	
Gers.	Maine-et-Loire.	Vienne (Haute-).	
Pyrénées (Hautes-).	Indre-et-Loire.	Corrèze.	
Dordogne.	Loir-et-Cher.	Cantal.	
Lot-et-Garonne.	Loiret.	Loire (Haute-).	
Charente-Inférieure.	Yonne.	Lozère.	
Charente.	Côte-d'Or.	Rhin (Bas-).	
Gironde.	Ain.	Rhin (Haut-).	
Landes.	Marne (Haute-).	Vosges.	
Pyrénées (Basses-).	Marne.	Eure.	
Aveyron.	Meuse.	Oise.	
Aube.	Moselle.	Aisne.	
	Meurthe.		

LOI DU 29 MARS 1832.

Art. 7. Les voitures particulières suspendues seront, à l'avenir, soumises, aux entrées de Paris, aux mêmes visites que les voitures publiques.

8. Les dispositions des articles 27 et 46 de la loi du 28 avril 1816 seront applicables à la fraude sur toutes les denrées sujettes aux droits d'octroi à l'entrée dans Paris: toutefois l'amende ne sera plus que de 100 à 200 francs pour la fraude dans les voitures particulières suspendues.

9. L'introduction ou la tentative d'introduction dans Paris d'objets soumis aux droits d'octroi, à l'aide d'ustensiles préparés ou de moyens disposés pour la fraude, donnera lieu à l'application des articles 223, 224 et 225 de la même loi.

LOI DU 21 AVRIL 1832.

Art. 35. Dans les villes ayant une population agglomérée de 4,000 âmes et au-dessus, et sur le vœu émis par le conseil municipal, les exercices seront supprimés, moyennant que les droits de circulation, d'entrée et de détail sur les vins, cidres, poirés et hydromels, ainsi que celui de licence des débitants, soient convertis en une taxe unique aux entrées.

. . . .

36. Cette taxe unique sera fixée pour chaque ville et par hectolitre, en divisant la somme des produits annuels de tous les droits à remplacer par la somme des quantités annuellement introduites. Ce calcul sera établi sur la moyenne des consommations des trois dernières années.

37. Les conseils municipaux seront convoqués un mois au moins avant la mise à exécution de la présente loi, à l'effet de déclarer s'ils veulent jouir du bénéfice de l'art. 1er [1].

---

[1] Article 1er du présent titre, ou 35 de la loi.

Pour délibérer sur cette question, le conseil municipal devra s'adjoindre un nombre de marchands en gros et de débitants de boissons les plus imposés à la patente, égal à la moitié des membres du conseil. Les femmes se feront représenter par des fondés de pouvoir.

38. Dans les villes assujetties à la taxe unique ou au droit d'entrée, la faculté d'entrepôt sera accordée aux distillateurs et aux marchands en gros, aux conditions prescrites par les articles 32, 35, 36 et 37 de la loi du 28 avril 1816; ils devront, en outre, présenter une caution solvable, qui s'engagera solidairement avec eux au payement du droit sur les boissons qu'ils ne justifieront pas avoir fait sortir du lieu.

L'entrepositaire sera tenu de déclarer le magasin dans lequel il entendra placer les boissons pour lesquelles il réclamera l'entrepôt. Il ne pourra jouir de la même faculté dans d'autres magasins, s'il n'y est autorisé par la régie.

39. Les récoltants de vins, de cidres ou de poirés, domiciliés dans les villes, pourront obtenir l'entrepôt pour les produits de leur récolte, quelle qu'en soit la quantité. La limite posée par l'article 31 de la loi du 28 avril 1816 est abrogée en ce qui les concerne.

Les propriétaires récoltants qui ne voudront pas jouir de l'entrepôt pour les vins, cidres ou poirés fabriqués dans l'intérieur du lieu sujet, seront admis à se libérer par douzième, de mois en mois, du montant du droit sur les vendanges qu'ils auront introduites, ou sur les quantités de vin qui auront été inventoriées chez eux après la récolte.

40. Dans les communes vignobles où les conseils municipaux voudront remplacer soit l'inventaire des vins nouveaux, soit le payement immédiat ou par douzième du droit sur les vendanges, il devra, sur leur demande, être consenti un abonnement général pour l'équivalent des sommes qui seraient dues pour l'année entière sur la consommation des vins fabriqués dans l'intérieur, moyennant que la com-

mune s'engage à verser dans les caisses de la régie, par vingt-quatrième, de quinzaine en quinzaine, la somme convenue pour l'abonnement, sauf à elle à s'imposer pour le recouvrement de cette somme, comme elle est autorisée à le faire pour les dépenses communales. Ces abonnements seront discutés, dans le mois qui précédera la récolte, entre le conseil municipal et le directeur des contributions indirectes ou son délégué. Ils auront pour base la quantité sur laquelle les récoltants auront payé le droit d'entrée dans une année de récolte complète, avec réduction, s'il y a lieu, dans la proportion des produits apparents de la récolte de l'année.

Seront observées, relativement au recouvrement des sommes dues et à la fixation des abonnements, en cas de discussion avec la commune, les dispositions des articles 75 et 78 de la loi du 28 avril 1816.

41. Dans les villes qui seront soumises à une taxe unique sur les vins, cidres, poirés et hydromels, le droit général de consommation imposé sur les eaux-de-vie, esprits, liqueurs, et fruits à l'eau-de-vie, sera perçu à l'entrée lorsque le destinataire ne jouira pas de l'entrepôt.

Les débitants qui voudront s'affranchir des exercices pour les eaux-de-vie, esprits ou liqueurs, soit dans les villes où la taxe unique ne sera pas adoptée, soit hors des villes, seront admis, comme les consommateurs, à payer ce même droit à l'arrivée, sur la représentation de ces boissons aux employés, avant que l'acquit-à-caution puisse être déchargé.

42. Dans les villes où la conversion des différents droits sera prononcée, les débitants seront tenus d'acquitter la taxe unique sur les boissons qu'ils auront en leur possesion au moment de la mise en vigueur de cette nouvelle taxe.

Dans le cas du rétablissement de la perception par les exercices, il sera tenu compte aux débitants du droit unique qu'ils auront payé sur les boissons en leur possession.

43. A défaut de bureau de la régie dans le lieu même de leur résidence, les propriétaires, les récoltants et les

marchands en gros de boissons qui auront à en expédier, à quelque destination que ce soit, seront autorisés à se délivrer des laissez-passer jusqu'au premier bureau de passage. A cet effet, la régie leur remettra des formules imprimées dont ils seront tenus de justifier l'emploi.

Lorsque les expéditeurs de boissons voudront se dispenser de déclarer le nom des destinataires, ils seront admis à ne faire désigner sur les expéditions que le lieu de destination, à charge d'y faire compléter la déclaration au bureau de la régie, avant que les conducteurs puissent décharger les voitures ou introduire les boissons chez le destinataire.

44. Les licences autres que celles des voitures publiques ne seront plus payées que par trimestre. Le droit sera toujours dû pour le trimestre entier, à quelque époque que commence ou cesse le commerce.

LOI DU 28 JUIN 1833.

Art. 9. A compter du 1er janvier 1834, et lorsque les conseils municipaux en auront fait la demande, les entrepôts à domicile, pour les boissons, seront supprimés dans les communes sujettes aux droits d'entrée ou d'octroi, lorsqu'un entrepôt public y aura été régulièrement établi.

LOI DU 24 MAI 1834.

Art. 9. Les dispositions des articles 7, 8 et 9 de la loi du 29 mars 1832, relatives aux octrois de Paris, sont rendues applicables à toutes les communes du royaume ayant un octroi.

10. Sur la demande des conseils municipaux, il pourra être fait application, dans les villes sujettes à l'octroi, des dispositions de l'article 10 de la loi du 1er mai 1822, qui prohibe la fabrication et la distillation des eaux-de-vie dans la ville de Paris.

LOI DU 23 AVRIL 1836. N° 1. (Circulation.)

Article unique. Les voituriers, bateliers et tous autres qui transportent ou conduisent des boissons sont tenus d'exhiber aux employés dénommés dans l'article 17 de la loi du 28 avril 1816, les congés, passavans, acquits-à-caution ou laissez-passer dont ils doivent être porteurs, à l'instant même de la réquisition desdits employés, sans que les conducteurs puissent exiger, sous quelque prétexte que ce soit, aucun délai pour faire cette exhibition; et, faute de cette représentation immédiate, les employés doivent saisir le chargement.

LOI DU 23 AVRIL 1836. N° 2. (Vente en détail.)

Article unique. Les personnes qui exercent une des professions désignées dans l'article 50 de la loi du 28 avril 1816 sont assujetties à la déclaration et aux autres obligations imposées aux débitants de boissons, par le fait même de leur profession, et sans qu'il soit besoin d'établir qu'elles se livrent au débit des boissons.

LOI DU 23 AVRIL 1836. N° 3. (Marchands en gros.)

Article unique. Les vérifications que les employés des contributions indirectes sont autorisés, par l'article 101 de la loi du 28 avril 1816, à faire dans les caves, celliers et magasins des marchands en gros, pour connaître si les boissons reçues ou expédiées ont été soumises aux droits, ne peuvent être empêchées par aucun obstacle du fait de ces marchands, et ceux-ci doivent toujours être en mesure, soit par euxmêmes, soit par leurs préposés, s'ils sont absents, de déférer immédiatement aux réquisitions des employés.

LOI DU 23 AVRIL 1836. N° 4. (Brasseurs.)

Article unique. L'exercice du droit attribué, par l'article 117 de la loi du 28 avril 1816, aux employés de la régie des contributions indirectes, de vérifier par l'empotement la contenance des chaudières, cuves et bacs, déclarée par les brasseurs, ne peut être empêché par aucun obstacle du fait de ces brasseurs; ceux-ci doivent toujours être prêts, par eux-mêmes ou par leurs préposés, à fournir l'eau et les ouvriers nécessaires, et à déférer aux réquisitions des employés.

LOI DU 20 JUILLET 1837.

Art. 6. La déduction accordée par les lois du 24 juin 1824 pour ouillage, coulage, soutirage et affaiblissement de degrés sur les vins et l'alcool, sera fixée, suivant les lieux et la nature des boissons, par une ordonnance royale rendue sous forme de règlement d'administration publique, sans, toutefois, que cette déduction puisse être inférieure à 4 pour 100.

7. Tout manquant extraordinaire qui sera reconnu chez les marchands en gros ou entrepositaires de boissons, en sus du déchet légal accordé pour l'année entière, sur les quantités emmagasinées, sera immédiatement soumis au droit.

8. Seront seuls considérés comme bouilleurs de cru, et continueront à être exempts, à ce titre, du payement de la licence, ainsi que des obligations imposées par le chapitre VI de la loi du 28 avril 1816, les propriétaires ou fermiers qui distilleront exclusivement les vins, cidres ou poirés, marcs et lies, provenant de leur récolte.

Les obligations résultant de l'article 140 de la loi du 28 avril 1816 sont applicables à tous les distillateurs de profession, et sans distinction des matières qu'ils distillent.

9. La déclaration que les distillateurs d'eaux-de-vie de grains, de pommes de terre et autres substances farineuses, doivent faire, en conformité de l'article 139 de la loi du 28 avril 1816, énoncera la quantité de matière macérée qui devra être employée pendant la durée de la fabrication et la quantité d'alcool qui devra en provenir. La quantité de matière macérée sera évaluée en comptant, pour chaque cuve, au moins les six septièmes de la capacité brute.

Le rendement en alcool ne pourra être déclaré au-dessous de deux litres et demi d'alcool par hectolitre de matière macérée.

10. La déclaration à laquelle sont tenus les bouilleurs de profession, en vertu de l'article 141 de la loi du 28 avril 1816, énoncera la force alcoolique du liquide mis en distillation, laquelle sera vérifiée par les employés de la régie, et déterminera le minimum de la prise en charge des produits de la fabrication.

En cas de contestation, la force alcoolique sera constatée par des expériences faites contradictoirement.

Les dispositions du présent article sont également applicables à la distillation du sirop de fécule, des mélasses et des autres résidus des fabriques ou raffineries de sucres.

ORDONNANCE ROYALE DU 21 DÉCEMBRE 1838.

Art. 1er. Les déductions à allouer annuellement pour ouillage, coulage, soutirage, affaiblissement de degrés, et pour tous autres déchets sur les vins, cidres, poirés, hydromels, alcools, et liqueurs tant en cercles qu'en bouteilles, seront réglées par classe de département, par nature de boissons et par classe d'entrepositaires, conformément au tableau n° 1er ci-annexé.

A cet effet, les départements du royaume seront divisés en trois classes pour les vins, et en deux classes pour les alcools et liqueurs, d'après le tableau n° 2, également ci-annexé.

Le déchet continuera à être calculé en raison du séjour des boissons en magasin, sauf compensation au mois de décembre de chaque année.

Les fixations portées au présent article seront appliquées sans préjudice de la faculté précédemment accordée à la régie, d'allouer une plus forte déduction pour les vins qui en seraient susceptibles, et notamment pour les vins mousseux.

TABLEAU N° 1

DES DÉDUCTIONS À ALLOUER ANNUELLEMENT SUR LES VINS, CIDRES, POIRÉS, HYDROMELS ET ALCOOLS, TANT EN CERCLES QU'EN BOUTEILLES, POUR OUILLAGE, COULAGE, SOUTIRAGE, AFFAIBLISSEMENT DE DEGRÉS ET AUTRES DÉCHETS.

CLASSE DES DÉPARTEMENTS, conformément au tableau ci-joint.	QUOTITÉS POUR 0/0 DES DÉDUCTIONS ANNUELLES.					
	Vins.		Alcools et liqueurs	Cidres et poirés.		Hydromels.
	Propriétaires récoltants qui n'entreposent que les produits de leurs récoltes.	Marchands en gros et autres entrepositaires.		Propriétaires récoltants qui n'entreposent que les produits de leurs récoltes.	Marchands en gros et autres entrepositaires.	Marchands en gros et autres entrepositaires.
Pour les vins.. 1re classe.........	9	8	"	"	"	"
2e classe.........	8	7	"	"	"	"
3e classe.........	7	6	"	"	"	"
Pour les alcools et liqueurs... 1re classe.........	"	"	7	"	"	"
2e classe.........	"	"	6	"	"	"
Pour les cidres, poirés et hydromels..... Classe unique.....	"	"	"	10	7	7

TABLEAU N° 2

DES DÉPARTEMENTS DIVISÉS PAR CLASSES, POUR LE CALCUL DES DÉDUCTIONS À
ALLOUER ANNUELLEMENT SUR LES VINS, ALCOOLS ET LIQUEURS.

DÉPARTEMENTS.	CLASSE des DÉPARTEMENTS pour le calcul des déductions sur les		DÉPARTEMENTS.	CLASSE des DÉPARTEMENTS pour le calcul des déductions sur les	
	vins.	alcools et liqueurs		vins.	alcools et liqueurs
Ain	2	1	Lot	1	1
Aisne	3	2	Lot-et-Garonne	1	1
Allier	2	1	Lozère	3	1
Alpes (Basses-)	2	1	Maine-et-Loire	2	1
Alpes (Hautes-)	2	1	Manche	3	2
Ardèche	1	1	Marne	2	2
Ardennes	3	2	Marne (Haute-)	2	2
Ariége	1	1	Mayenne	3	2
Aube	2	2	Meurthe	2	2
Aude	1	1	Meuse	2	2
Aveyron	3	1	Morbihan	3	2
Bouches-du-Rhône	1	1	Moselle	2	2
Calvados	3	2	Nièvre	2	1
Cantal	3	1	Nord	3	2
Charente	2	1	Oise	3	2
Charente-Inférieure	2	1	Orne	3	2
Cher	2	1	Pas-de-Calais	3	2
Corrèze	3	1	Puy-de-Dôme	2	1
Côte-d'Or	2	2	Pyrénées (Basses-)	1	1
Côtes-du-Nord	3	2	Pyrénées (Hautes-)	1	1
Creuse	3	1	Pyrénées-Orientales	1	1
Dordogne	1	1	Rhin (Bas-)	2	2
Doubs	2	2	Rhin (Haut-)	2	2
Drôme	1	1	Rhône	1	1
Eure	3	2	Saône (Haute-)	2	2
Eure-et-Loir	2	2	Saône-et-Loire	2	1
Finistère	3	2	Sarthe	2	2
Gard	1	1	Seine	1	1
Garonne (Haute-)	1	1	Seine-Inférieure	3	2
Gers	1	1	Seine-et-Marne	2	2
Gironde	1	1	Seine-et-Oise	2	2
Hérault	1	1	Sèvres (Deux-)	2	1
Ille-et-Vilaine	3	2	Somme	3	2
Indre	2	1	Tarn	1	1
Indre-et-Loire	2	1	Tarn-et-Garonne	1	1
Isère	1	1	Var	1	1
Jura	2	2	Vaucluse	1	1
Landes	1	1	Vendée	2	1
Loir-et-Cher	2	1	Vienne	2	1
Loire	2	1	Vienne (Haute-)	2	1
Loire (Haute-)	3	1	Vosges	2	2
Loire-Inférieure	2	1	Yonne	2	2
Loiret	2	1			

LOI DU 10 AOUT 1839.

15. A partir de la promulgation de la présente loi, les propriétaires qui distillent exclusivement les cerises et prunes provenant de leur récolte seront ajoutés à la nomenclature des bouilleurs de cru de l'article 8 de la loi du 20 juillet 1837, et comme tels dispensés de la licence et de l'exercice.

LOI DU 25 JUIN 1841.

15. L'exemption du droit de circulation sur les boissons ne sera accordée que dans les cas ci-après :

1° Pour les vins, cidres et poirés qu'un récoltant fera transporter de son pressoir ou d'un pressoir public à ses caves et celliers ou de l'une à l'autre de ses caves, dans l'étendue d'un même arrondissement ou des cantons limitrophes de l'arrondissement où la récolte aura été faite, qu'ils soient ou non dans le même département;

2° Pour les boissons de même espèce qu'un colon partiaire, fermier ou preneur à bail emphythéotique à rente, remettra au propriétaire ou recevra de lui dans les mêmes limites, en vertu de baux authentiques ou d'usages notoires.

Dans les cas prévus par le présent article, les propriétaires, colons ou fermiers ne seront tenus de se munir que d'un passavant.

Les articles 3 de la loi du 28 avril 1816 et 3 de la loi du 17 janvier 1839 sont abrogés.

16. Seront affranchies du droit de circulation les boissons de leur récolte que les propriétaires feront transporter de chez eux hors des limites posées par l'article précédent, pourvu qu'ils se munissent d'un acquit-à-caution et qu'ils se soumettent, au lieu de destination, à toutes les obligations

imposées aux marchands en gros, le payement de la licence excepté.

17. Toute personne qui récolte, fabrique ou prépare, dans l'intérieur d'une ville sujette aux droits d'entrée, des vins, cidres, poirés et hydromels, alcools ou liqueurs, sera tenue, sous les peines portées par l'article 46 de la loi du 28 avril 1816, d'en faire la déclaration au bureau de la régie, et d'acquitter immédiatement le droit, si elle ne réclame la faculté de l'entrepôt.

Cette déclaration devra précéder de douze heures, au moins, la première fabrication de l'année.

Les employés sont autorisés à faire toutes les vérifications nécessaires pour reconnaître à domicile les quantités préparées ou fabriquées, et pour les soumettre au droit, sans préjudice des obligations spéciales imposées aux fabricants de liqueurs par la loi du 24 juin 1824.

Les dispositions du présent article ne sont point applicables aux personnes qui auront acquitté le droit à l'entrée sur leurs vendanges, fruits à cidre ou à poiré, servant à la fabrication.

18. A partir de 1842, la taxe unique à l'entrée des villes dont les conseils municipaux sont autorisés à voter l'établissement, par l'article 35 de la loi du 21 avril 1832, ne remplacera plus que les droits d'entrée et de détail sur les vins, cidres, poirés et hydromels.

La perception du droit de licence des débitants et celle du droit de circulation, ainsi que les formalités à la circulation des boissons de toute espèce, seront maintenues dans lesdites villes comme dans les autres parties du royaume.

Le droit général de consommation sur les eaux-de-vie, esprits, liqueurs, et fruits à l'eau-de-vie, introduits dans lesdites villes ou fabriqués dans l'intérieur, continuera d'être perçu en même temps que le droit d'entrée, sans préjudice de la faculté d'entrepôt.

19. Toute délibération du conseil municipal qui aura

pour objet d'établir une taxe unique ne pourra être mise à exécution qu'au 1ᵉʳ janvier, et pourvu qu'elle ait été notifiée à la régie un mois au moins avant cette époque.

20. Le nombre des marchands en gros et des débitants de boissons que les conseils municipaux sont tenus de s'adjoindre, en vertu de l'article 37 de la loi du 21 avril 1832, pour délibérer sur l'établissement ou le maintien d'une taxe unique, devra être égal à la moitié des membres présents du conseil, sans, toutefois, qu'au moyen de cette adjonction plus du tiers des votants puisse être formé de marchands ou débitants.

21. Le montant des abonnements individuels des débitants de boissons sera payable par mois et d'avance.

22. La conversion des esprits et eaux-de-vie en liqueurs, chez les liquoristes marchands en gros, sera désormais opérée d'après la base de trente litres d'alcool pour un hectolitre de liqueurs, laquelle remplacera celle qui avait été fixée par l'article 7 de la loi du 24 juin 1824, relative à la fabrication des liqueurs.

23. La base de trente litres d'alcool pour un hectolitre de liqueurs pourra être élevée à trente-cinq litres par ordonnance royale.

24. La disposition de l'article 85 de la loi du 28 avril 1816, qui accorde aux propriétaires vendant en détail les boissons de leur cru une remise de vingt-cinq pour cent sur les droits de détail qu'ils ont à payer, est abrogée.

ORDONNANCE DU 21 AOUT 1841.

Art. 1ᵉʳ. La conversion des esprits et eaux-de-vie en liqueurs, chez les liquoristes marchands en gros, sera opérée d'après la base uniforme de trente-cinq litres d'alcool pour un hectolitre de liqueurs, quelle qu'en soit l'espèce ou la qualité.

DROIT

SUR LES VOITURES PUBLIQUES.

Le droit sur le prix des places dans les voitures publiques a été établi par la loi du 9 vendémiaire an vi, complétement modifiée par la loi du 25 mars 1817.

LOI DU 5 VENTOSE AN XII.

75. Il sera perçu un dixième du prix payé aux entrepreneurs de voitures publiques de terre, pour les transports de marchandises qu'elles feront. Cette perception se fera sur le vu des registres tenus dans leurs bureaux et des feuilles remises à leurs conducteurs, postillons, cochers ou voituriers, lesquelles feuilles les employés auront droit de se faire représenter, de compulser et vérifier.

DÉCRET DU 14 FRUCTIDOR AN XII.

3. Les entrepreneurs de voitures publiques tiendront des registres en papier timbré, cotés et paraphés par le sous-préfet de leur arrondissement ou tel autre officier public commis à cet effet par le préfet du département. Ils y enregistreront, jour par jour, toutes les personnes et marchandises dont ils entreprendront le transport, ainsi que le prix des places, la nature, le poids et le prix du port des paquets et marchandises. Lesdits registres seront visés des préposés des droits réunis de l'arrondissement.

4. La perception du dixième du prix du port des marchandises, créé par l'article 75 de la loi du 5 ventôse an xii, s'établira sur le vu desdits registres, qui serviront à cons-

5.

tater la fidélité des déclarations du nombre et du prix des places de chaque voiture. A cet effet, les entrepreneurs ou leurs commis communiqueront, sans déplacement, aux préposés de la régie des droits réunis, et à toute réquisition, non-seulement les registres d'enregistrement journalier ci-dessus désignés, mais encore toute espèce de registres de contrôle et de recette qu'ils auront établis dans leur manutention. Seront considérés comme marchandises sujettes au droit du dixième tous les objets qui donneront lieu à une perception au profit de l'entreprise.

5. Les entrepreneurs remettront à leurs conducteurs, cochers, postillons ou voituriers, au moment de leur départ, une feuille de route portant le numéro de l'estampille de la voiture, le nom de l'entrepreneur et celui du conducteur, ainsi que le nombre des places de la voiture. Cette feuille, certifiée de l'entrepreneur ou d'un de ses commis, présentera littéralement, article par article, les enregistrements ainsi que le prix des places et du port des objets portés au registre. Tout chargement fait dans le cours de la route sera inscrit sur ladite feuille et reporté au registre du bureau d'arrivée.

6. Les préposés de la régie des droits réunis sont autorisés à assister aux chargements et déchargements des voitures, tant aux lieux de départ et d'arrivée que dans le cours de la route; à viser les registres et feuilles de route, à en vérifier l'exactitude, à en prendre copie et à dresser procès-verbal de toutes contraventions.

7. Sont exceptés du droit du dixième et du droit fixe les courriers chargés du transport des dépêches, dans les malles affectées à ce service par l'administration des postes et à elles appartenant. Les entrepreneurs particuliers de ce service seront tenus de payer le dixième du prix des places des voyageurs qu'ils conduiront, et des paquets autres que ceux des dépêches qu'ils transporteront.

8. Il sera délivré à chaque entrepreneur de voitures

publiques, par le préposé de la régie des droits réunis, autant de laissez-passer conformes à sa déclaration qu'il aura de voitures en circulation. Les conducteurs seront tenus d'en être toujours porteurs et de les représenter, à toute réquisition, à tout préposé de la régie des droits réunis.

9. Lorsque les entrepreneurs suspendront le service d'une voiture pour la mettre en réparation, celle qu'ils y substitueront devra également être déclarée, estampillée, et ne pourra être d'une capacité excédante sans acquitter le droit en raison de l'excédant des places, qui sera vérifié par les commis de la régie.

10. Tout emploi de faux registres et de fausses feuilles ou de faux enregistrements sera constaté par procès-verbal, pour poursuivre les contraventions conformément à l'article *76 de la loi du 5 ventôse an XII* [1], sans préjudice des poursuites extraordinaires pour crime de faux, suivant les cas.

LOI DU 25 MARS 1817.

Art. 112. Le droit du dixième du prix des places et du prix reçu pour le transport des marchandises, auquel sont assujettis les entrepreneurs de voitures publiques de terre et d'eau à service régulier, continuera d'être perçu conformément aux lois en vigueur, sous la déduction, pour les places vides, d'un *quart* [2] du prix total des places. Seront considérées comme voitures à service régulier toutes les voitures qui feront le service d'une même route ou d'une ville à une autre, lors même que les jours et heures des départs varieraient.

113. Tout entrepreneur de voitures publiques suspendues ou non suspendues, partant d'occasion ou à volonté, sera tenu de payer, chaque année, pour tenir lieu du dixième imposé sur les voitures à service régulier, savoir [3] :

[1] Remplacé par l'article 122 de la loi du 25 mars 1817.
[2] D'un tiers. (Loi du 17 juillet 1819.)
[3] Tarif remplacé par celui de la loi du 28 juin 1833.

114. (*Abrogé par l'article 4 de la loi du 17 juillet 1819.*)

115. Toute entreprise de voitures publiques de terre ou d'eau, à service régulier, pourra désormais être formée ou continuée, moyennant que l'entrepreneur fasse une déclaration préalable et annuelle, et qu'il se munisse d'une licence dont le prix est fixé à 5 francs par voiture à quatre roues et par voiture d'eau, et à 2 francs par voiture à deux roues. Les entrepreneurs de voitures partant d'occasion ou à volonté feront la même déclaration, mais sans être tenus au payement de la licence.

116. La déclaration énoncera l'espèce et le nombre des voitures, le nombre des places dans chaque voiture, dans l'intérieur et à l'extérieur, et, de plus, si l'entreprise est à service régulier, le prix de chaque place, la route que chaque voiture doit parcourir et les jours et heures des départs. En cas de variation dans les jours et heures des départs, les entrepreneurs seront admis à rectifier leur déclaration toutes les fois qu'il sera nécessaire.

Si les voitures doivent faire un service d'occasion, les dernières indications ci-dessus seront remplacées par celles du genre de service auquel elles seront destinées.

117. Avant que les voitures, ainsi déclarées, puissent être mises en circulation, il sera apposé sur chacune d'elles, par les préposés de la régie, et après vérification, une estampille dont le coût, fixé à 2 francs, sera remboursé par les entrepreneurs. Il sera également délivré pour chaque voiture un laissez-passer conforme à la déclaration, dont les conducteurs devront toujours être porteurs.

Les voitures déclarées ne pourront être changées, ni les estampilles placées sur de nouvelles voitures, sans une déclaration préalable, auquel cas il ne sera point dû de nouvelle licence.

118. Le montant des droits dus par les entrepreneurs pour les voitures à service régulier sera établi, pour le dixième du prix des places, d'après la déclaration, et pour

le dixième du prix de transport, sur le vu du registre que doivent tenir les entrepreneurs et des feuilles remises aux conducteurs. Le payement pourra en être exigé tous les dix jours. A l'égard des voitures partant d'occasion ou à volonté, le droit fixe établi par l'article 113 sera exigible par trimestre et d'avance. Il sera toujours dû pour un trimestre entier au moins, à quelque époque que commence ou cesse le service.

119. Il pourra être consenti des abonnements pour les voitures de terre ou d'eau à service régulier. Ces abonnements auront pour unique base les recettes présumées de l'entreprise, pour le prix des places et le transport des marchandises.

120. Toute voiture publique qui circulerait sans estampille ou sans laissez-passer, ou avec un laissez-passer qui ne serait pas applicable, sera saisie, ainsi que les chevaux et harnais. En cas de saisie de voitures en route, elles pourront continuer leur voyage au moyen d'une mainlevée qui en sera donnée sous suffisante caution, ou même sous la caution juratoire de l'entrepreneur ou du conducteur.

Dans aucuns cas, les employés ne pourront arrêter les voitures, sur les grandes routes, ailleurs qu'aux entrées et sorties des villes ou aux relais. En cas de soupçon de fraude, ils ne pourront faire leur vérification qu'à la première halte.

122. Toute contravention aux dispositions du présent paragraphe, ou à celles des lois et règlements encore en vigueur, sera punie de la confiscation des objets saisis, et d'une amende de 100 à 1,000 francs. En cas de récidive, l'amende sera toujours de 500 francs au moins.

LOI DU 17 JUILLET 1819.

Art. 4. Le droit du dixième du prix des places, auquel sont assujetties les voitures publiques de terre et d'eau à service régulier, sera indistinctement perçu, à l'avenir, sous la déduction, pour les places vides, d'un tiers du prix total des places, nonobstant les dispositions contraires des articles 112 et 114 de la loi sur les finances, du 25 mars 1817, qui sont abrogées.

ORDONNANCE DU 16 JUILLET 1828.

ART. 1er. Les propriétaires ou entrepreneurs de voitures publiques allant à destination fixe se présenteront, dans la quinzaine de la publication de la présente ordonnance, dans le département de la Seine, devant le préfet de police, et, dans les autres départements, devant les préfets ou sous-préfets, pour faire la déclaration du nombre de places qu'elles contiennent, du lieu de leur destination, du jour et de l'heure de leur départ, de leur arrivée et de leur retour, à peine d'être poursuivis conformément à l'article 3, titre III de la loi du 29 août 1790. Toute nouvelle entreprise est soumise à la même déclaration. Lorsqu'un propriétaire ou entrepreneur de voiture publique augmentera ou diminuera le nombre de ses voitures ou le nombre de places de chacune d'elles, lorsqu'il changera le lieu de sa résidence ou qu'il transférera son entreprise dans une autre commune, il en fera la déclaration préalable, ainsi qu'il a été dit ci-dessus.

2. Aussitôt après la déclaration, les préfets ou sous-préfets ordonneront la visite desdites voitures par des experts nommés par eux, afin de constater si elles sont entièrement conformes à ce qui est prescrit par la présente ordonnance, et si elles n'ont aucun vice de construction qui puisse occasionner des accidents. — Aucune voiture ne pourra être mise pour la première fois en circulation avant la délivrance de l'autorisation du préfet, rendue sur le rapport des experts. Dans le cas où les voitures actuellement en circulation seraient reconnues avoir dans leur construction des défectuosités assez graves pour amener des accidents, le préfet, après avoir entendu les experts, pourra en dé-

fendre la circulation jusqu'à ce que ces défectuosités aient
été corrigées. Les entrepreneurs auront dans tous les cas la
faculté de nommer, de leur côté, un expert qui opérera
contradictoirement avec ceux de l'administration. Le préfet
prononcera au vu du rapport de ces experts. Les visites des
voitures ne pourront être faites qu'au principal établissement de chaque entreprise.

3. Le préfet transmettra au directeur des contributions
indirectes copie, par extrait, des autorisations par lui accordées en vertu de l'article précédent. Les directeurs ne
délivreront l'estampille prescrite par l'article 117 de la loi
du 25 mars 1817 que sur le vu de cette autorisation, qu'ils
inscriront sur un registre.

4. Chaque voiture portera, à l'extérieur, le nom du propriétaire ou de l'entrepreneur, et l'estampille délivrée par
l'administration des contributions indirectes.

5. Elle portera dans l'intérieur l'indication du nombre
de places qu'elle contient, ainsi que le numéro et le prix
de chaque place, du lieu du départ à celui de la destination.
Les propriétaires ou entrepreneurs de voitures publiques
ne pourront y admettre un plus grand nombre de voyageurs que celui que porte l'indication ci-dessus.

6. Les propriétaires ou entrepreneurs de voitures publiques tiendront registre du nom des voyageurs qu'ils transporteront. Ils enregistreront également les ballots, malles
et paquets dont le transport leur sera confié; copie de cet
enregistrement sera remise au conducteur, et un extrait, en
ce qui le concerne, sera pareillement remis à chaque voyageur avec le numéro de sa place. Les registres dont il s'agit
au présent article seront sur papier timbré, cotés et paraphés par le maire.

7. Les conducteurs des voitures publiques ne pourront
prendre, en route, aucun voyageur ni recevoir aucun paquet, sans en faire mention sur les feuilles qui leur auront
été remises au lieu du départ.

LOI DU 28 JUIN 1833.

ART. 8. Le droit fixe imposé sur les voitures publiques partant d'occasion ou à volonté, par l'article 113 de la loi du 25 mars 1817, pour tenir lieu du droit du dixième imposé sur les voitures à service régulier, sera perçu ainsi qu'il suit :

	à 1 et 2 places...............	40^f
Par voiture, quel que soit	à 3 places....................	60
le nombre des roues,	à 4 places.............	80
	à 5 places....................	96
	à 6 places...................	110
Pour chaque place au-dessus de ce nombre.............		10

Sont exceptées des dispositions de l'article 112 de la même loi, et considérées comme partant d'occasion et à volonté, les voitures qui, dans leur service habituel d'un point fixe à un autre, ne sortent pas d'une même ville ou d'un rayon de quinze kilomètres de ses limites, pourvu qu'il n'y ait pas continuité immédiate de service pour un point plus éloigné, même après changement de voiture

LOI DU 20 JUILLET 1837.

ART. 11. Dans les lieux où il existe des voitures publiques, toute personne autre qu'un entrepreneur de voitures publiques, qui voudra mettre accidentellement une voiture en circulation, à prix d'argent, sera admise à en faire chaque fois la déclaration au bureau de la régie, et tenue de se munir d'un laissez-passer, lequel énoncera l'espèce de voiture, le nombre de places et le nom du conducteur.

Il sera perçu, au moment de la déclaration, un droit de 15 centimes par places, pour un jour.

LOI DU 2 JUILLET 1838.

ART. 1er. L'impôt dû au trésor public sur le prix des places sera perçu, pour les chemins de fer, sur la partie du tarif correspondant au prix de transport.

2. Cette disposition est applicable, à partir de la promulgation de la présente loi, aux chemins de fer actuellement concédés.

3. Pour ceux de ces chemins dont les cahiers des charges ne fixent pas le tarif, ou dont le tarif n'est pas divisé en deux parties correspondant, l'une au transport, l'autre au péage, l'impôt du dixième sera perçu sur le tiers du prix total des places.

DROIT DE NAVIGATION.

LOI DU 30 FLORÉAL AN X.

Art. 1er. Il sera perçu, dans toute l'étendue de la *République*, sur les fleuves et rivières navigables, un droit de navigation intérieure. Ce droit sera aussi établi sur les canaux navigables qui n'y ont point encore été assujettis, et sur ceux où la perception des anciennes taxes serait actuellement suspendue.

3. Il sera arrêté par le Gouvernement, dans la forme des règlements d'administration publique, un tarif des droits de navigation pour chaque fleuve, rivière ou canal, après avoir consulté les principaux négociants, marchands et mariniers qui les fréquentent. A cet effet, les négociants, marchands ou mariniers seront appelés, au nombre de douze pour chaque fleuve, rivière ou canal : ils seront réunis en conseil auprès du préfet qui sera désigné par le Gouvernement; ils donneront leur avis sur la réformation ou le maintien des tarifs existants, pour les fleuves, rivières ou canaux où il y en a, et sur leur formation, pour les fleuves, rivières ou canaux où il n'y en a pas.

ARRÊTÉ DU 8 PRAIRIAL AN XI.

Art. 1er. La navigation intérieure de la France sera divisée en bassins dont les limites seront déterminées par les montagnes ou coteaux qui versent les eaux dans le fleuve principal; et chaque bassin sera subdivisé en arrondissements de navigation.

4. L'octroi de navigation sera régi, sauf le cas où, sur

l'avis du préfet et sur le rapport du ministre, la mise en ferme ou régie intéressée aura été ordonnée par le Gouvernement.

5. Les tarifs en vertu desquels devra se faire la perception, et les points sur lesquels les bureaux devront être fixés, seront déterminés par des arrêtés spéciaux pour chaque arrondissement.

6. La perception se fera au moyen d'un receveur et d'un contrôleur dans chaque bureau.

13. Le receveur de chaque bureau tiendra un registre à talon, conforme au modèle qui sera déterminé par le ministre de l'intérieur.

14. Il sera, dans chaque bureau de perception, délivré aux conducteurs de bateaux, trains, etc., une quittance du montant du droit d'octroi par eux acquitté, et un laissez-passer. Les conducteurs seront tenus, lorsqu'ils en seront requis, de justifier de leurs quittances et laissez-passer aux receveurs des bureaux qui suivront celui où ils auront acquitté le droit, ainsi qu'à tous autres préposés à l'octroi de navigation; et, si leur destination est pour Paris, au bureau de l'octroi municipal de cette ville.

22. Les receveurs ne pourront, sous peine de destitution, traiter ou transiger sur la quotité du droit : il leur est défendu de recevoir d'autre droit que ceux portés aux tarifs, sous peine d'être destitués et poursuivis comme concussionnaires.

23. Il est défendu à tout conducteur de bateaux, trains, etc. de passer les bureaux sans payer, à peine de 50 francs d'amende.

24. En cas d'insultes ou de violences, l'amende sera de 100 francs, indépendamment des dommages et intérêts, et de peines plus graves si le cas y échet; et ce, conformément aux dispositions du titre II de la loi du 3 nivôse an VI sur la taxe d'entretien des routes.

25. Les autorités civiles et militaires seront tenues, sur

la réquisition écrite des préposés au droit de navigation ,
de requérir et de prêter main-forte pour l'exécution des
lois et règlements relatifs à leurs fonctions. Les commissaires du Gouvernement feront poursuivre, même d'office,
devant les tribunaux, les auteurs des insultes ou violences
qui pourraient être commises ; et ce, tant sur la clameur
publique que sur les procès-verbaux dressés et affirmés par
les préposés à l'octroi.

27. Il sera placé sur le port, en face de chaque bureau
de perception, un poteau et une plaque sur laquelle sera
inscrit le tarif.

28. Défenses sont faites à tout maître de pont ou de
pertuis de monter ou descendre aucun bateau avant de
s'être fait représenter la quittance du droit de navigation ;
et ce, à peine d'être contraint personnellement au remboursement de ces droits, par les voies prescrites pour le
payement des contributions.

29. Aucun particulier ne pourra recevoir, aux pertuis,
vannes et écluses, dans les rivières navigables des divers
bassins, aucun droit de quelque nature qu'il soit ; le tout
conformément aux articles 13 et 14 du titre II de la loi du
15 mars 1790, et des articles 7 et 8 de la loi du 25 août
1792.

30. Le service des pertuis, vannes et écluses s'exécutera
par des individus à ce commis, et dont le salaire sera pris
sur les produits de l'octroi de navigation. Les préfets d'arrondissement de navigation feront préalablement constater
la situation desdits pertuis, vannes ou écluses par les ingénieurs en chef, lesquels en dresseront procès-verbal en présence des détenteurs actuels ou ceux dûment appelés.

ARRÊTÉ DU 5 GERMINAL AN XII.

Art. 4. Le directeur général des contributions indirectes fera faire la recette de la taxe d'entretien des routes, du droit de navigation intérieure, et des droits et revenus des bacs, bateaux et canaux. Il dirigera et surveillera tous les agents préposés à ces recettes.

DÉCRET DU 22 JANVIER 1808.

Art. 1er. Les dispositions de l'article 7 du titre XXVIII de l'ordonnance de 1669 [1] sont applicables à toutes les rivières navigables de l'empire, soit que la navigation y fût établie à cette époque, soit que le Gouvernement se soit déterminé depuis, ou se détermine aujourd'hui et à l'avenir à les rendre navigables.

2. En conséquence, les propriétaires riverains, en quelque temps que la navigation ait été ou soit établie, sont tenus de laisser le passage pour le chemin de halage.

3. Il sera payé aux riverains des fleuves ou rivières où la navigation n'existait pas, et où elle s'établira, une indemnité proportionnée au dommage qu'ils éprouveront, et cette indemnité sera évaluée conformément aux dispositions de la loi du 16 septembre dernier (relative au desséchement des marais).

4. L'administration pourra, lorsque le service n'en souffrira pas, restreindre la largeur des chemins de halage, notamment quand il y aura antérieurement des clôtures en

---

[1] Cet article est ainsi conçu : « Les propriétaires d'héritages aboutissant aux rivières navigables laisseront, le long des bords, vingt-quatre pieds de place au moins en largeur, pour chemin royal et trait de chevaux, sans qu'ils puissent planter arbres ni tenir clôtures ou haies plus près que trente pieds du côté que les bateaux se tirent, et dix pieds de l'autre bord, à peine de 500 livres d'amende, confiscation des arbres et, d'être les contrevenants contraints à réparer et remettre les chemins en état à leurs frais. »

haies vives, murailles ou travaux d'art, ou des maisons à détruire.

LOI DU 24 MARS 1825.

ARTICLE UNIQUE. Sur les rivières navigables et dans les ports de commerce où le Gouvernement jugera nécessaire d'entreprendre des travaux extraordinaires, et où il établira des droits de péage pour subvenir aux frais de ces travaux, le droit de navigation créé par la loi du 3o floréal an X cessera d'être perçu pendant tout le temps que devront durer les nouvelles perceptions.

LOI DU 9 JUILLET 1836.

ART. 1er. A dater du 1er janvier 1837, le droit de navigation intérieure ou de péage spécialisé sur toute la partie navigable ou flottable des fleuves et rivières dénommés au tableau A annexé à la présente loi sera imposé par distance de cinq kilomètres, en raison de la charge réelle des bateaux en tonneaux de mille kilogrammes, ou du volume des trains en décastères [1].

Ce droit sera perçu, pour chaque cours de navigation, conformément au tarif fixé par ledit tableau, sans préjudice, quant à la rivière de l'Oise, des dispositions établies par l'ordonnance du 13 juillet 1825, rendue en exécution de la loi du 5 août 1821.

Les droits de navigation sur le canal du Centre seront réduits conformément au tableau B ci-annexé.

Une ordonnance royale déterminera l'époque où cette réduction aura son effet.

2. Le nombre des tonneaux imposables sera déterminé, au moyen du jaugeage des bateaux, et pour chaque degré d'enfoncement, par la différence entre le poids de l'eau que

---

[1] Voir l'ordonnance du 3o novembre 1839.

déplacera le bateau chargé et celui de l'eau que déplacera le bateau vide, y compris les agrès.

Le degré d'enfoncement sera indiqué au moyen d'échelles métriques incrustées dans le bordage extérieur du bateau.

Les espaces laissés vides entre les coupons des trains et ceux dans lesquels seraient placés des tonneaux pour maintenir les trains à flot, ne seront point compris dans le cubage.

3. Les marchandises ci-après dénommées seront soumises au droit fixé pour la deuxième classe du tarif :

1° Les bois de toute espèce autres que les bois étrangers d'ébénisterie ou de teinture, le charbon de bois ou de terre, le coke et la tourbe, les écorces et les tans ;

2° Le fumier, les cendres et les engrais de toute sorte ;

3° Les marbres et granits bruts ou simplement dégrossis, les pierres et moellons, les laves, les grès, le tuf, la marne et les cailloux ;

4° Le plâtre, le sable, la chaux, le ciment, les briques, tuiles, carreaux et ardoises ;

Enfin, le minerai, le verre cassé, les terres et ocres.

Toutes les marchandises non désignées ci-dessus seront imposées à la première classe du tarif.

4. Les bateaux chargés de marchandises donnant lieu à la perception de deux droits différents seront soumis au droit le plus élevé, tant à la remonte qu'à la descente, à moins que les marchandises imposées comme étant de première classe ne forment pas le dixième de celles qui seront transportées ; auquel cas, chaque droit sera appliqué séparément aux deux parties du chargement.

5. Tout bateau sur lequel il y aura des voyageurs payera le droit imposé à la première classe du tarif, quelle que soit la nature du chargement.

Il sera ajouté au poids reconnu un dixième de tonneau pour chaque voyageur qui serait descendu du bateau avant la vérification.

6. La régie des contributions indirectes pourra consentir des abonnements payables par mois, d'avance, ou par voyage,

1° Pour les bateaux qui servent habituellement au transport des voyageurs ou des marchandises d'un port à un autre ;

2° Pour ceux de petite capacité, lorsqu'ils n'iront pas au delà de trois distances du port auquel ils appartiennent.

7. Les trains chargés de marchandises quelconques seront imposés à un droit double de celui qui sera perçu pour les trains non chargés.

Le droit sur les trains sera réduit de moitié pour toute la partie des rivières où la navigation ne peut avoir lieu avec des bateaux.

8. Les bascules à poisson seront imposées en raison de leur volume extérieur en mètres cubes.

Chaque mètre cube sera assimilé, pour la perception, à un tonneau de marchandises de deuxième classe.

Les bascules entièrement vides ne payeront aucun droit.

9. Seront exempts des droits,

1° Les bateaux entièrement vides ;

2° Les bâtiments et bateaux de la marine royale affectés au service militaire de ce département ou du département de la guerre, sans intervention de fournisseurs ou d'entrepreneurs ;

3° Les bateaux employés exclusivement au service ou aux travaux de la navigation par les agents des ponts et chaussées ;

4° Les bateaux pêcheurs, lorsqu'ils porteront uniquement des objets relatifs à la pêche ;

5° Les bacs, batelets et canots servant à traverser d'une rive à l'autre ;

6° Les bateaux appartenant aux propriétaires ou fermiers, et chargés d'engrais, de denrées, de récoltes et de grains en gerbes pour le compte desdits propriétaires ou fermiers, lorsqu'ils auront obtenu l'autorisation de se servir de bateaux particuliers dans l'étendue de leur exploitation.

10. Aucun bateau ne pourra naviguer sur les fleuves, rivières ou cours d'eau, qu'après avoir été préalablement jaugé à l'un des bureaux qui seront désignés, pour chaque cours de navigation, par une ordonnance royale.

Dans les six mois qui précéderont la mise à exécution de la présente loi, tout propriétaire ou conducteur de bateaux sera tenu de les conduire, à vide, à l'un desdits bureaux, à l'effet de faire procéder au jaugeage par les employés des contributions indirectes.

Le procès-verbal de jaugeage déterminera le tirant d'eau à vide, et la dernière ligne de flottaison à charge complète sera fixée de manière que le bateau, dans son plus fort chargement, présente toujours un décimètre en dehors de l'eau. Toute charge qui produirait un renfoncement supérieur à la ligne de flottaison ainsi fixée est interdite.

11. Toute personne mettant à flot un nouveau bateau sera tenue de le présenter, avant son premier voyage ou après son premier déchargement, à l'un des bureaux de jaugeage.

Toutefois, les bateaux qui ne font qu'un voyage pourront être jaugés à l'un des bureaux de navigation ou au lieu de déchargement; mais il ne sera pas permis de les dépecer avant que les droits aient été acquittés.

12. La perception sera faite à chaque bureau de navigation,

1° Pour les distances déjà parcourues, si le droit n'a pas été acquitté à un bureau précédent;

2° Pour les distances à parcourir jusqu'au prochain bureau, ou seulement jusqu'au lieu de destination, si le déchargement doit être effectué avant le prochain bureau;

3° Enfin, pour les distances parcourues ou à parcourir entre deux bureaux.

Néanmoins, quelque éloigné que soit le point de desti-

6.

nation, le batelier aura la faculté de payer, au départ ou à l'arrivée, pour toutes les distances à parcourir ou qui auront été parcourues sur la partie d'une rivière ou d'un canal imposé au même tarif, à la charge par lui de faire reconnaître, à chaque lieu de station, la conformité du tirant d'eau avec les laissez-passer dont il devra être muni.

13. Toutes les fois qu'un batelier aura payé au départ, jusqu'au lieu de destination, pour la totalité du chargement possible de son bateau en marchandises de première classe, il ne sera tenu, aux bureaux intermédiaires de navigation, que d'y représenter, sur réquisition, son laissez-passer.

14. Lorsque le conducteur voudra payer le droit à l'arrivée, il devra se munir, au premier bureau de navigation, d'un acquit-à-caution qui sera représenté aux employés du lieu de destination, et déchargé par eux, après justification de l'acquittement des droits.

A défaut de cette justification, le conducteur et sa caution seront tenus de payer les droits pour tout le trajet parcouru, comme si le bateau avait été entièrement chargé de marchandises de première classe.

15. Tout conducteur de bateaux, de trains ou de bascules à poisson devra, à défaut du bureau de navigation, se munir à la recette buraliste des contributions indirectes du lieu de départ ou de chargement, d'un laissez-passer qui indiquera, d'après sa déclaration, le poids et la nature du chargement, ainsi que le point de départ.

Ce laissez-passer ne pourra être délivré, pour les bateaux chargés, qu'autant que le déclarant s'engagera, par écrit et sous caution, d'acquitter les droits au bureau de navigation le plus voisin du lieu de destination, ou à celui devant lequel il aurait à passer pour s'y rendre.

Tout chargement supplémentaire fait en cours de transport sera déclaré de la même manière.

16. Les laissez-passer, acquits-à-caution, connaissements et lettres de voiture seront représentés, à toutes réquisitions,

aux employés des contributions indirectes, des douanes, des octrois, de la navigation, ainsi qu'aux éclusiers, maîtres de ponts et de pertuis. Ils devront toujours être en rapport avec le chargement.

Cette exhibition devra être faite au moment même de la réquisition des employés.

17. Les dispositions qui précèdent sont toutes applicables aux bateaux à vapeur; mais, lors du jaugeage, la machine, le combustible pour un voyage, et les agrès seront compris dans le tirant d'eau à vide.

18. La perception des droits de navigation sur les trains continuera à être faite, pour chaque rivière, suivant les usages établis.

19. Le mode de vérification de la charge réelle passible des droits et les obligations des bateliers à cet égard, l'application des droits nouveaux à la forme et à la dimension des trains, seront déterminés par ordonnance royale, rendue dans la forme des règlements d'administration publique.

Il sera apposé dans tous les bureaux de perception, dont le placement sera déterminé par le ministre des finances, un placard indiquant le nombre des distances d'un bureau à l'autre et entre les principaux points intermédiaires.

20. Toute contravention aux dispositions de la présente loi, et à celles des ordonnances qui en régleront l'application, sera punie d'une amende de 50 à 200 francs, sans préjudice des peines établies par les lois, en cas d'insultes, violences ou voies de fait.

Les propriétaires de bâtiments, bateaux et trains, seront responsables des amendes résultant des contraventions commises par les bateliers et les conducteurs.

21. Les contestations sur le fond du droit de navigation seront jugées, et les contraventions seront constatées et poursuivies dans les formes propres à l'administration des contributions indirectes.

Le produit net des amendes sera réparti comme en matière de voitures publiques.

22. Les dispositions des articles 10, 11, 12, 13, 15, 16 et 21 de la présente loi sont applicables au droit de navigation intérieure perçu par la régie des contributions indirectes, tant sur les canaux concédés qu'à l'embouchure des fleuves.

23. La perception du droit de navigation sur les navires, bâtiments et bateaux allant des ports situés à l'embouchure des fleuves à la mer, ou venant de la mer à destination desdits ports, continuera d'être faite d'après les tarifs et le mode actuellement en vigueur.

Sont également maintenues les dispositions des articles 15 à 28 du décret du 4 mars 1808, concernant la perception d'une taxe proportionnelle et annuelle sur les bâtiments à quille, pontés ou non pontés, servant au cabotage et transport sur la Gironde, la Garonne et la Dordogne, jusqu'au point où s'étend l'action de l'inscription maritime, d'après l'ordonnance du 10 juillet 1835.

24. Le Gouvernement pourra, dans l'intervalle de deux sessions législatives, opérer, par ordonnances royales, des réductions aux tarifs annexés à la présente loi.

Les changements résultant desdites ordonnances seront présentés aux Chambres dans le premier mois de la plus prochaine session, pour être convertis en lois.

25. Les dispositions des lois, décrets, arrêtés et tarifs contraires à celle de la présente loi sont abrogées.

TARIF

DES

DROITS DE NAVIGATION

À PERCEVOIR

SUR LES FLEUVES ET RIVIÈRES NAVIGABLES.

Tarif des Droits de navigation à percevoir

TABLE B

BASSINS.	FLEUVES, RIVIÈRES ET CANAUX auxquels s'applique le tarif.		
	RIVIÈRES principales.	1er ordre.	2e ordre. AFFLUENTS.
Seine.............	Seine (Haute-), du point navigable à Paris.....	Aube............. Yonne............ Marne............	Cure............. Armançon........ Saulx............ Morin (Grand-)...
	Seine (Basse-), de Paris à Rouen............	Oise............. Eure.............	Aisne............
Meuse.............	Meuse............		
Moselle............	Moselle..........	Meurthe.........	
Rhône.............	Rhône...........	Ain............. Saône........... Isère............ Drôme........... Roubion.......... Ardèche......... Durance......... Gardon.......... Rhône (Petit-)....	Bienne.......... Doubs........... Seille...........
Adour.............	Adour...........	Midouze......... Gave de Pau..... Nive............	
Gironde...........	Gironde..........	Garonne......... Dordogne........	Salat............ Ariége........... Tarn............ Bayse........... Lot............. Vezère........... Isle canalisée....
Charente...........	Charente..........	Boutonne........ Canal de Brouage......	
	Seudre...........		
	Sèvre-Niortaise........	Mignon.......... Autise........... Vendée..........	
Loire..............	Loire............	Allier........... Cher............ Indre........... Vienne.......... Thouet.......... Mayenne........ Layon.......... Sèvre-Nantaise... Acheneau........	Creuse.......... Sarthe..........
	Canal du Centre......		
Vilaine............	Vilaine..........		
Orne..............	Orne............ Toucques.........		

œuves et Rivières navigables ci-après.

3e ordre.	QUOTITÉ DE LA TAXE par tonneau et par distance.				TRAINS par décastère et par distance.	OBSERVATIONS.
	À LA DESCENTE.		À LA REMONTE.			
	Marchandises de		Marchandises de			
	1re classe.	2e classe.	1re classe.	2e classe.		
.... ɪn.....................	2e	1c	2e	1t	2e	
....	2 2 2	1 1 1	2,5 2,5 2,5	1,25 1,25 1,25	5 5 5	
....	2	1	2,5	1,25	5	
....	2	1	2,5	1,25	5	
....	2	1	2,5	1,25	ʔ	
....	2	1	2,5	1,25	5	
....	2	1	2,5	1,25	5	
....	....	....	....	....	....	Voyez le tableau B.
....	2 2	1 1	2,5 2,5	1,25 1,25	5 5	

TABLEAU B.

	MARCHANDISES			TRAINS. par décastère et par distance.
	de 1re classe.	de 2e classe. (sauf la houille).	Houille !	
Canal du Centre............	20c	10c	6e	40c

ORDONNANCE DU 15 OCTOBRE 1836.

Art. 1er. Les bureaux désignés au tableau ci-annexé seront ouverts le 1er novembre 1836, pour le jaugeage des bateaux naviguant sur les fleuves, rivières et canaux.

2. Le jaugeage sera fait par des employés des contributions indirectes, en présence du propriétaire ou du conducteur du bateau, conformément aux instructions données par notre ministre des finances. Les employés dresseront, de cette opération, un procès-verbal dont copie sera remise au conducteur ou propriétaire, et qui énoncera,

1° Le nom ou la devise du bateau ;

2° Les noms et domicile du propriétaire et du conducteur ;

3° Les dimensions extérieures du bateau mesurées en centimètres ;

4° Le tirant d'eau à charge complète ;

5° Le tirant d'eau à vide, avec les agrès ;

6° Enfin le tonnage du bateau à charge complète, et le tonnage par centimètres d'enfoncement.

La progression croissante ou décroissante du tonnage sera réglée par tranches de vingt en vingt centimètres de l'échelle mise en place.

Les millimètres ne seront pas comptés.

3. Toutes les fois que le conducteur d'un bateau en formera la demande, il sera procédé à un nouveau jaugeage ;

les résultats de cette opération seront également constatés par un procès-verbal dont il lui sera délivré une ampliation en remplacement de la précédente.

Les employés pourront aussi procéder d'office à la contre-vérification des jaugeages ; et, s'il n'y a point de différence, ils se borneront à viser l'ancien procès-verbal.

Ces vérifications n'auront lieu qu'en cas de stationnement et qu'après le déchargement des bateaux.

4. De chaque côté du bateau sera incrustée une échelle en cuivre, graduée en centimètres, dont notre ministre des finances déterminera la forme, la dimension et le placement. Le zéro de l'échelle répondra au tirant d'eau à vide, et une marque apposée dans la partie supérieure indiquera la ligne de flottaison à charge complète, à la limite déterminée par l'article 10 de la loi du 9 juillet 1836.

Les propriétaires ou conducteurs de bateaux pourront fournir et placer les échelles en présence des employés, et en se conformant aux indications de l'administration des contributions indirectes. A leur défaut, cette administration y pourvoira ; dans ce cas, le prix des échelles lui sera remboursé au moment du jaugeage, à raison de cinquante centimes par décimètre, y compris la mise en place.

5. Il est défendu aux bateliers d'enlever ou de déplacer les échelles.

6. Toutes les fois que, par un accident quelconque, les échelles auront été perdues ou qu'elles se trouveront détériorées, le batelier sera tenu de les faire immédiatement remplacer, conformément aux dispositions de l'article 4 ci-dessus, qui détermine le mode d'après lequel les échelles seront placées.

7. Le nombre de stères imposable, pour les trains de bois, sera déterminé en cubant le volume de chaque train dans la rivière, déduction faite des espaces laissés vides entre les coupons et de ceux dans lesquels seraient placés des tonneaux pour maintenir les trains à flot.

Ne seront point considérés comme trains chargés ceux qui ne porteront que les perches et rouettes de rechange.

8. La perception du droit sur tout bateau chargé et non jaugé, qui naviguera pour la première fois, sera garantie par un acquit-à-caution, délivré conformément aux dispositions de l'article 14 de la loi du 9 juillet 1836, et qui énoncera, indépendamment du tonnage par évaluation, la distance entre le plat-bord et la ligne de flottaison du chargement.

Le batelier sera tenu, aussitôt après le déchargement du bateau, de le faire jauger et d'acquitter le droit.

Il ne sera pas apposé d'échelle sur tout bateau qui sera dépecé après le premier voyage, et, dans ce cas, le jaugeage sera fait au lieu même du déchargement.

9. Toute fraction d'une demi-distance (deux mille cinq cents mètres) ou au-dessus sera comptée, pour la perception, comme une distance ; toute fraction inférieure sera négligée [1].

Il sera opéré de la même manière à l'égard des fractions du tonneau, du stère et du mètre cube.

10. Aucun bateau, lors même qu'il serait exempt de droit en conformité de l'article 9 de la loi, aucune bascule vide, aucun train, ne pourra être mis en route avant que le conducteur ait fait sa déclaration et obtenu un laissez-passer.

Les dimensions des trains seront indiquées dans la déclaration.

11. Tout conducteur de bateaux chargés, de bascules à poisson ou de trains, passant devant un bureau de navigation, devra s'y arrêter pour acquitter le droit.

Néanmoins les conducteurs de trains ou de bascules pourront, comme les conducteurs de bateaux, et en se conformant aux dispositions des articles 13 et 14 de la loi, payer le droit au départ ou à l'arrivée.

Lorsqu'il n'y aura pas de bureau de navigation au lieu de

[1] Disposition abrogée par l'ordonnance du 30 novembre 1839.

destination, le droit sera acquitté au dernier bureau placé sur la route, lequel sera désigné en l'acquit-à-caution.

Les bateliers fourniront aux employés les moyens de se rendre à bord toutes les fois que, pour reconnaître les marchandises transportées ou pour vérifier l'échelle, ils seront obligés de s'en approcher.

12. Lorsque la navigation n'a lieu qu'à l'aide du flot naturel ou artificiel, qui ne permet pas la station devant le bureau de navigation, les acquits-à-caution devront être délivrés au lieu même du départ des trains et bateaux pour tout le trajet à parcourir, et lors même qu'il s'étendrait à deux rivières différentes.

13. Tout conducteur qui sera muni d'un acquit-à-caution aura la faculté, en passant devant un bureau de navigation, de changer la destination primitivement déclarée, à la charge par lui d'acquitter immédiatement le droit pour les distances déjà parcourues.

14. Indépendamment des formalités prescrites par l'article 16 de la loi du 9 juillet 1836, les bateliers et conducteurs seront tenus de représenter, à toute réquisition des employés des contributions indirectes, des octrois et des douanes, les procès-verbaux de jaugeage relatifs aux bateaux et bascules.

15. L'exemption de droit, portée au nombre 6 de l'article 9 de la loi du 9 juillet 1836, sera appliquée à tous les bateaux dont les propriétaires auront été autorisés à se servir, suivant la forme établie par l'article 8 de la loi du 6 frimaire an VII.

16. Sont soumis à l'application de la loi du 9 juillet 1836, conformément aux dispositions de l'article 22 de ladite loi, les rivières des bassins de l'Escaut et de l'Aa, les canaux de Bourgogne, du Rhône au Rhin, de la Somme, de Manicamp, d'Arles à Bouc, la rivière canalisée et le canal latéral de l'Oise, et tous les canaux sur lesquels la perception sera faite par les agents du Gouvernement.

Le droit de navigation ne pourra être acquitté, à l'arrivée sur ces canaux, qu'à la charge par les déclarants de se munir d'un acquit-à-caution, conformément à l'article 14 de ladite loi.

17. Seront placardés dans chaque bureau de navigation,

1° La loi du 9 juillet 1836 ;

2° La présente ordonnance ;

3° L'instruction ministérielle sur le jaugeage ;

4° Le tableau indiquant le nombre des distances d'un bureau à l'autre et entre les principaux points intermédiaires, ainsi que les lignes de navigation auxquelles s'appliquera la réduction à moitié du droit sur les trains.

18. Notre ordonnance du 26 juillet 1834 cessera d'avoir son effet à partir de la mise à exécution de la loi du 9 juillet 1836.

ÉTAT, par Bassin, des Bureaux désignés pour le jaugeage des Bateaux, en exécution de la loi du 9 juillet 1836. (Pour être annexé à l'ordonnance du 15 octobre 1386.)

BASSINS ET CANAUX DÉSIGNÉS DANS LE TARIF JOINT A LA LOI.

BASSINS.	RIVIÈRES et canaux.	BUREAUX.	DIRECTIONS.	DÉPARTEMENTS.
Seine....	Seine (Haute)	Nogent-sur-Seine...	Nogent-sur-Seine...	Aube.
		Montereau	Fontainebleau	Seine-et-Marne.
		Melun	Melun	
		Paris	Paris	Seine.
	Marne	Châlons	Châlons	Marne.
		Meaux	Meaux	Seine-et-Marne.
	Seine (Basse)	Rouen	Rouen	Seine-Inférieure.
	Oise	Compiègne	Compiègne	Oise.
		Pontoise	Pontoise	Seine-et-Oise.
Meuse...	Meuse	Charleville	Charleville	Ardennes.
		Givet	Rocroy	

BASSINS.	RIVIÈRES et canaux.	BUREAUX.	DIRECTIONS.	DÉPARTEMENTS.
Moselle..	Moselle.............	Metz...........	Metz...........	Moselle.
		Thionville........	Thionville........	
Rhône...	Rhône..............	Lyon...........	Lyon...........	Rhône.
		Givors........		
		Avignon........	Avignon........	Vaucluse.
		Arles...........	Arles...........	Bouches-du-Rhône.
	Saône.............	St-Jean-de-Losne..	Beaune..........	Côte-d'Or.
		Châlons.........	Châlons.........	Saône-et-Loire.
		Mâcon.........	Mâcon.........	
	Isère.............	Grenoble........	Grenoble........	Isère.
Adour...	Adour..............	Dax...........	Dax...........	Landes.
		Bayonne.........	Bayonne.........	Pyrénées (Basses-).
Gironde..	Gironde..........	Libourne.........	Libourne.........	Gironde.
		Bordeaux........	Bordeaux........	
	Garonne............	Toulouse........	Toulouse.........	Garonne (Haute-).
		Agen...........	Agen...........	Lot-et-Garonne.
	Tarn...............	Montauban.......	Montauban.......	Tarn-et-Garonne.
	Lot...............	Cahors..........	Cahors..........	Lot.
	Dordogne...........	Bergerac........	Bergerac........	Dordogne.
Charente.	Charente...........	Cognac..........	Cognac.........	Charente.
		Saintes..........	Saintes..........	Charente-Inférieure.
	Sèvre-Niortaise.........	Rochefort........	Rochefort........	
		Marans..........	La Rochelle......	
Loire....	Loire..............	Roanne..........	Roanne.........	Loire.
		Nevers..........	Nevers..........	Nièvre.
		Briare..........	Gieu...........	Loiret.
		Orléans.........	Orléans.........	
		Tours..........	Tours..........	Indre-et-Loire.
		Nantes..........	Nantes..........	Loire-Inférieure.
	Mayenne...........	Angers..........	Angers..........	Maine-et-Loire.
	Allier.............	Moulins........	Moulins........	Allier.
	Cher..............	Montrichard......	Blois..........	Loir-et-Cher.
Vilaine..	Vilaine.............	Rennes..........	Rennes..........	Ille-et-Vilaine.
		Redon..........	Redon..........	
Rhône...	Canal du Centre........	Châlons sur-Saône..	Châlons.	Saône-et-Loire.

BASSINS ET CANAUX DÉSIGNÉS DANS L'ARTICLE 16 DE L'ORDONNANCE.

Escaut et Aa...	Aa.................	Saint-Omer.......	Saint-Omer.......	Pas-de-Calais.
	Canal de Bergues.......	Dunkerque.......	Dunkerque......	Nord.
	Scarpe.............	Arras..........	Arras..........	Pas-de-Calais.
	Escaut.............	Condé..........	Valenciennes......	Nord.
Rhône...	Canal de Bourgogne...	St-Jean-de-Losne...	Beaune..........	Côte-d'Or.
		Tonnerre.........	Tonnerre........	Yonne.
	Canal du Rhône au Rhin..	Strasbourg........	Strasbourg......	Rhin (Bas-).
		Besançon........	Besançon........	Doubs.
		St-Jean-de-Losne..	Beaune..........	Côte-d'Or.
Somme	Canal de la Somme......	Péronne.........	Péronne.........	Somme.
		Abbeville.........	Abbeville........	
Rhône...	Canal d'Arles à Bouc....	Arles..........	Arles...........	Bouches-du-Rhône.
Seine....	Canal latéral à l'Oise.....	Compiègne.......	Compiègne.......	Oise.

ORDONNANCE DU 30 NOVEMBRE 1839.

ART. 1er. La perception du droit de navigation faite par l'État, tant sur les rivières que sur les canaux, par distance de cinq kilomètres, aura lieu, à partir du 1er janvier 1840, par distance d'un myriamètre, d'après des taxes doubles de celles portées aux tarifs actuels.

2. Le droit sera appliqué proportionnellement aux dixièmes de myriamètre. Toute fraction de cinquante mètres et au-dessus sera comptée pour un kilomètre, et toute fraction inférieure sera négligée.

3. Sont abrogées toutes dispositions contraires à celles qui précèdent, et notamment le premier paragraphe de l'article 9 de notre ordonnance du 15 octobre 1836.

PÊCHE, FRANCS-BORDS

ET

PRODUITS ACCESSOIRES DES CANAUX.

LOI DU 5 FLORÉAL AN XI.

Art. 1er. Tous les canaux de navigation qui seront faits à l'avenir, soit aux frais du domaine public, soit aux dépens des particuliers, ne seront taxés à la contribution foncière qu'en raison du terrain qu'ils occupent, comme terre de première qualité.

2. A compter de l'an xiii, les anciens canaux de navigation et les francs-bords, magasins et maisons d'éclusiers, dépendant du domaine public, ne seront taxés à cette contribution que dans la proportion énoncée dans l'article précédent.

3. Les autres maisons d'habitation et usines dépendantes desdits canaux seront imposées comme les autres propriétés de la même nature.

4. Les objets compris aux articles précédents seront imposés dans chaque commune dans laquelle ils se trouvent situés.

DÉCRET DU 23 SEPTEMBRE 1810.

Les produits de la mise en ferme de la pêche, ainsi que ceux de franc-bord et plantation dépendant desdits canaux, seront versés au trésor public par l'intermédiaire de l'admi nistration des contributions indirectes.

LOI DU 23 JUILLET 1820.

Art. 26. La loi du 5 floréal an xi pour la contribution foncière des canaux navigables sera désormais applicable à tous les canaux de navigation existants, comme à ceux qui seraient construits par la suite. Les communes, arrondissements et départements que traversent les canaux existants seront dégrévés de la contribution foncière, jusqu'à concurrence de la somme dont cette opération diminuerait le contingent actuellement attribué à ces canaux.

ORDONNANCE DU 10 JUILLET 1835.

Art. 1er. La pêche sera exercée au profit de l'État dans les fleuves, rivières, canaux et portions de fleuves et de rivières désignés par le tableau joint à la présente ordonnance.

2. Les limites entre la pêche fluviale et la pêche maritime demeurent fixées conformément aux indications portées dans la cinquième colonne du même tableau.

BACS ET PASSAGES D'EAU.

LOI DU 6 FRIMAIRE AN VII,

§ 1er. Des bacs existants.

Art. 1er. Les dispositions des lois du 25 août 1792, sur les bacs et bateaux établis pour la traverse des fleuves, rivières ou canaux navigables, et du 25 thermidor an III, sur les droits à percevoir auxdits passages, ainsi que toutes autres lois, tous usages, concordats, engagements, droits communs, franchises, qui pourraient y être relatifs ou en dépendre, sont abrogés.

2. Aussitôt la publication de la présente loi, les propriétaires, détenteurs, conducteurs de bacs, bateaux, passe-cheval, et autres passeurs sur les fleuves, rivières et canaux navigables, seront tenus de faire connaître leurs titres à l'administration de leur canton, qui recevra leur déclaration en présence du préposé de la régie de l'enregistrement : ils justifieront à quel titre ils jouissent desdits bacs, bateaux et agrès, ainsi que des logements, magasins, bureaux et autres objets y relatifs ; s'ils en ont acquitté la valeur, soit au trésor public, soit à des particuliers ; et, dans ce dernier cas, ceux qui auront reçu justifieront de leurs pouvoirs et du compte qu'ils auront rendu. A défaut de preuves écrites, il y sera suppléé par une enquête.

3. Dans le cas où lesdits propriétaires, détenteurs et conducteurs ne feraient pas lesdites déclarations et justifications dans le mois qui suivra la publication de la loi, et ledit mois passé, ils seront considérés comme rétentionnaires d'objets appartenant à la république, et dépossédés sans indemnité.

4. Aussitôt que les administrations se seront assurées du nombre des passages existants et du lieu de leur établissement, elles feront constater l'état des bacs, bateaux, agrès, logements, bureaux, magasins et autres objets relatifs à leur service.

5. Il sera procédé de suite à leur estimation, par deux experts, dont l'un sera choisi par le détenteur ou propriétaire, l'autre par le préposé de la régie ; et, en cas de partage, par un tiers qui sera nommé par l'administration du département.

6. Cette estimation fixera la valeur des objets dont le remboursement sera dû au détenteur ou propriétaire ; elle sera acquittée dans le mois de l'adjudication définitive.

7. Immédiatement après la clôture du procès-verbal d'estimation, les préposés de la régie prendront possession, au nom de la nation, des objets y désignés.

8. Ne sont point compris dans les dispositions des articles précédents les bacs et bateaux non employés à un passage commun, mais établis pour le seul usage d'un particulier, ou pour l'exploitation d'une propriété circonscrite par les eaux.

Ils ne pourront, toutefois, être maintenus, il ne pourra même en être établi de nouveaux, qu'après avoir fait vérifier leur destination, et fait constater qu'ils ne peuvent nuire à la navigation; et, à cet effet, les propriétaires ou détenteurs desdits bacs et bateaux établis ou à établir s'adresseront aux administrations centrales, qui, sur l'avis de l'administration municipale, pourront en autoriser provisoirement la conservation ou l'établissement, qui toutefois devra être confirmé par le Directoire exécutif, sur la demande qui lui en sera faite par l'administration centrale.

9. Ne sont point non plus compris dans les précédents articles, les barques, batelets et bachots servant à l'usage de la pêche et de la marine marchande montante et descendante; mais les propriétaires et conducteurs desdites barques, batelets et bachots, ne pourront point établir de passage à heure ni lieu fixes.

§ II. De la régie provisoire.

10. Les bacs, bateaux, agrès, logements, bureaux, magasins et autres objets dont les préposés de la régie auront pris possession au nom de la nation, seront provisoirement, et jusqu'aux nouvelles adjudications, confiés, sous bonne et solvable caution, et à titre de séquestre, à des abonnataires qui seront acceptés par les administrations municipales.

Ils pourront, toutefois, être laissés au même titre et sous les mêmes conditions aux détenteurs actuels.

11. Le prix de l'abonnement sera fixé par les administrations centrales, sur l'avis des administrations municipales, et acquitté au bureau du receveur de l'enre-

gistrement dans l'arrondissement duquel le passage est situé.

12. L'abonnataire sera chargé, autant qu'il sera possible, des entretiens usufruitiers et des réparations locatives, ainsi que du balayage des ports et cales dans les crues d'eau ou marées périodiques.

Dans le cas où il ne serait pas possible d'en charger l'abonnataire, ces frais d'entretien, de réparations et de balayage, seront prélevés sur le prix de l'abonnement, jusqu'aux adjudications définitives.

13. Immédiatement après l'arrivée de la loi en chaque chef-lieu de département, et avant la fixation de l'abonnement, l'administration centrale se fera représenter les tarifs perçus avant la loi du 15 mars 1790, et ceux en usage au moment de la présente loi : celui des deux dont les taxes seront les moins fortes sera le seul maintenu jusqu'à la publication du tarif à fixer par le Corps législatif ; à cet effet, il sera affiché de l'un et de l'autre côté de la rivière, sur un poteau placé en lieu apparent.

14. Dans le cas d'infidélité, de perception arbitraire, de vexation ou d'insulte, quel que soit le séquestre, il pourra être destitué et remplacé par les administrations, sans préjudice des autres peines qu'il aurait encourues en raison du délit pour lequel il aurait été destitué.

15. Si les détenteurs actuels sont séquestres, les augmentations qui pourraient avoir lieu pendant leur abonnement, et dont ils auraient fait les avances, accroîtront d'autant la somme qui leur sera due par suite de l'estimation ordonnée par l'article 6 ; de même elle décroîtra en raison des dégradations qui seraient survenues pendant ledit temps.

16. Si les détenteurs actuels ne sont pas séquestres, le prix total de l'estimation ordonnée par l'article 6 leur sera également remboursé par le nouvel adjudicataire dans le mois de l'adjudication, sauf à faire tenir compte par le sé-

questre intermédiaire, à ce nouvel adjudicataire, des dégradations ; et au séquestre, par l'adjudicataire, des augmentations qui pourraient avoir eu lieu pendant le temps
de l'abonnement.

17. Pour l'exécution des deux articles précédents, il sera
fait un récolement des objets mentionnés au procès-verbal :
s'il y a des différences, il sera procédé à une nouvelle estimation par experts, dont l'un sera choisi par le préposé de
la régie, les autres par chacune des parties intéressées, et,
en cas de partage, par un tiers choisi par l'administration
centrale du département.

§ III. Opérations préliminaires à la mise en ferme.

18. Sans préjudice des opérations précédemment et
simultanément prescrites, les administrations centrales,
sur l'avis des administrations municipales, formeront le tableau des tarifs qu'elles croiront pouvoir être perçus sur
les bacs, bateaux, passe-cheval, établis pour la traverse
des fleuves, rivières et canaux navigables de leurs arrondissements.

19. Ils joindront à ces projets les tarifs antérieurs à 1790 ;
ceux faits, si aucuns l'ont été, en exécution de la loi du
25 août 1792 ; ceux enfin qui se trouveraient en usage au
moment de la publication de la loi.

20. Ils joindront encore à ces projets les motifs qui les
auront déterminés : en conséquence,

1° Ils indiqueront la largeur des fleuves et rivières, leur
niveau lors des hautes, moyennes et basses eaux ;

2° Ils proposeront, s'il est nécessaire, un supplément de
taxe proportionnel aux travaux lors des débordements ; à
l'effet de quoi ils désigneront le niveau où le supplément
pourrait être exigible ;

3° Ils comprendront dans la somme à percevoir les frais
d'entrée et de sortie des voitures et marchandises.

21. Ils ajouteront aussi à ces renseignements un aperçu

divisé par natures de dépenses relatives aux bacs, bateaux, agrès, bureaux, magasins, etc.,

1° De premier établissement,

2° D'entretien,

3° De dépenses imprévues.

22. Il sera aussi fait un aperçu séparé, et divisé dans le même ordre que le précédent, des dépenses relatives aux ports, abordages, chemins pour y arriver, quais, francs-bords et halages, ainsi que de celles qui seront nécessitées par le curage et le balisage des rivières, balayage des cales, l'extraction des roches et les avaries occasionnées par les inondations, glaces et gros temps.

23. Dans le cas où les terrains et bâtiments servant à l'exploitation des passages et au logement des passeurs auraient été aliénés en vertu et conformément aux lois sur la vente des domaines nationaux, il sera pourvu à leur remplacement, soit par des marchés faits de gré à gré, soit par des constructions nouvelles ; et, si ces deux moyens ne peuvent être employés, il y sera pourvu conformément à l'article 358 de la Constitution, après que la nécessité en aura été constatée : le remboursement s'en opérera comme celui des objets compris en l'article 6. A cet effet, les administrations centrales auront soin de joindre les devis, marchés, procès-verbaux relatifs à cette circonstance particulière.

24. Tous les projets, états et aperçus prescrits par les articles précédents, seront en conséquence, dans le plus bref délai, adressés au Directoire exécutif, qui les transmettra au Corps législatif.

§ IV. Des adjudications et fermes.

25. Aussitôt que les tarifs déterminés par le Corps législatif seront parvenus aux administrations centrales, il sera procédé, suivant les formes prescrites pour la location des domaines nationaux, à l'adjudication des droits de pas-

sage, bacs, bateaux, passe-cheval, établis sur les fleuves, rivières et canaux navigables, pour trois, six ou neuf années.

26. Le procès-verbal d'adjudication contiendra les clauses, charges et conditions qui, conformément à la présente loi, auront par le Directoire été jugées les plus convenables à l'intérêt public, les plus utiles à la nation et aux localités; il fixera également le nombre des mariniers nécessaires à chaque bateau, celui des bateaux utiles au service de chaque passage, leur forme, leur dimension, leur construction, ainsi que la quantité et la nature des agrès dont ils devront être pourvus.

27. Les dispositions des articles précédents n'auront cependant lieu, pour les baux existants et faits par les administrations dans les formes prescrites pour la location des domaines nationaux, que dans le cas où les fermiers actuellement en jouissance refuseraient de se soumettre, pour le temps qui restera à expirer de leur bail, aux nouveaux tarifs et aux conditions exprimées dans la loi, sans diminution de prix; mais, s'ils souscrivent auxdites conditions, ils seront maintenus : dans le cas contraire, les baux demeurent résiliés, sauf l'indemnité qui pourra être due, à dire d'experts.

28. Les remboursements et indemnités résultant des dispositions des articles 6, 15, 16, 17, 23 et 27, seront acquittés par l'adjudicataire dans le mois de son adjudication, soit entre les mains des détenteurs qui auraient justifié de leurs droits, soit au trésor public dans le cas de non-justification.

29. Au moyen de cet acquit, les nouveaux adjudicataires seront propriétaires desdits objets, tenus de les entretenir et transmettre en bon état, à l'expiration de leur bail, au nouveau fermier, qui leur en paiera le prix suivant l'estimation qui en sera faite lors de ladite expiration.

30. Aussitôt l'entrée en jouissance des adjudicataires,

les tarifs provisoires établis conformément à l'article 13 cesseront, et le fermier sera tenu de faire placer les nouveaux sur un poteau, en lieu apparent, de l'un et de l'autre côté de la rivière, fleuve ou canal, sur lequel sera aussi tracé le niveau d'eau au delà duquel le supplément de taxe sera exigible.

§ V. De la police.

31. Les opérations relatives à l'administration, la police et la perception des droits de passage sur les fleuves, rivières et canaux navigables, appartiendront aux administrations centrales de département dans l'étendue desquelles se trouvera situé le passage, sans préjudice de la surveillance de l'administration municipale de chaque lieu : la poursuite des délits criminels et de police continuera, conformément au Code des délits et des peines, à être de la compétence des tribunaux.

32. Lorsque les passages seront communs à deux départements limitrophes, l'administration et la police desdits passages appartiendront à l'administration centrale dans l'arrondissement de laquelle se trouvera située la commune la plus prochaine du passage ; en cas d'égalité de distance, la population la plus forte déterminera : en conséquence, la gare, le logement et le domicile de droit du passager seront toujours établis de ce côté.

33. L'attribution donnée par l'article précédent aux administrations centrales dans l'arrondissement desquelles se trouve située la commune la plus prochaine du passage, déterminera également celle des tribunaux civils, criminels, de police et de justice de paix, chacun suivant leur compétence.

34. Dans le cours de vendémiaire et de germinal de chaque année, sans préjudice des autres visites qui pourraient être jugées nécessaires, les administrations centrales prescriront aux ingénieurs des ponts et chaussées de faire,

en présence des administrations municipales ou d'un commissaire nommé par elles, la visite des bacs, bateaux et autres objets dépendants de leur service, afin de juger s'ils sont régulièrement entretenus.

35. S'il se trouve des réparations ou des reconstructions à faire auxquelles les adjudicataires soient assujettis, ils y seront contraints par les administrations centrales, ainsi et par les mêmes voies que pour les autres entreprises nationales.

Dans le cas contraire, il y sera pourvu, et le payement s'en fera ainsi qu'il sera ci-après expliqué.

36. Les ingénieurs constateront également la situation des travaux construits dans le lit des rivières, sur les cales, ports, abordages et chemins nécessaires pour y arriver. Ils observeront les changements qui pourraient être survenus dans leur cours, soit à raison des débordements, éboulis, glaces, ensablement, soit à raison de toute autre cause.

Ils indiqueront ensuite les travaux à faire; et si, pour leur confection, il était utile de changer le cours de l'eau, le concours de l'agence des eaux et forêts sera nécessaire, et son avis annexé au procès-verbal.

37. Si aucun des événements prévus par l'article précédent, ou tous autres, survenaient dans l'intervalle d'une visite à l'autre, et qu'il fût indispensable d'y pourvoir sans délai, l'administration municipale, sur l'avis que lui en donnera l'adjudicataire, fera faire provisoirement tout ce qui sera utile au service.

38. L'administration municipale en informera de suite l'administration centrale, qui ordonnera une visite extraordinaire, à laquelle il sera procédé ainsi qu'il est dit article 36.

39. Si, par l'effet des événements prévus par les articles 36, 37, les changements à faire aux cales, ports, abordages et chemins, il fallait en ouvrir de nouveaux sur des propriétés particulières, la nécessité en sera constatée

par procès-verbal dressé en présence des parties intéressées, qui pourront y faire insérer leurs dires et réquisitions; l'indemnité sera fixée conformément à l'article 358 de l'acte constitutionnel.

40. Si cependant le changement de chemin, port et abordage, n'était qu'accidentel et momentané, à cause du gonflement des rivières, fleuves et canaux, les administrations centrales, sur l'avis des administrations municipales, et à dire d'experts, pourvoiront aux indemnités, qui seront acquittées sur les droits de bac, après l'approbation du Directoire exécutif.

41. Le Directoire exécutif se fera rendre compte de la situation des passages, et prononcera sur la nécessité d'établir des bacs et bateaux alternant sur les deux rives, lorsque la communication exigera cette mesure.

42. Il désignera aussi les passages dont la communication devra être suspendue depuis le coucher du soleil jusqu'à son lever; et, pendant cette suspension, les bacs, bateaux et agrès devront être fermés avec chaînes et cadenas solides.

43. Aux passages où le service public, les intérêts du commerce et les usages particuliers résultant de la nature du climat et de la hauteur des marées, exigeront une communication non interrompue, le Directoire fera régler par les administrateurs (eu égard aux temps et aux lieux), le service des veilleurs ou quarts qui devront être établis pour ces passages.

44. Le Directoire déterminera également les mesures de police et de sûreté relatives à chaque passage : en conséquence, il désignera les lieux, les circonstances dans lesquelles le bac ou bateau devra avoir attaché à sa suite un batelet ou canot, et celles dans lesquelles les batelets ou canots devront être disposés à la rive, à l'effet de porter secours à ceux des passagers auxquels un accident imprévu ferait courir quelques risques.

Il prescrira le mode le plus convenable d'amarrer les bacs et bateaux lors de l'embarquement et du débarquement, afin d'éviter les dangers que le recul du bateau pourrait occasionner.

Il fixera aussi le nombre des passagers et la quantité de chargement que chaque bac ou bateau devra contenir en raison de sa grandeur.

45. Les adjudicataires et nautonniers maintiendront le bon ordre dans leurs bacs et bateaux pendant le passage, et seront tenus de désigner aux officiers de police ceux qui s'y comporteraient mal, ou qui, par leur imprudence, compromettraient la sûreté des passagers.

46. Dans les lieux où les passages de nuit sont autorisés, les veilleurs ou quarts exigeront des voyageurs autres que les domiciliés la représentation de leurs passe-ports, qui devront être visés par l'administration municipale ou l'officier de police des lieux.

Les conducteurs de voitures publiques, courrier des malles et porteurs d'ordres du Gouvernement, seront dispensés de cette dernière formalité.

47. Les adjudicataires ne pourront se servir que de gens de rivière ou mariniers reconnus capables de conduire sur les fleuves, rivières et canaux : à cet effet, les employés devront, avant que d'entrer en exercice, être munis de certificats des commissaires civils de la marine, dans les lieux où ces sortes d'emplois sont établis, ou de l'attestation de quatre anciens mariniers conducteurs, donnée devant l'administration municipale de leur résidence, dans les autres lieux.

§ VI. De l'acquit des droits de bacs, et des exceptions y relatives.

48. Tous individus voyageurs, conducteurs de voitures, chevaux, bœufs ou autres animaux et marchandises passant dans les bacs, bateaux, passe-cheval, seront tenus d'acquitter les sommes portées aux tarifs.

49. Ne sont point dispensés du payement desdits droits, les entrepreneurs d'ouvrages et fournitures faits pour le compte de la république, ni ceux des charrois à la suite des troupes.

50. Ne seront point, toutefois, assujettis au payement des droits compris auxdits tarifs les juges, les juges de paix, administrateurs, commissaires du Directoire, ingénieurs des ponts et chaussées, lorsqu'ils se transporteront pour raison de leurs fonctions respectives; les cavaliers et officiers de gendarmerie, les militaires en marche, les officiers lors de la durée et dans l'étendue de leur commandement.

§ VII. Dispositions pénales.

51. Il est enjoint aux adjudicataires mariniers, et autres personnes employées au service des bacs, de se conformer aux dispositions de police administrative et de sûreté contenues dans la présente loi, ou qui pourraient leur être imposées par le Directoire et les administrations pour son exécution, à peine d'être responsables, en leur propre et privé nom, des suites de leur négligence, et, en outre, être condamnés, pour chaque contravention, en une amende de la valeur de trois journées de travail; le tout à la diligence des commissaires du Directoire exécutif près les administrations centrales et municipales.

52. Il est expressément défendu aux adjudicataires, mariniers et autres personnes employées au service des bacs et bateaux, d'exiger, dans aucun temps, autres et plus fortes sommes que celles portées aux tarifs, à peine d'être condamnés par le juge de paix du canton, soit sur la réquisition des parties plaignantes, soit sur celles des commissaires du Directoire, à la restitution des sommes indûment perçues, et, en outre, par forme de simple police, à une amende qui ne pourra être moindre de la valeur d'une journée de travail et d'un jour d'emprisonnement, ni excéder la valeur

de trois journées de travail et trois jours d'emprisonnement : le jugement de condamnation sera imprimé et affiché aux frais du contrevenant.

En cas de récidive, la condamnation sera prononcée par
le tribunal de police correctionnelle, conformément à l'article 607 du Code des délits et des peines.

53. Si l'exaction est accompagnée d'injures, menaces,
violences ou voies de faits, les prévenus seront traduits
devant le tribunal de police correctionnelle, et, en cas de
conviction, condamnés, outre les réparations civiles et
dommages et intérêts, à une amende qui pourra être de
100 francs, et un emprisonnement qui ne pourra excéder
trois mois.

54. Les adjudicataires seront, dans tous les cas, civilement responsables des restitutions, dommages et intérêts,
amendes et condamnations pécuniaires, prononcés contre
leurs préposés et mariniers.

55. Ils pourront même, dans le cas de récidive légalement prononcée par un jugement, être destitués par les
administrations centrales, sur l'avis des administrations municipales ; et alors leurs baux demeureront résiliés sans indemnité.

56. Toute personne qui se soustrairait au payement des
sommes portées auxdits tarifs sera condamnée par le juge
de paix du canton, outre la restitution des droits, à une
amende qui ne pourra être moindre de la valeur d'une
journée de travail, ni excéder trois jours.

En cas de récidive, le juge de paix prononcera, outre
l'amende, un emprisonnement qui ne pourra être moindre
d'un jour, ni être de plus de trois ; et l'affiche du jugement
sera aux frais du contrevenant.

57. Si le refus de payer était accompagné d'injures,
menaces, violences ou voies de fait, les coupables seront
traduits devant le tribunal de police correctionnelle, et
condamnés, outre les réparations civiles et dommages et

intérêts, en une amende qui pourra être de 100 francs, et un emprisonnement qui ne pourra excéder trois mois.

58. Toute personne qui aura aidé ou favorisé la fraude, ou concouru à des contraventions aux lois sur la police des bacs, sera condamnée aux mêmes peines que les auteurs des fraudes ou contraventions.

59. Toute personne qui aurait encouru quelques-unes des condamnations prononcées par les articles précédents sera tenue d'en consigner le montant au greffe du juge de paix du canton, ou de donner caution solvable, laquelle sera reçue par le juge de paix ou l'un de ses assesseurs;

Sinon, seront ses voitures et chevaux mis en fourrière, et les marchandises déposées à ses frais jusqu'au payement, jusqu'à la consignation, ou jusqu'à la réception de la caution.

60. Toute consignation ou dépôt sera restitué immédiatement après l'exécution du jugement qui aura prononcé sur le délit pour raison duquel les consignations ou dépôts auront été faits.

61. Les délits plus graves et non prévus par la présente, ou qui se compliqueraient avec ceux qui y sont énoncés, continueront d'être jugés suivant les dispositions des lois pénales existantes, auxquelles il n'est point dérogé.

§ IX. Dispositions générales.

70. Le Directoire exécutif fera passer aux administrations centrales toutes les instructions convenables pour le maintien du bon ordre et de la police à exercer envers les adjudicataires des bacs et bateaux, ainsi que pour tout ce qui sera relatif à l'exécution de la présente loi.

71. Les dispositions de la présente loi ne sont point applicables au département de la Seine, dans lequel la loi du 16 brumaire an v., sur les bacs, bateaux et batelets, continuera d'être exécutée.

Cependant sont abrogées les dispositions pénales prononcées par ladite loi : celles énoncées en la présente seront appliquées aux contrevenants dans l'étendue du département de la Seine comme dans toute l'étendue de la République.

LOI DU 14 FLORÉAL AN X.

Art. 9. Le Gouvernement, pendant la durée de dix années, déterminera, pour chaque département, le nombre et la situation des bacs ou bateaux de passage établis ou à établir sur les fleuves, rivières ou canaux.

10. Le tarif de chaque bac sera fixé par le Gouvernement, dans la forme arrêtée par les règlements d'administration publique.

PÉAGE SUR LES PONTS.

LOI DU 14 FLORÉAL AN X.

Art. 11. Le Gouvernement autorisera, dans la même forme (que pour les bacs et bateaux) et pendant la même durée de dix années, l'établissement des ponts dont la construction sera entreprise par des particuliers ; il déterminera la durée de leur jouissance, à l'expiration de laquelle ces ponts seront réunis au domaine public, lorsqu'ils ne seront pas une propriété communale ; il fixera le tarif de la taxe à percevoir sur ces ponts.

CARTES A JOUER.

ARRÊTÉ DU 3 PLUVIÔSE AN VI.

ART. 1er. Le droit sur les cartes à jouer sera perçu.....[1]

4. Les droits de timbre seront acquittés par les fabricants au moment qu'ils feront la levée du papier filigrané au bureau de distribution de la régie.

9. Nul citoyen ne pourra fabriquer des cartes qu'après avoir fait inscrire ses nom, prénoms, surnoms et domicile, à la régie, et en avoir reçu une commission qu'elle ne pourra refuser; les particuliers qui voudraient vendre des cartes seront soumis à la même obligation.

10. Chaque fabricant de cartes tiendra trois registres cotés et paraphés par le directeur de la régie, et timbrés conformément à la loi : le premier, pour inscrire, jour par jour, les achats des feuilles timbrées en filigrane qu'il aura levées au bureau de la régie ; le second, pour y porter les fabrications dès qu'elles seront parachevées ; et le troisième, pour les ventes qu'il fera soit en détail, soit aux marchands commissionnés.

11. Le marchand non fabricant tiendra deux registres également cotés et paraphés par le directeur de la régie, et en papier timbré : sur l'un seront portés ses achats ; il ne pourra les faire que chez le fabricant directement; l'autre servira pour la vente journalière.

12. Les entrepreneurs et directeurs des bals, fêtes champêtres, réunions, clubs, billards, cafés et autres maisons où l'on donne à jouer, auront également un registre coté et paraphé, sur lequel seront inscrits tous leurs achats de jeux de

---

[1] Voir, pour la quotité du droit, l'article 160 de la loi du 28 avril 1816.

cartes, avec indication des noms et domiciles des vendeurs.

13. Les préposés de la régie de l'enregistrement sont autorisés à se présenter, toutes les fois qu'ils le trouveront convenable, chez les fabricants et marchands de cartes, et dans les lieux désignés dans l'article précédent, pour s'y assurer de l'exécution du présent arrêté, et prendre communication des registres dont l'exhibition leur sera faite, et en retirer telles notes ou extraits qu'ils aviseront.

ARRÊTÉ DU 19 FLORÉAL AN VI.

Art. 11. Il est défendu, conformément à l'article 8 de l'arrêté du 3 pluviôse, aux commis des maisons de jeux, aux serviteurs et domestiques et à tous particuliers, de vendre aucun jeu de cartes, soit sous bandes ou sans bandes, neuves ou ayant servi.

12. Chaque fabricant de cartes sera tenu de déclarer non-seulement ses noms et son domicile, conformément à l'article 9 de l'arrêté du 3 pluviôse, mais encore les différents endroits où il entend fabriquer, le nombre de moules qu'il a en sa possession et celui de ses ouvriers actuels, dont il donnera les noms et signalements. Il ne pourra fabriquer en d'autres lieux que ceux qu'il aura déclarés.

13. Il est défendu aux graveurs tant en cuivre qu'en bois, et à tous autres, de graver aucun moule ni aucune planche propre à imprimer des cartes, sans avoir déclaré au bureau de la régie les noms et demeure du fabricant qui aura fait la demande, et avoir pris la reconnaissance du préposé sur la remise de ladite déclaration.

14. Les marchands non fabricants et les maîtres de jeux et locataires des maisons désignées à l'article 12 de l'arrêté du 3 pluviôse, seront tenus, lorsqu'ils feront leurs achats chez les fabricants, de présenter le registre qui leur est prescrit par les articles 11 et 12, sur lequel le fabricant inscrira les quantités qui auront été livrées.

16. Il est fait défense à toute personne de tenir dans ses maisons et domiciles aucun moule propre à imprimer des cartes à jouer; d'y retirer ni laisser travailler à la fabrique et recoupe des cartes et tarots, aucuns cartiers, ouvriers et fabricants qui ne seraient pas pourvus d'une commission de la régie.

17. Les jeux de cartes fabriqués dans la République, qui ne sont pas dans la forme usitée en France, et qui sont destinés uniquement pour l'étranger, ne seront pas assujettis au timbre. Les fabricants seront seulement tenus de tenir registre de leurs fabrications et de leurs envois, pour justifier aux préposés de la régie, que la totalité de la fabrication passe à l'étranger, et de joindre aux envois un permis du directeur de la régie de l'enregistrement, lequel lui sera rapporté dans le mois, revêtu du certificat de sortie délivré par les préposés des douanes.

18. L'amende pour les cas de contravention aux dispositions ci-dessus sera de 100 francs pour chaque contravention, outre la lacération des cartes non timbrées, conformément à l'article 60 de la loi du 9 vendémiaire dernier. La régie pourra conclure, suivant l'exigeance du cas, à ce que le jugement de condamnation soit imprimé et affiché. En cas de récidive par un fabricant ou marchand, il ne pourra continuer son exercice, et la commission de la régie lui sera retirée.

DÉCRET DU 1er GERMINAL AN XIII.

Art. 10. Nul fabricant de cartes ne pourra s'établir, à l'avenir, hors des chefs-lieux de direction de la régie.

11. Tous les moules de cartes à figures seront déposés dans le principal bureau du lieu de la fabrique ; les fabricants seront tenus d'y venir imprimer les cartes à figures.

12. Les cartes ne pourront être fabriquées que sur du papier filigrané, qui sera délivré par la régie aux fabricants

8.

de cartes, et dont le prix lui sera remboursé par eux. Ce prix sera réglé, chaque année, par un décret impérial.

DÉCRET DU 4 PRAIRIAL AN XIII.

ARTICLE UNIQUE. Toutes contraventions aux lois, sur les cartes des 9 vendémiaire an VI et 5 ventôse an XII, ainsi qu'aux règlements des 3 pluviôse et 19 floréal an VI, et au décret du 1er germinal an XIII, seront punies, indépendamment de la confiscation des objets de fraude ou servant à la fraude, de mille francs d'amende, sans préjudice des poursuites extraordinaires et de la punition comme pour crime de faux, encourue par la contrefaçon des filigranes, timbres et moules, et l'émission des objets frappés de faux.

DÉCRET DU 13 FRUCTIDOR AN XIII.

ART. 3. Les fabricants tiendront séparées dans leurs boutiques et magasins les différentes natures de jeux et de papier. Ils ne confondront jamais le papier filigrané avec celui qui forme le dessus de la carte, et ni l'un ni l'autre avec l'étresse ou main brune. Les feuilles de figures et valets, les cartons de point peint ou non peint seront également distincts et séparés.

5. L'introduction dans l'empire et l'usage des cartes fabriquées à l'étranger sont prohibés. Les seules cartes à portraits étrangers, de fabrication française, pourront être exportées à l'étranger en franchise de droits, conformément à l'article 17 du règlement du 19 floréal an VI.

8. A partir de l'émission du papier filigrané, toutes cartes fabriquées avec ce papier seront soumises à la bande de contrôle à timbre sec, qui sera apposé chez les fabricants par les commis, qui en dresseront des actes réguliers.

DÉCRET DU 16 JUIN 1808.

Art. 1er. La régie des droits réunis fera faire des moules uniformes pour la fabrication des cartes à jouer. Ces moules seront à vingt-quatre cartes ; les figures porteront le nom du fabricant, et un numéro particulier pour chaque lieu de fabrication.

2. Aussitôt l'émission des nouveaux moules, les anciens seront supprimés. Il est défendu de contrefaire les moules de la régie, et de fabriquer aucun moule particulier ; les prévenus seront poursuivis devant les tribunaux ordinaires, et punis des peines portées par les lois, sans préjudice des amendes et confiscations prononcées par notre décret du 4 prairial an XIII.

3. Sont exceptés de la suppression, et demeureront déposés dans les bureaux de la régie, les moules de tarot et autres dont la forme ou la dimension diffère des cartes usitées en France.

4. Les cartes mentionnées en l'article précédent seront fabriquées en papier libre, et ne pourront circuler dans l'intérieur qu'autant qu'elles porteront, sur toutes les cartes à figure, la légende *France* et le nom du fabricant. Ces cartes continueront d'acquitter le droit de demi centime par carte [1], à l'instar de celles fabriquées en papier filigrané, et d'êtres soumises à la bande de contrôle de la régie.

5. Les cartes mentionnées aux deux articles précédents, qui seront destinées à l'exportation, ne seront assujetties à aucune légende : elles payeront un droit particulier de cinq centimes par jeu exporté [2]. Les fabricants qui feront des exportations de ces cartes seront tenus de faire les déclarations et les justifications prescrites par les lois et règlements.

6. Les cartes usitées en France ne pourront circuler

[1] Voir l'article 5 du décret du 9 février 1810.
[2] Supprimé par l'article 1er de la loi du 4 juin 1836.

qu'autant qu'il en sera fait déclaration au bureau des droits réunis du lieu de l'expédition, et qu'elles seront accompagnées d'un congé, portant le nom de l'expéditeur, le lieu de la destination et le nom de celui à qui elles seront destinées.

8. La vente et la distribution de toutes les cartes fabriquées en papier libre, et marquées des timbres humides en usage avant le décret du 1er germinal an XIII, sont interdites à partir du jour de la publication du présent décret. Toutes celles existantes à cette époque chez les fabricants et débitants seront détériorées; et le droit de demi centime par carte sera restitué par la régie, ensuite du procès-verbal de détérioration.

DÉCRET DU 9 FÉVRIER 1810.

Art. 1er. A partir du 1er avril 1810, la fabrication des cartes à jouer se fera avec les papiers portant les empreintes des moules confectionnés en exécution de notre décret du 16 juin 1808.

2. Il est accordé un délai d'une année, à partir du même jour, 1er avril 1810, pour l'écoulement des cartes fabriquées antérieurement; passé ce délai, ces cartes seront détériorées et mises hors de la consommation, en restituant les droits qui auront été perçus.

3. La régie fournira les feuilles de moulage aux fabricants, dans les bureaux établis à cet effet au chef-lieu de chaque direction.

4. Les fabricants mettront sur chaque jeu une enveloppe qui indiquera leurs noms, demeures, enseignes et signatures, en forme de griffe, de laquelle enveloppe ils seront tenus de déposer une empreinte, tant au greffe du tribunal de première instance, que dans les bureaux de la régie.

8. Les tarots et autres cartes dont la forme et les figures diffèrent de celles usitées en France seront, à compter de

la même époque, du 1er avril prochain, soumis au droit
de quarante centimes par jeu, quel que soit le nombre de
cartes qui le composeront. Les cartes de cette espèce qui
seront exportées continueront à n'être sujettes qu'au simple
droit de cinq centimes.

9. Nul ne pourra vendre des cartes à jouer, en tenir
entrepôt, ni afficher les marques indicatives de leur débit,
s'il n'est pas fabricant patenté, à moins d'avoir été agréé et
commissionné par la régie, qui pourra révoquer sa commission en cas de fraude.

10. Il est fait défense à toutes personnes de conserver
ou receler des moules faux ou contrefaits.

12. La régie des droits réunis fera déposer au greffe des
tribunaux l'empreinte des nouvelles cartes à figures qui
serviront au 1er avril prochain.

LOI DU 28 AVRIL 1816.

ART. 160. Le droit de 25 centimes actuellement perçu
par chaque jeu de cartes est réduit à 15 centimes par jeu,
de quelque nombre de cartes qu'il soit composé.

161. En conséquence de la réduction prononcée par
l'article précédent, il ne sera plus accordé aux fabricants
de cartes aucune déduction sur le montant du droit, ni sur
le papier qui leur sera livré par la régie, sous prétexte
d'avarie, de déchet ou pour quelque autre motif que ce
soit.

162. La régie des contributions indirectes continuera
de fournir aux fabricants de cartes les feuilles de moulage,
ainsi que le papier filigrané qu'ils sont tenus d'employer à
leur fabrication. Le prix de chaque espèce sera déterminé,
chaque année, par le ministre des finances, et devra être
payé par les fabricants à l'instant de la livraison.

163. Les fabricants qui ne pourront justifier de l'emploi
ou de l'existence du papier qui leur aura été délivré seront

censés avoir employé à des jeux de trente-deux cartes toutes les feuilles manquantes. Le décompte en sera fait d'après cette base, et ils acquitteront, par chaque jeu, le double du droit établi.

164. Les fabricants de cartes seront soumis au payement annuel d'un droit de licence, conformément au tarif annexé à la présente loi[1].

165. Les fabricants pourront faire usage de papiers tarotés ou de couleur pour le dessus de leurs cartes.

166. Tout individu qui fabriquera des cartes à jouer, ou qui en introduira dans le royaume, ou qui en distribuera, vendra, ou colportera, sans y être autorisé par la régie, sera puni de la confiscation des objets de fraude, d'une amende de 1,000 à 3,000 francs, et d'un mois d'emprisonnement. En cas de récidive, l'amende sera toujours de 3,000 francs.

167. Les mêmes peines seront appliquées à ceux qui tiennnent des cafés, des auberges, des débits de boissons, et, en général, des établissements où le public est admis, s'ils permettent que l'on se serve chez eux de cartes prohibées, lors même qu'elles auraient été apportées par les joueurs. Les personnes désignées au présent article seront tenues de souffrir les visites des préposés de la régie.

168. Ceux qui auront contrefait ou imité les moules, timbres et marques employés par la régie pour distinguer les cartes légalement fabriquées, et ceux qui se serviront des véritables moules, timbres ou marques, en les employant d'une manière nuisible aux intérêts de l'État, seront punis, indépendamment de l'amende fixée par l'article 166, des peines portées par les articles 142 et 143 du Code pénal.

169. Les dispositions des articles 223, 224, 225 et 226 de la présente loi sont applicables à la fraude et à la contrebande sur les cartes à jouer.

170. Les dispositions des lois, arrêtés et règlements

[1] Voir page 37.

auxquelles il n'est pas dérogé par le présent titre continueront de recevoir leur exécution.

ORDONNANCE DU 18 JUIN 1817.

ART. 1er. L'as de trèfle, ou tout autre, au besoin, sera désormais assujetti à une marque particulière et distinctive que
la régie des contributions indirectes est autorisée à faire imprimer sur le papier qu'elle fournit aux cartiers.

2. Il est défendu aux fabricants de cartes à jouer d'employer pour les as de trèfle, dans la composition des jeux
français, d'autre papier que celui qui leur aura été livré pour
cet objet. Toute contravention à cet égard sera punie conformément aux dispositions de la loi du 28 avril 1816.

ORDONNANCE DU 4 JUILLET 1821.

ART. 1er. L'administration des contributions indirectes
fera frapper d'un nouveau timbre, dont l'empreinte sera
déposée au greffe de la cour royale de Paris, les bandes
de contrôle qui doivent être apposées sur les jeux de cartes
en vertu de l'article 8 du décret du 13 fructidor an XIII.

2. Il est accordé aux fabricants et débitants de cartes,
ainsi qu'à tous les dénommés en l'article 167 de la loi du
28 avril 1816, un délai de deux mois, à partir de la promulgation de la présente ordonnance, pour déclarer à la
régie et faire revêtir des nouvelles bandes de contrôle les
jeux de cartes qu'ils ont en leur possession ; l'apposition
desdites bandes aura lieu sans payement d'aucun droit.

Ce délai expiré, tous jeux de cartes revêtus de bandes
frappées de l'un des timbres supprimés par la présente ordonnance, qui seraient trouvés en la possession des fabricants, débitants et autres dénommés en l'article 167 précité, seront réputés être composés de cartes de fraude, et

les détenteurs seront passibles des peines prononcées par le décret du 4 prairial an XIII.

LOI DU 4 JUIN 1836.

ART. 1ᵉʳ. Le droit de 5 centimes par jeu sur les cartes à portrait français et à portrait étranger destinées pour l'exportation est supprimé.

2. Ces cartes sont affranchies de l'application des bandes de contrôle, mais elles ne pourront circuler dans l'intérieur du royaume, jusqu'au point de sortie, que renfermées dans des caisses ficelées, qui seront plombées par les employés des contributions indirectes.

Les autres formalités prescrites par les lois et règlements en vigueur pour justifier l'exportation continueront à être observées.

3. La réintroduction des cartes ainsi exportées ne pourra être autorisée que sous la condition du payement des droits imposés à la fabrication, auquel cas les jeux seront revêtus de la bande de contrôle. Les cartes qui seraient réimportées en fraude, ou trouvées dans l'intérieur, sans bande de contrôle, seront saisissables, et les contrevenants seront passibles des peines portées en l'article 166 de la loi du 28 avril 1816.

4. Il n'y aura pas lieu d'effectuer la perception du droit de 5 centimes par jeu, constaté sur les cartes à portrait français ou à portrait étranger, dont l'exportation a été déclarée depuis la publication de l'ordonnance du 7 juillet 1831, en vertu de laquelle cette perception a été provisoirement suspendue.

SELS.

LOI DU 24 AVRIL 1806.

Art. 51. Il ne pourra être établi aucune fabrique, chaudière de sel, sans une déclaration préalable de la part du fabricant, à peine de confiscation des ustensiles propres à la fabrication, et de 100 francs d'amende.

52. Le droit établi sera dû par l'acheteur au moment de la déclaration d'enlèvement.

53. Pourra néanmoins la régie, lorsque la déclaration donnera ouverture à un droit de plus de 600 francs, recevoir, en payement du droit, des obligations suffisamment cautionnées, payables à trois, six ou neuf mois.

54. Il n'y aura pas lieu au payement du droit, mais seulement à l'acquit du droit ordinaire de balance du commerce et de timbre du congé, pour les sels destinés pour l'étranger.

57. Les procès-verbaux de fraudes et contraventions seront assujettis aux formalités prescrites par les lois aux employés de la régie des douanes et de celle des droits réunis. Les condamnations seront poursuivies par voie de police correctionnelle, conformément aux dispositions des mêmes lois, et punies de la confiscation des objets saisis et de l'amende de 100 francs.

DÉCRET DU 11 JUIN 1806.

Art. 2. Nul enlèvement de sels, dans les limites déterminées par l'article précédent (*trois lieues pour les marais salants, fabriques ou salines situés sur les côtes ou frontières, et trois lieues de rayon pour les fabriques et salines de l'intérieur*), ne pourra être fait sans une déclaration préalable au bureau le plus prochain du lieu de l'extraction, et sans avoir pris un congé ou un acquit-à-caution que les conducteurs seront tenus de représenter aux préposés, à toute réquisition, dans les trois lieues des côtes et frontières, ou des fabriques et salines de l'intérieur.

3. Les déclarations contiendront le nom du vendeur, celui de l'acheteur, la quantité de sel vendu, le nom du voiturier ou du maître du bateau ou barque qui devra faire le transport, le lieu de la destination, et la route à tenir.

4. Si les droits ont été payés au moment de la déclaration, il sera délivré un congé qui en fera mention.

5. Il sera délivré un acquit-à-caution lorsque la déclaration n'aura pas donné lieu à l'acquit du droit.

6. Aucun enlèvement de sels ne pourra être fait avant le lever du soleil ou après son coucher, ou qu'en suivant la route indiquée par le congé ou acquit-à-caution. Ces expéditions indiqueront le délai après lequel elles ne seront plus valables.

7. Les sels transportés dans l'étendue des trois lieues soumises à la surveillance des préposés, sans être accompagnés d'un acquit-à-caution, seront saisis et confisqués.

Les sels qui circuleraient dans la même étendue du territoire avant le lever ou après le coucher du soleil seront soumis aux mêmes peines, si le congé ou acquit-à-caution ne porte une permission expresse de transport pendant la nuit.

8. Les préposés des douanes sont autorisés à se transporter en tout temps, dans l'enceinte des marais salants, dans les salines et lieux de dépôt, pour y exercer leur surveillance.

Les préposés des droits réunis visiteront et tiendront en exercice les salines et fabriques de l'intérieur.

12. Il sera accordé à tous ceux qui enlèveront des sels des lieux de fabrication, soit qu'ils soient destinés pour les entrepôts ou pour la consommation, 5 p. o/o pour tout

déchet ; de manière que, déduction faite de cette seule quantité, le droit sera dû sur la totalité des sels compris dans les déclarations et acquits-à-caution.

19. Il sera tenu par les fabricants et préposés des registres en double, sur lesquels seront portées les quantités de sel fabriquées, celles en magasin et celles vendues.

DÉCRET DU 25 JANVIER 1807.

ART. 1er. La surveillance des douanes s'exercera sur la circulation intérieure des sels, jusqu'à la distance de trois lieues des côtes de tout l'empire, soit qu'il y existe ou non des marais salants, salines et fabriques de sels.

2. Les sels transportés dans le rayon de trois lieues des côtes, sans déclaration préalable au bureau le plus prochain du lieu de l'enlèvement, et sans être accompagnés des congés ou acquits-à-caution prescrits par les articles 2, 4, 5 et 7 de notre décret du 11 juin dernier, seront saisis et confisqués, ainsi que les chevaux, ânes, mulets et voitures employés au transport, et les conducteurs seront, en outre, condamnés à une amende de 100 francs, conformément à l'article 57 de la loi du 24 avril 1806.

DÉCRET DU 16 FÉVRIER 1807.

ART. 5. Les salpêtriers qui s'établiront à l'avenir seront tenus d'en faire la déclaration à la régie, conformément à l'article 51 de la loi du 24 avril 1806.

DÉCRET DU 6 JUIN 1807.

ARTICLE UNIQUE. Les dispositions de notre décret du 25 janvier 1807, concernant la surveillance à exercer par les préposés des douanes sur la circulation des sels dans le rayon de trois lieues des côtes de tout l'empire, sont appli-

cables à chaque bord des rivières affluentes à la mer, en re-
montant ces mêmes rivières jusqu'au dernier bureau des
douanes où se peuvent payer les droits d'importation ou
d'exportation ; et la distance des trois lieues dans le rayon
desquelles les sels doivent être accompagnés de congés ou
acquits-à-cautions, sous les peines portées par ledit décret,
se mesurera : 1° du rivage de la mer vers l'intérieur; 2° pour
les rivières affluentes à la mer, de chaque point du bord de
ces mêmes rivières, en rentrant vers l'intérieur des terres,
jusqu'au dernier bureau des douanes.

DÉCRET DU 13 OCTOBRE 1809.

ART. 1er Les fabriques de soude ne seront pas assujetties
à l'impôt du sel sur celui qu'elles emploieront dans leur
fabrication.

LOI DU 17 DÉCEMBRE 1814.

ART. 29. Les juges de paix de l'arrondissement seront
compétents, seuls sauf appel, s'il y a lieu, pour connaître
des contraventions à la loi du 24 avril 1806, et à tous les
règlements relatifs à la perception de la taxe établie sur les
sels, excepté dans les cas prévus par les articles suivants.

L'amende de 100 francs prononcée par l'article 57 de
ladite loi du 24 avril 1806 est individuelle.

30. Si la fraude est commise par une réunion de trois
individus et plus, il y aura lieu à l'arrestation des contrevenants et à leur traduction devant le tribunal correctionnel ; et, indépendamment de la confiscation des sels et
moyens de transport, et d'une amende individuelle qui ne
pourra être moindre de 200 francs ni excéder 500 francs,
ils seront condamnés en un emprisonnement de quinze
jours au moins et de deux mois au plus.

31. Les peines portées en l'article précédent seront pro-

noncées contre tout individu qui, traduit devant le juge de paix, en conformité de l'article 29, et reconnu, soit par le rapport dûment rédigé et non argué de faux, soit par l'instruction, être coupable de récidive, devra être renvoyé par ledit juge de paix devant le tribunal correctionnel.

32. Les préposés des douanes pourront, conformément à l'article 8 du règlement du 11 juin 1806, rechercher les dépôts de sels formés dans le rayon où s'exerce leur surveillance ; mais ces dépôts ne pourront être saisis qu'autant qu'il s'y trouvera une quantité de 50 kilogrammes de sel au moins, pour laquelle il ne sera point justifié du payement des droits. Ces recherches et visites ne pourront, d'ailleurs, être faites, dans les maisons habitées, qu'après le lever et avant le coucher du soleil, et avec l'assistance d'un officier municipal. Elles sont, dans tous les cas, interdites dans les communes au-dessus de 2,000 âmes.

LOI DU 28 AVRIL 1816 (douanes).

Art. 18. La taxe sur les sels continuera à être perçue à raison de 3 décimes par kilogramme, jusqu'à ce qu'il en soit autrement ordonné.

36. Pour faciliter la répression de la fraude sur toutes les parties des frontières de terre où la mesure fixe de deux myriamètres de rayon n'offre pas les positions les plus convenables au service des douanes, ce rayon pourra être étendu, sur une mesure variable, jusqu'à la distance de deux myriamètres et demi de l'extrême frontière.

Dans toute les localités où le Gouvernement jugera à propos de faire un changement à la démarcation actuelle du rayon des frontières, ils seront déterminés par un tableau indicatif des villes, bourgs, villages et bâtiments isolés les plus voisins de la nouvelle ligne de démarcation, et que cette ligne mettra dans le rayon en suivant les limites de leur territoire.

L'exécution des lois et règlements de douane deviendra obligatoire sur toutes les parties de territoire ainsi ajoutées au rayon des frontières, à l'expiration d'un délai de quinze jours après que ledit tableau, adressé officiellement aux préfets, aura été publié et affiché dans les chefs-lieux des arrondissements et cantons que traversera la nouvelle ligne de démarcation.

ORDONNANCE DU 19 MARS 1817.

Art. 7. Sont chargés de la recherche des fabriques clandestines, et de rédiger procès-verbal de contravention, les employés des douanes, exclusivement à tous autres, dans les trois lieues des côtes ; et, hors ce rayon, les mêmes préposés, sur les avis qu'ils auront reçus, les employés des contributions indirectes, la gendarmerie, les gardes champêtres et forestiers : ceux-ci seront rétribués, dans la répartition des amendes, d'après le mode actuellement suivi à l'égard des saisies opérées ou auxquelles coopèrent les agents étrangers au service des douanes.

LOI DU 10 MARS 1819.

Art. 1er Le salpêtre exotique payera, à son entrée dans le royaume, sur chaque quintal de matière brute, quel que soit son degré de pur, un droit de 72 fr. 50 cent. par navire étranger. Il ne sera perçu aucun droit particulier à raison du sel marin qui pourra s'y trouver contenu. Au moyen de ce droit, l'importation dudit salpêtre sera libre et permise par tous les ports ouverts aux marchandises qui payent 20 francs et plus par quintal métrique.

2. La fouille, provisoirement maintenue par l'article 4 de la loi du 13 fructidor an v, cessera d'avoir lieu, si ce n'est en traitant de gré à gré avec les propriétaires.

3. La fabrication du salpêtre indigène, par tous les pro-

cédés qui n'exigeront point l'emploi des matériaux de démolition réservés à l'État par la loi, sera libre, et les salpêtres provenant de ladite fabrication pourront être librement versés dans le commerce.

4. La fabrication du salpêtre, même avec les matériaux de démolition que la loi réserve à l'État, sera permise en traitant de gré à gré avec les propriétaires, dans tous les lieux situés hors de la circonscription des salpêtrières royales, telle qu'elle sera déterminée par une ordonnance du Roi, insérée au Bulletin des lois.

Seulement les fabricants qui voudront user de ladite faculté seront tenus de se munir d'une licence, qui leur sera délivrée moyennant un droit fixe de 20 francs, *qui dispensera de la patente.*

La fabrication du salpêtre avec les matériaux de démolition continuera d'avoir lieu dans les circonscriptions de salpêtrières royales, soit au compte de l'État, soit par entreprise, en vertu d'une commission de salpêtrier donnée par le Roi, et sous la condition de livrer à la direction générale des poudres le produit brut et intégral de ladite fabrication, jusqu'à ce que chaque salpêtrier commissionné ait entièrement rempli les demandes qui lui auront été faites par le Gouvernement.

La commission royale déterminera, en outre, l'arrondissement dans lequel le salpêtrier qui en sera porteur pourra exercer le privilége de l'État, le temps de ladite concession, les limites dans lesquelles il sera tenu de tenir la fabrication, le prix du salpêtre, ou le mode suivant lequel ce prix sera établi.

6. Dans tout ce qui n'est pas contraire à la présente loi, l'exercice dudit privilége continuera d'avoir lieu sous les restrictions, et de la manière déterminée par les lois antérieures.

Néanmoins, et lorsque les propriétaires auront, conformément à l'article 2 de la loi du 13 fructidor an v, fait à leur municipalité la déclaration de leur intention de démolir, ils pourront disposer librement de leurs matériaux de démolition, si, dans les dix jours de la démolition commencée, les salpêtriers commissionnés ne se sont pas présentés pour en faire l'enlèvement et user du droit qui leur est réservé.

7. Les fabricants libres ou par licence et les salpêtriers commissionnés seront tenus, sous les peines de droit, d'acquitter l'impôt établi sur le sel marin, jusqu'à concurrence des quantités dudit sel contenues dans le salpêtre de leur fabrication, et de souffrir les exercices prescrits par les lois pour assurer la perception dudit impôt.

Lesdites quantités seront déterminées par expertise ou par abonnement avec la régie des contributions indirectes, sans néanmoins que ladite régie puisse exiger au delà de deux et demi pour cent du salpêtre brut que les salpêtriers commissionnés livreront en cet état à la direction générale des poudres, ni de quinze pour cent du salpêtre brut que fabriqueront les salpêtriers libres ou par licence, moyennant quoi lesdits fabricants pourront opérer le raffinage dudit salpêtre, sans être soumis à aucun nouveau droit.

8. Les fabriques au compte de l'État acquitteront l'impôt du sel dans les proportions ci-dessus déterminées, et pourront s'en libérer moyennant remise, à la régie des contributions indirectes, du sel marin provenant de leur fabrication, ou submersion dudit sel en présence des agents de la régie.

ORDONNANCE DU 8 JUIN 1822.

ART. 1er. Les sels destinés pour la fabrication de la soude, dans les ateliers qui ne seront pas établis sur les lieux mêmes de la production du sel, ne pourront être expédiés en franchise pour cet usage, soit des marais salants, soit des entrepôts de l'intérieur, qu'après avoir été mélangés, sous la surveillance des agents des douanes, avec des matières qui en rendent l'usage impossible pour les besoins domestiques, et leur donnent une couleur propre à les faire distinguer et reconnaître à la vue.

2. Ce mélange aura lieu par l'addition, sur quatre-vingt-cinq kilogrammes de sel marin, d'un demi-centième de charbon de bois pulvérisé, d'un quart de centième de goudron, ou d'un demi-millième d'huile provenant de la dissolution de matières animales, et de quinze kilogrammes de sulfate à base de soude, résultant de quatre-vingts kilogrammes d'acide sulfurique et de cent kilogrammes de sel, et devant pouvoir produire de la soude à trente degrés au moins.

Les agents chargés de la livraison des sels vérifieront les matières destinées au mélange, avant d'y procéder.

3. Le titre des soudes auxquelles s'appliquera l'immunité des droits sur les sels employés à leur fabrication sera fixé, au *minimum*, à vingt degrés, à l'épreuve ordinaire de l'alcalimètre et sans déduction des sulfures.

Les préposés à l'exercice assisteront à la dénaturation, qui aura lieu nécessairement par l'acide sulfurique; ils en vérifieront préalablement le degré, et feront verser, en leur présence, sur les sels, à l'instant même de leur livraison et au commencement de la fabrication par l'action du feu, la quantité de cet acide nécessaire pour obtenir des soudes au titre prescrit.

4. Les mêmes préposés surveilleront la fabrication jusqu'à l'entière confection des soudes. En cas de doute sur leur titre, ils en rédigeront procès-verbal, et prélèveront de doubles échantillons pour être transmis, s'il y a lieu, par notre ministre secrétaire d'État de l'intérieur, au comité consultatif des arts et manufactures.

5. L'immunité des droits sur les sels expédiés à destination des fabriques étant exclusivement accordée pour la fabrication de la soude, tout fabricant qui ne pourra justifier que ceux qui lui ont été livrés ont été employés à la fabri-

9.

cation de la soude au titre de vingt degrés sera passible des peines prononcées par l'article 10 du décret du 13 octobre 1809.

Il ne pourra être toléré dans les fabriques aucun atelier destiné à l'emploi des soudes, à l'extraction d'autres produits chimiques ou de sels de soude.

6. Les sels admis dans les fabriques, les soudes et tous les produits intermédiaires de fabrication, seront emmagasinés sous la double clef de l'administration et sous celle du fabricant, et portés en compte sur les registres. Il est expressément défendu d'extraire de la fabrique, des sels, des sulfates et autres produits en état de fabrication, si ce n'est en vertu d'autorisations spéciales, et d'y importer des soudes déjà fabriquées, sous les peines dictées par l'article 10 précité du décret du 13 octobre 1809.

7. L'administration des douanes est exclusivement chargée d'exercer par ses agents les fabriques de soude situées dans toute l'étendue du royaume; sauf les localités dans lesquelles notre ministre des finances jugerait nécessaire de confier, par exception, la surveillance desdites fabriques à l'administration des contributions indirectes.

8. Les fabriques de soude seront exercées par deux employés qui auront chacun une clef distincte des magasins, et qui seront tenus de résider dans l'enceinte même de la fabrique.

9. Lorsqu'il s'agira de l'établissement d'une nouvelle fabrique de soude, notre directeur général des douanes sera consulté, quelle que soit la classe dans laquelle ces sortes de fabriques auront été rangées, soit par le décret du 15 octobre 1810, soit par notre ordonnance du 14 janvier 1815.

Aucune permission ne pourra être accordée si la fabrique n'est fermée par un mur d'enceinte à hauteur suffisante, dans lequel il ne pourra être pratiqué d'autre communication avec l'extérieur que celle de la porte d'entrée.

10. Conformément à l'article 10 du décret du 13 octobré 1809, la franchise du sel destiné à la fabrication de la soude sera retirée immédiatement, par une décision de notre ministre des finances, aux fabricants qui, par eux-mêmes, ou par le fait de leurs ouvriers ou voituriers, auront vendu ou détourné du sel en fraude, soit dans les fabriques, soit dans le transport des lieux d'extraction aux fabriques de soude.

11. Toutes les formalités prescrites par les règlements concernant les fabriques de soude, pour l'expédition des sels, leur transport, réception et emploi, sont et demeurent conservées et maintenues, en tant qu'il n'y est pas dérogé par la présente.

LOI DU 23 AVRIL 1833.

Art. 11. L'escompte du droit sur le sel, accordé en vertu de l'article 53 de la loi du 24 avril 1806, sera alloué, à l'avenir, pour les perceptions s'élevant au moins à 300 francs.

Néanmoins, les obligations cautionnées continueront à ne pouvoir être admises que pour des perceptions excédant 600 francs.

LOI DU 17 JUIN 1840.

Art. 1er. Nulle exploitation de mines de sel, de sources ou de puits d'eau salée naturellement ou artificiellement, ne peut avoir lieu qu'en vertu d'une concession consentie par ordonnance royale délibérée en conseil d'État.

2. Les lois et règlements généraux sur les mines sont applicables aux exploitations des mines de sel.

Un règlement d'administration publique déterminera, selon la nature de la concession, les conditions auxquelles l'exploitation sera soumise.

Le même règlement déterminera aussi les formes des enquêtes qui devront précéder les concessions de sources ou de puits d'eau salée.

Seront applicables à ces concessions les dispositions des titres V et X de la loi du 21 avril 1810.

3. Les concessions seront faites de préférence aux propriétaires des établissements légalement existants.

4. Les concessions ne pourront excéder vingt kilomètres carrés, s'il s'agit d'une mine de sel, et un kilomètre carré pour l'exploitation d'une source ou d'un puits d'eau salée.

Dans l'un et l'autre cas, les actes de concessions régleront les droits du propriétaire de la surface conformément aux articles 6 et 42 de la loi du 21 avril 1810.

Aucune redevance proportionnelle ne sera exigée au profit de l'État.

5. Les concessionnaires de mines de sel, de sources ou de puits d'eau salée, seront tenus,

1° De faire, avant toute exploitation ou fabrication, la déclaration prescrite par l'article 51 de la loi du 24 avril 1806;

2° D'extraire ou de fabriquer au minimum et annuellement une quantité de cinq cent mille kilogrammes de sel, pour être livrés à la consommation intérieure et assujettis à l'impôt.

Toutefois, une ordonnance royale pourra, dans des circonstances particulières, autoriser la fabrication au-dessous du minimum. Cette autorisation pourra toujours être retirée.

Des règlements d'administration publique détermineront, dans l'intérêt de l'impôt, les conditions auxquelles l'exploitation et la fabrication seront soumises, ainsi que le mode de surveillance à exercer, de manière à ce que le droit soit perçu sur les quantités de sel réellement fabriquées.

Les dispositions du présent article sont applicables aux exploitations ou fabriques actuellement existantes.

6. Tout concessionnaire ou fabricant qui voudra cesser d'exploiter ou de fabriquer est tenu d'en faire la déclaration au moins un mois d'avance.

Le droit de consommation sur les sels extraits ou fabriqués, qui seraient encore en la possession du concessionnaire ou du fabricant un mois après la cessation de l'exploitation ou de la fabrication, sera exigible immédiatement.

L'exploitation ou la fabrication ne pourront être reprises qu'après un nouvel accomplissement des obligations mentionnées en l'article 5.

7. Toute exploitation ou fabrication de sel, entreprise avant l'accomplissement des formalités prescrites par l'article 5, sera frappée d'interdiction, par voie administrative; le tout sans préjudice, s'il y a lieu, des peines portées en l'article 10.

Les arrêtés d'interdiction rendus par les préfets seront exécutoires par provision, nonobstant tout recours de droit.

8. Tout exploitant ou fabricant de sel, dont les produits n'auront pas atteint le minimum déterminé par l'article 5, sera passible d'une amende égale au droit qui aurait été perçu sur les quantités de sel manquant pour atteindre le minimum.

9. L'enlèvement et le transport des eaux salées et des matières salifères sont interdits pour toute destination autre que celle d'une fabrique régulièrement autorisée, sauf l'exception portée en l'article 12.

Des règlements d'administration publique détermineront les formalités à observer pour l'enlèvement et la circulation.

10. Toute contravention aux dispositions des articles 5, 6, 7 et 9, et des ordonnances qui en régleront l'application, sera punie de la confiscation des eaux salées, matières salifères, sels fabriqués, ustensiles de fabrication, moyens de transport, d'une amende de 500 à 5,000 francs, et, dans tous les cas, du payement du double droit sur le sel pur, mélangé ou dissous dans l'eau, fabriqué, transporté ou soustrait à la surveillance.

En cas de récidive, le maximum de l'amende sera prononcé. L'amende pourra même être portée jusqu'au double.

11. Les dispositions des articles 5, 6, 7, 9 et 10, *sauf l'obligation du minimum de fabrication*, sont applicables aux établissements de produits chimiques dans lesquels il se produit en même temps du sel marin.

Dans les fabriques de salpêtre qui n'opèrent pas exclusivement sur les matériaux de démolition, et dans les fabriques de produits chimiques, la quantité de sel marin résultant des préparations sera constatée par les exercices des employés des contributions indirectes.

12. Des règlements d'administration publique détermineront les conditions auxquelles pourront être autorisés l'enlèvement, le transport et l'emploi en franchise ou avec modération de droits, du sel de toute origine, des eaux salées ou de matières salifères à destination des exploitations agricoles ou manufacturières, et de la salaison, soit en mer, soit à terre, des poissons de toute sorte.

13. Toute infraction aux conditions sous lesquelles la franchise ou la modération de droits aura été accordée, en vertu de l'article précédent, sera punie de l'amende prononcée par l'article 10, et, en outre, du payement du double droit sur toute quantité de sel pur ou contenu dans les eaux salées et les matières salifères qui aura été détournée en fraude.

La disposition précédente est applicable aux quantités de sels que représenteront, d'après les allocations qui auront été déterminées, les salaisons à l'égard desquelles il aura été contrevenu aux règlements.

Quant aux salaisons qui jouissent du droit d'employer le sel étranger, le double droit à payer pour amende sera calculé à raison de 60 francs pour 100 kilogrammes, sans remise.

Les fabriques ou établissements, ainsi que les salaisons en mer ou à terre, jouissant déjà de la franchise, sont également soumis aux dispositions du présent article.

14. Les contraventions prévues par la présente loi seront

poursuivies devant les tribunaux de police correctionnelle, à la requête de l'administration des douanes ou de celle des contributions indirectes.

15. Avant le 1er juillet 1841, une ordonnance royale réglera la remise accordée à titre de déchet, en raison des lieux de production, et après les expériences qui auront constaté la déperdition réelle des sels, sans que, dans aucun cas, cette remise puisse excéder 5 p. o/o.

Il n'est rien changé aux dispositions des lois et règlements relatifs à l'exploitation des marais salants.

16. Jusqu'au 1er janvier 1851, des ordonnances royales régleront :

1° L'exploitation des petites salines des côtes de la Manche ;

2° Les allocations et franchises sur le sel dit *de troque*, dans les départements du Morbihan et de la Loire-Inférieure.

A cette époque, toutes les ordonnances rendues en vertu du présent article cesseront d'être exécutoires, et toutes les salines seront soumises aux prescriptions de la présente loi.

17. Les salines, salins et marais salants seront cotisés à la contribution foncière, conformément au décret du 15 octobre 1810, savoir : les bâtiments qui en dépendent, d'après leur valeur locative ; et les terrains et emplacements, sur le pied des meilleures terres labourables.

La somme dont les salines, salins et marais salants, auront été dégrevés par suite de cette cotisation, sera reportée sur l'ensemble de chacun des départements où ces propriétés sont situées.

18. Les clauses et conditions du traité consenti entre le ministre des finances et la compagnie des salines et mines de sel de l'Est, pour la résiliation du bail passé le 31 octobre 1825, sont et demeurent approuvées. Ce traité restera annexé à la présente loi.

Le ministre des finances est autorisé à effectuer les payements ou restitutions qui devront être opérés pour l'exécution dudit traité.

Il sera tenu un compte spécial où les dépenses seront successivement portées, ainsi que les recouvrements qui seront opérés jusqu'au terme de l'exploitation.

Il est ouvert au ministre des finances, sur l'exercice 1841, un crédit de cinq millions, montant présumé de l'excédant de dépense qui pourra résulter de cette liquidation, dont le compte sera présenté aux Chambres.

19. Les dispositions de la présente loi qui pourraient porter atteinte aux droits de la concession faite au domaine de l'État, en exécution de la loi du 6 avril 1825, n'auront effet, dans les départements dénommés en ladite loi, qu'après le 1er octobre 1841.

Jusqu'à cette époque, les lois et règlements existants continueront à recevoir leur application dans lesdits départements.

ORDONNANCE DU 7 MARS 1841.

TITRE Ier.

DES MINES DE SEL.

Art. 1er. Il ne pourra être fait de concession de mines de sel sans que l'existence du dépôt de sel ait été constatée par des puits, des galeries ou des trous de sonde.

2. Les demandes en concession seront instruites conformément aux dispositions de la loi du 21 avril 1810 ; elles contiendront les propositions du demandeur dans le but de satisfaire aux droits attribués aux propriétaires de la surface par les articles 6 et 42 de la loi du 21 avril 1810.

3. L'exploitation d'une mine de sel, soit à l'état solide, par puits ou galeries, soit par dissolution, au moyen de trous de sondes ou autrement, ne pourra être commencée

qu'après que le projet des travaux aura été approuvé par l'administration.

A cet effet, le concessionnaire soumettra au préfet un mémoire indiquant la manière dont il entend procéder à l'exploitation, la disposition générale des travaux qu'il se propose d'exécuter, et la situation des puits, galeries et trous de sonde, par rapport aux habitations, routes et chemins. Il y joindra les plans et coupes nécessaires à l'intelligence de son projet.

Lorsque le projet d'exploitation aura été approuvé, il ne pourra être changé sans une nouvelle autorisation.

L'approbation de l'administration sera également nécessaire pour l'ouverture de tout nouveau champ d'exploitation.

Les projets de travaux énoncés aux paragraphes précédents devront être, ainsi que les plans à l'appui, portés, avant toute décision, à la connaissance du public. A cet effet, des affiches seront apposées, pendant un mois, dans les communes comprises dans lesdits projets, et une copie des plans sera déposée dans chaque mairie.

TITRE II.

DES SOURCES ET PUITS D'EAU SALÉE.

4. Les articles 10, 11 et 12 de la loi du 21 avril 1810 sont applicables aux recherches d'eau salée.

5. Tout demandeur en concession d'une source ou d'un puits d'eau salée devra justifier que la source ou le puits peut fournir des eaux salées en quantité suffisante pour une fabrication annuelle de 500,000 kilogrammes de sel au moins.

6. Il devra justifier des facultés nécessaires pour entreprendre et conduire les travaux, et des moyens de satisfaire aux indemnités et charges qui seront imposées par l'acte de concession.

7. La demande en concession sera adressée au préfet et enregistrée à sa date sur un registre spécial, conformément à l'article 22 de la loi du 21 avril 1810; le secrétaire général de la préfecture délivrera au requérant un extrait certifié de cet enregistrement.

La demande contiendra l'indication exigée par l'article 2 ci-dessus.

Le pétitionnaire y joindra le plan en quadruple expédition, et à l'échelle de cinq millimètres pour dix mètres, des terrains désignés dans sa demande. Ce plan devra indiquer l'emplacement de la source ou du puits salé et sa situation par rapport aux habitations, routes et chemins; il ne sera admis qu'après vérification par l'ingénieur des mines. Il sera visé par le préfet.

8. Les publications et affiches de la demande auront lieu à la diligence du préfet et conformément aux articles 23 et 24 de la loi du 21 avril 1810. Leur durée sera de deux mois à compter du jour de l'apposition des affiches dans chaque localité. La demande sera insérée dans l'un des journaux du département.

Les frais d'affiches, publications et insertions dans les journaux seront à la charge du demandeur.

9. Les demandes en concurrence ne seront admises que jusqu'au dernier jour de la durée des affiches.

Elles seront notifiées par actes extrajudiciaires au demandeur ainsi qu'au préfet, qui les fera transcrire à leur date sur le registre mentionné à l'article 7 ci-dessus. Il sera donné communication de ce registre à toutes les personnes qui voudront prendre connaissance desdites demandes.

10. Les oppositions à la demande en concession, les réclamations relatives à la quotité des offres faites aux propriétaires de la surface, les demandes en indemnité d'invention seront notifiées au demandeur et au préfet par actes extrajudiciaires.

11. Jusqu'à ce qu'il ait été statué définitivement sur la

demande en concession, les oppositions, réclamations et demandes mentionnées en l'article 10 ci-dessus seront admissibles devant notre ministre des travaux publics. Elles seront notifiées par leurs auteurs aux parties intéressées.

12. Le Gouvernement jugera des motifs ou considérations d'après lesquels la préférence doit être accordée aux divers demandeurs en concession, qu'ils soient propriétaires de la surface, inventeurs ou autres, sans préjudice de la disposition transitoire de l'article 3 de la loi du 17 juin 1840, relative aux propriétaires des établissements actuellement existants.

13. Il sera définitivement statué par une ordonnance royale délibérée en conseil d'État.

Cette ordonnance purgera, en faveur du concessionnaire, tous les droits des propriétaires de la surface et des inventeurs ou de leurs ayants cause.

14. L'étendue de la concession sera déterminée par ladite ordonnance; elle sera limitée par des points fixes pris à la surface du sol.

15. Lorsque, dans l'étendue du périmètre qui lui est concédé, le concessionnaire voudra pratiquer, pour l'exploitation de l'eau salée, une ouverture autre que celle désignée par l'acte de concession, il adressera au préfet, avec un plan à l'appui, une demande qui sera affichée pendant un mois dans chacune des communes sur lesquelles s'étend la concession. Une copie de ce plan sera déposée dans chaque mairie.

S'il ne s'élève aucune réclamation contre la demande, l'autorisation sera accordée par le préfet. Dans le cas contraire, il sera statué par notre ministre des travaux publics.

16. Toutes les questions d'indemnités à payer par le concessionnaire d'une source ou d'un puits d'eau salée, à raison des recherches ou travaux antérieurs à l'acte de concession, seront décidées conformément à l'article 4 de la loi du 28 pluviôse an VIII.

17. Les indemnités à payer par le concessionnaire aux propriétaires de la surface, à raison de l'occupation des terrains nécessaires à l'exploitation des eaux salées, seront réglées conformément aux articles 43 et 44 de la loi du 21 avril 1810.

18. Aucune concession de source ou de puits d'eau salée ne peut être vendue par lots ou partagée sans une autorisation préalable du Gouvernement, donnée dans les mêmes formes que la concession.

TITRE III.

DISPOSITIONS COMMUNES AUX CONCESSIONS DE MINES DE SEL ET AUX CONCESSIONS DE SOURCES ET DE PUITS D'EAU SALÉE.

19. Aucune recherche de mine de sel ou d'eau salée, soit par les propriétaires de la surface, soit par des tiers autorisés en vertu de l'article 10 de la loi du 21 avril 1810, ne pourra être commencée qu'un mois après la déclaration faite à la préfecture. Le préfet en donnera avis immédiatement au directeur des contributions indirectes ou au directeur des douanes, suivant les cas.

20. Il ne pourra être fait, dans le même périmètre, à deux personnes différentes, une concession de mine de sel et une concession de source ou de puits d'eau salée.

Mais tout concessionnaire de source ou de puits d'eau salée, qui aura justifié de l'existence d'un dépôt de sel dans le périmètre à lui concédé, pourra obtenir une nouvelle concession, conformément au titre Ier de la présente ordonnance.

Jusque-là tout puits, toute galerie ou tout autre ouvrage d'exploitation de mine est interdit au concessionnaire de la source ou du puits d'eau salée.

21. Dans tous les cas où l'exploitation, soit des mines de sel, soit des sources ou des puits d'eau salée, compromettrait la sûreté publique, la conservation des travaux,

la sûreté des ouvriers ou des habitations de la surface, il y sera pourvu ainsi qu'il est dit en l'article 50 de la loi du 21 avril 1810.

22. Tout puits, toute galerie, tout trou de sonde, ou tout autre ouvrage d'exploitation ouvert sans autorisation seront interdits, conformément aux dispositions de l'article 8 de la loi du 27 avril 1838.

Néanmoins, les exploitations en activité à l'époque de la promulgation de la loi du 17 juin 1840 sont provisoirement maintenues, à charge par les exploitants de former, dans un délai de trois mois à compter de la promulgation de la présente ordonnance, des demandes en concessions, conformément aux dispositions qu'elle prescrit.

Si la concession n'est point accordée, l'exploitation cessera de plein droit, et, au besoin, elle sera interdite conformément au premier paragraphe du présent article.

23. Les concessions pourront être révoquées dans les cas prévus par l'article 49 de la loi du 21 avril 1810. Il sera alors procédé conformément aux règles établies par la loi du 27 avril 1838.

24. Le directeur des contributions indirectes ou des douanes, selon les cas, sera consulté par le préfet sur toute demande en concession de mine de sel, de source ou de puits d'eau salée.

Le préfet consultera ensuite les ingénieurs des mines, et transmettra les pièces à notre ministre des travaux publics, avec leurs rapports et son avis.

Les pièces relatives à chaque demande seront communiquées par notre ministre des travaux publics à notre ministre des finances.

TITRE IV.

DES PERMISSIONS RELATIVES À L'ÉTABLISSEMENT DES USINES POUR LA FABRICATION DU SEL.

25. Les usines destinées à l'élaboration du sel gemme ou au traitement des eaux salées ne pourront être établies, soit par les concessionnaires de mines de sel, de source ou de puits d'eau salée, soit par tous autres, qu'en vertu d'une permission accordée par une ordonnance royale, après l'accomplissement des formalités prescrites par l'article 74 de la loi du 21 avril 1810. Toutefois, le délai des affiches est réduit à un mois.

Le demandeur devra justifier que l'usine pourra suffire à la fabrication annuelle d'au moins cinq cent mille kilogrammes de sel, sauf l'application de la faculté ouverte par le deuxième alinéa de l'article 5 de la loi du 17 juin 1840.

Seront d'ailleurs observées les dispositions des lois et règlements sur les établissements dangereux, incommodes ou insalubres.

26. La demande en permission devra être accompagnée d'un plan en quadruple expédition, à l'échelle de deux millimètres par mètre, indiquant la situation et la consistance de l'usine. Ce plan sera vérifié et certifié par les ingénieurs des mines, et visé par le préfet.

Les oppositions auxquelles la demande pourra donner lieu seront notifiées au demandeur et au préfet par actes extrajudiciaires.

27. Les dispositions de l'article 24 ci-dessus, relatives aux demandes en concession de mines de sel ou de sources et de puits d'eau salée, seront également observées à l'égard des demandes en permission d'usines.

28. Les permissions seront données à la charge d'en faire usage dans un délai déterminé. Elles auront une durée in-

définie, à moins que l'ordonnance d'autorisation n'en ait décidé autrement.

29. Elles pourront être révoquées pour cause d'inexécution des conditions auxquelles elles auront été accordées.

La révocation sera prononcée par arrêté de notre ministre des travaux publics. Cet arrêté sera exécutoire par provision, nonobstant tout recours de droit.

30. Les fabriques légalement en activité à l'époque de la promulgation de la loi du 17 juin 1840 sont maintenues provisoirement, à charge par les propriétaires de former une demande en permission dans un délai de trois mois à partir de la promulgation de la présente ordonnance.

Dans le cas où cette permission ne serait point accordée, les établissements seront interdits dans les formes indiquées au second paragraphe de l'article précédent.

ORDONNANCE DU ROI DU 26 JUIN 1841.

TITRE PREMIER.

OBLIGATIONS DES FABRICANTS DE SEL ET DES CONCESSIONNAIRES DE MINES DE SEL, DE SOURCES OU PUITS D'EAU SALÉE.

ART. 1er. Un mois au moins avant toute exploitation ou fabrication, les concessionnaires de mines de sel, de sources ou de puits d'eau salée, autorisés en vertu de la loi du 17 juin 1840, devront faire une déclaration au plus prochain bureau des douanes, pour les mines, sources ou puits situés dans les 15 kilomètres des côtes et dans les 20 kilomètres des frontières de terre; et au bureau le plus prochain des contributions indirectes, pour les mines, sources ou puits situés dans l'intérieur du royaume.

La déclaration des fabricants ne sera admise qu'autant qu'ils justifieront que la construction de l'usine a été autorisée conformément à l'ordonnance réglementaire du 7 mars 1841, rendue pour l'exécution de l'article 2 de la loi du 17 juin 1840.

Sera faite au même bureau la déclaration à laquelle sont tenus, aux termes de l'article 6 de la loi précitée, les concessionnaires qui voudront cesser d'exploiter ou de fabriquer.

2. Tout fabricant exploitant des mines de sel ou des eaux salées devra entourer les puits, galeries, trous de sonde et les sources, ainsi que les bâtiments de son usine, d'une enceinte en bois ou en maçonnerie de trois mètres d'élévation; ayant à l'intérieur et à l'extérieur un chemin de ronde de deux mètres au moins de largeur, avec accès sur la voie publique par une seule porte ou entrée.

L'administration pourra exiger que l'enceinte en bois soit remplacée par une clôture en maçonnerie dans tout établissement, usine ou exploitation où il aura été commis une contravention aux dispositions de la loi du 17 juin 1840, ou à celles des ordonnances royales qui en régleront l'application.

3. Il y aura dans l'intérieur de chaque fabrique :

1° Un ou plusieurs magasins destinés au dépôt des sels fabriqués : ces magasins seront sous la double clef de l'exploitant et des agents de la perception;

2° Un local convenable, près de l'entrée de l'établissement, pour le logement et le bureau de deux employés au moins : le loyer de ce logement sera supporté par l'administration et fixé de gré à gré, ou, à défaut de fixation amiable, réglé par le préfet du département;

3° Des poids et balances pour la pesée des sels, ainsi que des mesures de capacité pour la vérification du volume des eaux salées.

4. Si, à cause de l'éloignement, quelques puits ou galeries servant à l'exploitation du sel en roche ne peuvent pas être compris dans l'enceinte d'une usine, ils seront entourés d'une clôture particulière établie comme il est dit à

l'article 2, et de manière à enfermer les appareils d'extraction et les haldes.

Le sel devra être déposé dans un magasin exclusivement destiné à cet usage, et disposé conformément au premier paragraphe de l'article précédent.

5. Devront être entourés d'une semblable clôture les trous de sonde servant à l'exploitation par dissolution, ainsi que les sources ou puits d'eau salée qui ne pourront pas, à cause de l'éloignement, être compris dans l'enceinte d'une usine.

TITRE II.

EXERCICE DES FABRIQUES ET SURVEILLANCE DES USINES, SOURCES OU PUITS.

6. Toute exploitation ou fabrique de sel sera tenue en exercice par les employés des contributions indirectes ou des douanes, suivant le lieu où elle sera située.

7. Les exploitants et fabricants seront soumis aux visites et vérifications des employés, et tenus de leur ouvrir, à toute réquisition, leurs fabriques, ateliers, magasins, logement d'habitation, caves et celliers, et tous autres bâtiments enclavés dans l'enceinte des fabriques, ainsi que de leur représenter les sels, eaux salées et résidus qu'ils auront en leur possession.

Ces visites et vérifications pourront avoir lieu, même de nuit, dans les ateliers et magasins, si le travail se prolonge après le coucher du soleil.

8. Les employés sont autorisés à faire toutes les recherches nécessaires pour s'assurer si les puits, les trous de sonde, les sources d'eau salée, et les galeries situées soit dans l'intérieur, soit à l'extérieur des fabriques, n'ont pas de conduits clandestins.

9. Les sels, après qu'ils seront parvenus à l'état solide et concret, ne pourront être retirés des poêles ou chaudières, que pour être déposés immédiatement, soit sur les

bancs d'épuration, les égouttoirs ou les séchoirs, soit dans des étuves, soit enfin daus des vases quelconques désignés d'avance aux employés. Ils ne pourront recevoir aucune manipulation subséquente ayant pour objet d'en compléter la fabrication, que sous la surveillance des employés, qui sont autorisés à prendre toutes les mesures nécessaires pour qu'il ne puisse en être soustrait.

10. Les eaux mères, schlots, crasse de sel et autres déchets de fabrication ; les cendres, curins et débris de fourneaux des fabriques de sel seront détruits, à moins que l'enlèvement et le transport n'en aient été préférablement autorisés, conformément à l'article 11 de la loi du 17 juin 1840.

11. Les sels fabriqués seront pris en charge au fur et à mesure que la fabrication en sera complétement achevée. Ceux qui ne seront pas expédiés immédiatement devront être placés dans les magasins désignés à l'article 3.

Il sera donné décharge des quantités enlevées, soit pour la consommation, soit pour l'exportation aux colonies ou à l'étranger, soit en exécution de l'article 12 de la loi du 17 juin 1840, soit enfin pour les salaisons en mer.

Les sels qui auront été déclarés pour la consommation ne pourront séjourner dans l'enceinte de la fabrique et devront en sortir immédiatement.

12. Tous les trois mois il sera fait un inventaire des sels en magasin, et le fabricant sera tenu de payer sur-le-champ le droit sur les quantités manquantes en sus de la déduction accordée pour déchets de magasin.

Cette déduction est fixée à 8 p. o/o sur les quantités entrées en magasin après fabrication.

TITRE III.

13. La surveillance des préposés des douanes et des contributions indirectes s'exercera, pour la perception de la taxe sur les sels, dans un rayon de 15 kilomètres des mines, des puits et sources salées et des usines qui en exploitent les produits.

14. Les fabricants ne pourront laisser sortir les sels des fabriques ou des enceintes désignées à l'article 4, sans qu'il en ait été fait une déclaration préalable au bureau le plus prochain du lieu d'extraction, et sans qu'il ait été pris, soit un acquit-à-caution, un congé ou un passavant, soit un acquit de payement en tenant lieu. Les concessionnaires de puits ou de sources ne pourront non plus laisser enlever d'eau salée sans qu'il ait été pris un acquit-à-caution.

Les conducteurs de sels, d'eaux salées ou de matières salifères seront tenus d'exhiber, à toute réquisition des employés, dans le rayon de 15 kilomètres des mines, puits et sources salées et des usines qui en exploitent les produits, les expéditions dont ils doivent être porteurs.

15. Les déclarations à faire pour obtenir les expéditions mentionnées en l'article précédent contiendront le nom de l'expéditeur et celui du destinataire, la quantité de sel ou d'eau salée qui devra être enlévée, le degré de densité de l'eau, le nom du voiturier ou maître de l'embarcation qui effectuera le transport, le lieu de destination et la route à suivre.

16. Les sels, eaux salées ou matières salifères ne pourront circuler dans les 15 kilomètres soumis à la surveillance des préposés, sans être accompagnés d'un acquit-à-caution, d'un congé, d'un passavant ou d'un acquit de payement en tenant lieu.

Les transports de sels, d'eaux salées ou de matières sali-fères ne pourront avoir lieu avant le lever ou après le coucher du soleil, lors même qu'ils seraient accompagnés d'une expédition régulière, qu'autant que cette expédition mentionnera expressément la permission de les faire circuler pendant la nuit.

17. L'eau salée extraite des puits ou sources ne pourra être expédiée à destination d'une fabrique autorisée que lorsque le transport en aura lieu dans des vases qui pourront être jaugés.

L'extraction n'aura lieu que de jour, en présence des employés, lesquels vérifieront et mentionneront, dans l'acquit-à-caution, le degré que l'eau salée marquera au densimètre.

Les fabriques actuellement en exploitation, et à destination desquelles l'eau parvient par des conduits ou tuyaux, pourront être autorisées à jouir de cet avantage, sous les conditions qui seront déterminées par notre ministre secrétaire d'État des finances.

18. Les sels expédiés à des destinations qui dispensent du payement du droit au départ seront renfermés dans des sacs d'un poids uniforme, ayant toutes les coutures à l'intérieur, et plombés par les employés aux frais du fabricant. Le prix du plomb et de la ficelle est fixé à 25 centimes. La ficelle devra passer par les plis du col du sac.

L'arrivée des sels à destination sera garantie par un acquit-à-caution, dont le prix sera payé à l'administration des contributions indirectes ou à l'administration des douanes, conformément à la loi du 28 avril 1816.

19. Tout ce qui concerne les acquits-à-caution délivrés pour le transport des sels, eaux salées et matières salifères sera régi par les dispositions de la loi du 22 août 1791. Néanmoins la pénalité sera réglée conformément à l'article 10 de la loi du 17 juin 1840.

En cas de déficit, soustraction ou substitution, la confiscation sera établie, et le droit sera calculé sur une quantité de sel égale à celle non représentée.

Si la différence porte sur le volume ou sur le degré de l'eau salée, la quantité de sel dissous dans l'eau sera évaluée, pour un hectolitre d'eau salée, à raison de 1,650 grammes de sel pour chaque degré du densimètre au-dessus de la densité de l'eau pure.

TITRE IV.

PAYEMENT DU DROIT.

20. La taxe sera perçue sur les sels enlevés pour la consommation intérieure, sous la seule déduction de l'allocation qui sera fixée pour déchet, en exécution de l'article 15 de la loi du 17 juin 1840.

Le payement en sera effectué, soit au comptant, sous l'escompte de 6 p. o/o pour les sommes de 300 francs et au-dessus, soit en traites ou obligations dûment cautionnées, à trois, six et neuf mois, lorsque le droit s'élèvera à plus de 600 francs[1].

TITRE V.

DES FABRIQUES DE PRODUITS CHIMIQUES.

21. Les dispositions des articles 6, 7, 11, 12, 14, 15, 18, 19 et 20, sont applicables à toutes les fabriques de produits chimiques dans lesquelles il est obtenu du chlorure de sodium (sel marin), soit pur, soit mélangé d'autres sels.

Les fabricants de ces produits seront, en outre, tenus, chaque fois que leurs préparations devront produire ce sel :

1° De déclarer par écrit, au bureau le plus voisin, au moins vingt-quatre heures d'avance, le jour et l'heure où commencera et finira le travail dans leurs ateliers;

2° D'avoir, dans l'intérieur de leur fabrique, un magasin

---

[1] Article remplacé par l'article 1er de l'ordonnance du 27 novembre 1843.

destiné au dépôt du sel; ce magasin sera sous la double clef de l'exploitant et des agents de la perception.

22. Les chlorures de sodium obtenus dans les fabriques de produits chimiques, soit purs, soit mélangés d'autres sels ou d'autres matières, ne pourront être admis dans la consommation, même sous le payement de la taxe, que sur la représentation d'un certificat constatant que ces sels ne contiennent aucune substance nuisible à la santé publique.

Notre ministre secrétaire d'État au département de l'agriculture et du commerce déterminera le mode de délivrance des certificats dont il s'agit.

TITRE VI.

DISPOSITIONS GÉNÉRALES.

23. Toute infraction aux dispositions de la présente ordonnance sera punie des peines portées par l'article 10 de la loi du 17 juin 1840.

ORDONNANCE DU 27 NOVEMBRE 1843.

ART. 1er. L'article 20 de notre ordonnance du 26 juin 1841 est remplacé par les dispositions suivantes :

La taxe sera perçue sur les sels enlevés pour la consommation intérieure, sous la seule déduction de l'allocation qui sera fixée pour déchet, en exécution de l'article 15 de la loi du 17 juin 1840.

Le payement en sera effectué, soit en traites ou obligations dûment cautionnées à trois, six et neuf mois, lorsque le droit s'élèvera à plus de 600 francs, soit au comptant sous un escompte dont le taux sera déterminé par notre ministre des finances, lorsque le droit s'élèvera au moins à 300 francs.

ORDONNANCE DU 13 DÉCEMBRE 1843.

Art. 1er. La remise accordée, à titre de déchet, aux sels pris sur les lieux de production, sera désormais réglée ainsi qu'il suit :

Sels bruts récoltés sur les marais salants de l'Océan et de la Manche................................ 5 p. o/o

Sels bruts récoltés sur les marais salants de la Méditerranée............................... 3 p. o/o

Sels ignigènes et sels raffinés de toute origine. 3 p. o/o

SUCRES INDIGÈNES.

LOI DU 18 JUILLET 1837.

Art. 1er. Il sera perçu par la régie des contributions indirectes, sur les sucres indigènes, savoir :

1° Un droit de licence de cinquante francs (50^f) par chaque établissement de fabrication de sucre indigène ;

2° Un droit en principal de quinze francs (15^f) par cent kilogrammes (100^k) de sucre brut[1].

Le rendement moyen du sucre brut au clairçage, terrage et raffinage, sera déterminé par un règlement d'administration publique, qui sera converti en loi à la prochaine session. La quotité d'impôt à laquelle les sucres clercés, terrés et raffinés seront assujettis, sera fixée proportionnellement à ce rendement.

2. Les droits établis par l'article précédent seront perçus aux époques suivantes :

Le droit de licence, à partir du 1er janvier 1838 ;

Le droit sur la fabrication, à raison de dix francs (10^f), à partir du 1er juillet 1838, et de quinze francs (15^f) à partir du 1er juillet 1839.

3. La perception de cet impôt s'effectuera par la voie de l'exercice, au lieu même de la fabrication.

Des ordonnances royales, rendues dans la forme des règlements d'administration publique, détermineront le mode de cette perception.

Les contraventions aux dispositions de la présente loi et

---

[1] Modifié par l'article 1er de la loi du 2 juillet 1843.

des ordonnances qui en règleront l'exécution seront punies d'une amende de 100 à 600 francs[1].

Ces ordonnances devront être converties en loi dans la prochaine session.

4. La tare de 2 p. o/o allouée par l'article 3 de la loi du 26 avril 1833 est supprimée.

LOI DU 10 AOUT 1839.

ART. 12. Le délai dans lequel doivent être convertis en lois les règlements d'administration publique, que le Gouvernement est autorisé à faire pour l'exécution de la loi du 18 juillet 1837, qui établit un impôt sur le sucre indigène, est prorogé jusqu'à la fin de la session de 1840.

Les contraventions prévues par l'article 3 de ladite loi seront, indépendamment de l'amende, punies de la confiscation des sucres, sirops et mélasses, fabriqués, enlevés ou transportés en fraude.

LOI DU 3 JUILLET 1840.

ART. 5. A partir de la promulgation de la présente loi, le droit de fabrication sur le sucre indigène de toute espèce, établi par la loi du 18 juillet 1837, sera perçu d'après les types formés en exécution de l'ordonnance du 4 juillet 1838, et conformément au tarif ci-après[2] :

1° Sucres au premier type, et toutes les nuances inférieures......................... 25^f 00^c

2° Sucres au-dessus du premier type, jusqu'au deuxième type inclusivement............... 27 75

3° Sucres au-dessus du deuxième type, jusqu'au troisième type inclusivement............. 30 50

4° Sucres d'une nuance supérieure au troisième

[1] Et de la confiscation (article 12 de la loi du 10 août 1839.)
[2] Modifié par l'article 2 de la loi du 2 juillet 1843.

type, et sucres en pains inférieurs au mélis ou quatre cassons............................... 33 30

5° Sucres en pains, mélis ou quatre cassons, et sucres candis............................... 36 10

ORDONNANCE DU 16 AOUT 1842.

TITRE Ier.

APPLICATION DU DROIT ET FORMATION DES TYPES.

Art. 1er. Pour l'application des droits imposés sur le sucre indigène par l'article 5 de la loi du 3 juillet 1840, il sera établi trois types par le ministre de l'agriculture et du commerce, sur l'avis de la chambre de commerce de Paris.

Le premier type sera formé de sucre de nuance égale à celle du sucre brut autre que blanc des colonies françaises.

Les deuxième et troisième types seront formés de sucres de nuances supérieures, et dont la valeur excédera, d'un sixième pour le second, et d'un tiers pour le troisième, celle du sucre au premier type[1].

2. Les types établis en exécution de l'article précédent seront déposés au greffe du tribunal de première instance du département de la Seine.

Des types absolument semblables seront déposés, par l'administration des contributions indirectes, au greffe du tribunal de première instance de chacun des arrondissements dans lesquels il y aura une fabrique ou une raffinerie de sucre.

TITRE II.

OBLIGATIONS DES FABRICANTS.

3. Toute personne qui voudra établir une fabrique de sucre indigène sera tenue, un mois au moins avant de com-

---

[1] Article abrogé par l'article 1er de l'ordonnance du 7 août 1843.

mencer la fabrication, d'en faire la déclaration par écrit au bureau des contributions indirectes. Cette déclaration contiendra la description des locaux, ateliers, magasins et autres dépendances de la fabrique enclavés dans la même enceinte.

A l'extérieur du bâtiment principal de l'établissement seront inscrits les mots : *Fabrique de sucre.*

4. Les fabricants de sucre seront tenus de déclarer, en outre, le nombre et la capacité des chaudières à déféquer, à concentrer et à cuire, des rafraîchissoirs, des cristallisoirs, des formes, des citernes et réservoirs, et généralement de tous les vases existant dans la fabrique et destinés à contenir des sucres, sirops ou mélasses.

Les contenances seront vérifiées métriquement; s'il y a contestation, elles le seront par empotement.

5. Le fabricant fera marquer distinctement tous les vases déclarés.

Les formes d'une même grandeur seront désignées par la même lettre et composeront une série. Il en sera de même pour les cristallisoirs.

Chacun des autres vaisseaux recevra un numéro d'ordre et l'indication de sa contenance en litres.

Les lettres distinctives des séries, les numéros des vaisseaux et l'indication des contenances seront peints à l'huile, en caractères ayant au moins cinq centimètres de hauteur.

Sur les cristallisoirs en zinc, il sera fixé, par des clous rivés, une tablette en bois destinée à recevoir les marques.

6. Il est défendu de changer, modifier ou altérer la contenance des chaudières, citernes et autres vaisseaux jaugés ou épalés, ou d'en établir de nouveaux, sans en avoir fait la déclaration par écrit au bureau de la régie, vingt-quatre heures d'avance.

Le fabricant ne pourra faire usage desdits vaisseaux qu'après que leur contenance aura été vérifiée, conformément à l'article précédent.

7. La régie des contributions indirectes est autorisée à exiger que les fabriques de sucre et leurs dépendances n'aient qu'une entrée habituellement ouverte. Les autres portes seront fermées à deux clefs; une de ces clefs sera remise aux employés, et ces portes ne pourront être ouvertes qu'en leur présence.

Elle pourra de même exiger que les jours et fenêtres donnant immédiatement et directement sur la voie publique ou sur les propriétés voisines soient garnis d'un treillis de fer, dont les mailles devront avoir cinq centimètres d'ouverture au plus. Toutefois, elle ne pourra requérir l'application de cette mesure aux jours et fenêtres des maisons d'habitation renfermées dans l'enceinte des fabriques qu'après une contravention constatée.

Toute communication intérieure des lieux déclarés par le fabricant avec les maisons voisines non occupées par lui est interdite et devra être scellée.

8. Un local convenable, de douze mètres carrés au moins, sera disposé par le fabricant, sur la demande qui en sera faite par la régie, près de la porte d'entrée, pour servir de bureau aux employés. Il devra être pourvu de tables, de chaises, d'un poêle ou d'une cheminée, et d'une armoire fermant à clef, afin que lesdits employés puissent, s'il y a lieu, s'y établir en permanence.

Dans l'intérieur des fabriques où l'on raffine, il sera fourni, en outre, un local convenable pour le logement de deux employés au moins.

Le loyer de ce bureau et de ce logement sera supporté par l'administration et fixé de gré à gré, ou, à défaut de fixation amiable, réglé par le préfet.

9. Les fabricants de sucre ne pourront commencer leurs travaux qu'après accomplissement des obligations qui leur sont imposées par les articles précédents, et qu'après s'être munis d'une licence qui ne sera valable que pour un seul établissement et pour l'année où elle aura été délivrée.

Le prix de la licence, fixé par l'article 1er de la loi du 18 juillet 1837, sera exigible en entier à quelque époque de l'année que soit faite la déclaration.

10. Chaque année, et quinze jours au moins avant l'ouverture des travaux de défécation, le fabricant déclarera au bureau de la régie,

1° Les heures de travail pour chaque jour de la semaine;

2° Le procédé qu'il emploiera pour l'extraction du jus.

Tout changement dans le procédé d'extraction du jus ou dans le régime de la fabrique, pour les jours et heures de travail, sera précédé d'une nouvelle déclaration.

Lorsque le fabricant voudra suspendre ou cesser les travaux de sa fabrique, il devra également en faire la déclaration au même bureau.

11. Les fabricants tiendront deux registres imprimés sur papier libre, et que leur fournira gratuitement l'administration des contributions indirectes, pour servir aux inscriptions qui seront prescrites par les articles 12 et 13 ci-après.

Ces registres seront cotés et paraphés par le directeur de l'arrondissement. Ils seront, à toute réquisition, et à l'instant même de la demande, représentés aux employés, qui y apposeront leur visa.

12. Le premier registre servira à constater toutes les défécations, au fur et à mesure qu'elles auront lieu, et sans interruption ni lacune.

Le fabricant y inscrira, à l'instant même où le jus commencera à couler dans la chaudière,

1° Le numéro de cette chaudière;

2° La date et l'heure du commencement de l'opération,

3° Les quantités de sucres imparfaits, de sirops ou de mélasses qui seraient ajoutés au jus à déféquer.

Il y inscrira, en outre, à la fin de la défécation, l'heure à laquelle elle aura été terminée.

Lorsque le jus déféqué sera reposé, et à l'instant où le

robinet de décharge sera ouvert, avant qu'aucune partie de ce jus soit enlevée de la chaudière, un bulletin contenant les mêmes indications que la déclaration sera détaché de la souche et jeté dans une boîte dont les employés auront la clef.

Ce registre sera placé, ainsi que la boîte qui sert à déposer les bulletins, dans la partie de l'atelier de fabrication où se trouvent les chaudières à déféquer.

13. Le second registre présentera les résultats de la cuite et de la mise en forme des sirops.

Le fabricant y indiquera,

1° L'heure à laquelle le sirop commencera à être retiré du rafraîchissoir et porté dans les formes ou cristallisoirs;

2° Le nombre de formes ou de cristallisoirs de chaque série qui auront été remplis;

3° Enfin, l'heure à laquelle l'opération aura été terminée.

14. Aucune partie des sucres en cristallisation ne pourra être retirée des formes ou cristallisoirs qu'après que le poids en aura été vérifié par les employés, à la suite d'une déclaration faite la veille par le fabricant, pour toutes les opérations du lendemain. Cette déclaration sera reçue par les employés exerçants, qui en délivreront une ampliation.

La déclaration indiquera le nombre des formes ou cristallisoirs de chaque série qui devront être lochés; le fabricant ne pourra en extraire le sucre qu'après que les vaisseaux auront été démarqués par les employés.

15. Les fabricants sont soumis aux visites et vérifications des employés, conformément aux articles 235 et 236 de la loi du 28 avril 1816, et tenus de leur ouvrir, à toute réquisition, leurs fabriques, ateliers, magasins, greniers, maisons, caves et celliers, et tous autres bâtiments enclavés dans la même enceinte que la fabrique ou y attenant, ainsi que de leur représenter les sucres, sirops mélasses et autres matières saccharifères qu'ils auront en leur possession.

16. La distillation des jus et sirops, et la préparation de tout produit dans lequel le sucre entrerait comme élément

de fabrication, sont interdites dans l'enceinte des fabriques de sucre.

A l'avenir, aucun appareil de distillation de mélasse ne pourra être établi dans ladite enceinte.

17. Tant qu'un fabricant conservera des betteraves, des sucres, des sirops, des mélasses ou autres matières saccharifères, la déclaration qu'il fera de cesser ses travaux n'aura pour effet de l'affranchir des obligations imposées aux fabricants de sucre, y compris le payement de la licence, que s'il paye immédiatement les droits sur les sucres achevés, et s'il expédie les sucres imparfaits, sirops et mélasses sur un autre établissement où ils seront soumis à la prise en charge.

TITRE III.

MODE D'EXERCICE DANS LES FABRIQUES.

18. Il sera tenu par les employés, pour chaque fabrique, un compte général de fabrication et un compte particulier de magasin.

Le compte de fabrication comprendra tous les produits de l'établissement et les quantités provenant de l'extérieur.

Le compte de magasin ne comprendra que les sucres achevés, quelle qu'en soit l'origine.

19. Dans tous les comptes, les sucres achevés seront ramenés au premier type, en ajoutant [1],

1° Un neuvième aux quantités de sucres comprises entre le premier et le deuxième types ;

2° Deux neuvièmes aux sucres du deuxième au troisième ;

3° Trois neuvièmes à ceux d'une nuance supérieure au troisième type et aux sucres en pains inférieurs au mélis ou quatre cassons ;

4° Enfin, quatre neuvièmes aux sucres en pains mélis ou quatre-cassons et aux sucres candis.

---

[1] Article abrogé par l'article 2 de l'ordonnance du 7 août 1843.

20. Le compte général de fabrication sera chargé, au minimum, de 1,250 grammes de sucre au premier type par cent litres de jus et par chaque degré du densimètre au-dessus de 100 (densité de l'eau) reconnu avant la défécation, à la température de 15 degrés centigrades.

Les fractions au-dessous d'un dixième de degré du densimètre seront négligées.

21. Le volume du jus soumis à la défécation sera évalué d'après la contenance des chaudières, déduction faite de 10 p. 0/0.

S'il a été ajouté au jus, soit à la macération, soit à la défécation, des sucres imparfaits, des sirops ou des mélasses, le volume en sera déduit de la capacité de la chaudière.

22. Les employés vérifieront et prendront en compte, à chaque exercice, le volume des sirops qui auront été versés dans les cristallisoirs ou dans les formes depuis l'exercice précédent; ils marqueront les formes ou cristallisoirs au moment de la prise en charge.

En cas de soustraction de tout ou partie des sirops pris en compte, la contravention sera constatée par un procès-verbal, et la valeur des quantités soustraites sera calculée à raison de 9 kilogrammes de sucre au premier type par 10 litres de sirop non représenté.

23. Tout fabricant qui voudra remettre en fabrication des sucres pris en charge au compte de magasin, et provenant du lochage ou restant encore dans les formes démarquées, sera tenu, pour éviter tout double emploi, de faire, la veille, aux employés exerçants, une déclaration dans laquelle il indiquera, pour toute la journée du lendemain,

1° La nature et la quantité des sucres qu'il devra claircer ou refondre

2° Les vaisseaux dans lesquels ils seront contenus.

Il sera procédé au clairçage ou à la fonte desdits sucres en présence des employés qui en constateront le poids et en donneront décharge au compte de magasin.

Les sucres claircés seront repris en compte conformément à l'article 22, et ils ne pourront être retirés des formes qu'après une nouvelle déclaration, ainsi que le prescrit l'article 14 pour tous les sucres en cristallisation.

24. L'administration accordera un dégrèvement sur la prise en charge toutes les fois qu'il résultera d'accidents, dûment constatés par les employés, qu'il y a eu perte matérielle de jus, de sirops ou de sucres.

25. Au mode de constatation des défécations réglé par l'article 20, il pourra, par convention de gré à gré entre la régie et le fabricant, être substitué un abonnement assis sur un nombre déterminé de défécations par chaque jour de travail.

Dans les fabriques où les procédés ordinaires de défécation ne sont pas suivis, l'évaluation des quantités servant de base à la prise en charge pourra aussi être faite de gré à gré entre la régie et les fabricants.

En cas de fraude dûment constatée, les traités ainsi passés seront considérés comme non avenus et révoqués de plein droit.

26. Il sera fait annuellement trois inventaires dans chaque fabrique, pour la balance du compte général de fabrication.

Le premier aura lieu avant l'ouverture des travaux de la campagne, à la suite de la déclaration prescrite par l'article 10; le second, après la cessation des défécations, et le troisième, après la fin des travaux de repassage, et, au plus tard, le 31 juillet de chaque année.

Lors des inventaires, les quantités de sucre au premier type contenues dans les sirops, mélasses et sucres imparfaits, seront évaluées de gré à gré entre les employés et le fabricant.

Les quantités de sucre formant excédant aux charges seront portées en compte comme produits de la fabrication; les quantités manquantes seront immédiatement soumises au droit.

11.

27. Indépendamment des inventaires prescrits par l'article précédent, les employés pourront, à des époques indéterminées, arrêter la situation du compte particulier de magasin, et, à cet effet, vérifier par la pesée les quantités de sucres achevés existant dans la fabrique.

Si le résultat de cette vérification fait ressortir un excédant, cet excédant sera saisi; les manquants supérieurs à 5 p. o/o des quantités prises en charge seront compris dans le décompte du mois et soumis au droit.

28. Il ne pourra être introduit de sucres indigènes ou exotiques, de sucres imparfaits, de sirops ou de mélasses, dans une fabrique, qu'en présence des employés et que sur une déclaration préalable faite par le fabricant au bureau de la régie.

Ces sucres ne seront portés en compte que pour la quantité de sucre au premier type qu'ils représenteront, laquelle sera évaluée de gré à gré entre les employés et le fabricant.

29. Sont soumis aux mêmes obligations que les fabricants de sucre, sauf le payement de la licence, ceux qui préparent ou concentrent des jus de betteraves.

Il leur sera donné décharge des quantités de jus ou de sirops qui seront livrées pour la distillation ou expédiées à une fabrique de sucre, pourvu qu'elles aient été reconnues par les employés.

Le compte des fabricants à qui seront expédiés des jus ou sirops en sera chargé, conformément aux articles 20 et 28 ci-dessus.

30. Les sucres achevés pourront être déposés, avec suspension du payement du droit, dans les magasins que le fabricant possédera dans les communes limitrophes.

La prise en charge des sucres sera effectuée dans ces magasins au vu de l'acquit-à-caution qui aura accompagné le chargement, et le compte sera suivi et réglé comme un compte particulier de magasin, conformément à l'article 27.

Les formalités prescrites pour la sortie des sucres des fabriques seront également observées pour l'enlèvement à la sortie des magasins de dépôt.

31. Seront saisis tous les sucres, sirops et mélasses recélés dans des magasins ou dépôts non déclarés et appartenant aux fabricants dans les limites déterminées par l'article précédent.

TITRE IV.
FORMALITÉS À L'ENLÈVEMENT ET À LA CIRCULATION.

32. Pour la perception du droit sur les sucres, la surveillance des préposés s'exercera à la circulation dans l'arrondissement où est située une fabrique et dans les cantons limitrophes de cet arrondissement, qu'ils soient ou non dans le même département.

Les cantons composés de fractions d'une même ville seront, ainsi que leurs parties rurales, considérés comme ne formant qu'un seul canton.

33. Aucun enlèvement ni transport de sucres, de jus de sirops ou de mélasses, quelle qu'en soit l'origine, ne pourra avoir lieu dans les limites déterminées par l'article précédent, qu'autant que le chargement sera accompagné d'une expédition délivrée au bureau de la régie [1].

Les voituriers, bateliers et tous autres qui conduiront lesdits chargements seront tenus d'exhiber, dans le rayon soumis à la surveillance, et à l'instant même de la réquisition des employés des contributions indirectes, des douanes ou des octrois, les expéditions de la régie et les lettres de voiture dont ils devront être porteurs.

L'exhibition des expéditions et des lettres de voiture sera également obligatoire à l'entrée de toutes les villes à octroi placées sur la route que le chargement devra parcourir jusqu'à destination.

34. Les sucres, sirops et mélasses ne pourront être en-

[1] Voir l'article 3 de l'ordonnance du 7 août 1843.

levés des fabriques et magasins que de jour, et transportés
que dans des colis fermés, suivant les usages du commerce.

Les sacs devront avoir toutes les coutures à l'intérieur,
et être d'un poids net uniforme de cent kilogrammes. Les
autres colis pèseront net au moins *cent* kilogrammes; néanmoins les sucres candis pourront être transportés en caisse
de *vingt-cinq* kilogrammes.

35. Les sucres ne pourront sortir de la fabrique que,
au préalable, le fabricant n'ait fait une déclaration au bureau de la régie huit heures au moins avant l'enlèvement
dans les villes, et vingt-quatre heures dans les campagnes,
et qu'il ne s'y soit muni d'un acquit-à-caution.

La déclaration et l'acquit-à-caution énonceront,

1° le nombre des colis;

2° Leur poids brut et net;

3° L'espèce et la nuance des sucres d'après les types;

4° Le jour et l'heure de l'enlèvement;

6° La désignation du magasin ou de la fabrique d'où les
sucres devront être enlevés;

6° Les noms, demeures et professions du destinataire et
du voiturier, ainsi que la route qui devra être suivie.

36. Les chargements devront être conduits à la destination déclarée dans le délai porté sur l'acquit-à-caution. Ce
délai sera fixé en raison des distances à parcourir et des
moyens de transport. Il sera prolongé, en cas de séjour de
route, de tout le temps pendant lequel le transport aura été
interrompu.

Le conducteur d'un chargement dont le transport sera
suspendu devra en faire la déclaration au bureau de la régie
dans les vingt-quatre heures, et avant tout déchargement.

L'acquit-à-caution restera déposé au bureau jusqu'à la reprise du transport; il sera visé par les employés et remis au
conducteur lors du départ.

37. Les employés procéderont, avant l'enlèvement, à la
reconnaissance des sucres déclarés et à la pesée des colis,

qui seront immédiatement plombés aux frais des fabricants ; ces frais sont fixés à vingt-cinq centimes par plomb, y compris la ficelle.

Nonobstant la prescription de l'article 35, la déclaration sera admise moins de huit ou de vingt-quatre heures avant l'enlèvement, lorsque le fabricant aura d'avance fait vérifier et plomber le colis.

38. Tout fabricant qui, sans avoir fait plomber les colis à l'avance, aura expédié les sucres avant l'heure déclarée pour l'enlèvement, sera, indépendamment de l'amende, tenu de payer le droit sur la quantité totale, au taux du tarif pour le sucre du troisième type, s'il ne raffine pas, ou au taux fixé pour les sucres en pains mélis ou quatre-cassons, s'il est en même temps raffineur.

Les fabricants pourront faire partir les sucres sans attendre la vérification, et sans encourir aucune surtaxe, si les employés ne se présentent pas avant l'heure déclarée pour l'enlèvement.

39. Les sucres imparfaits, sirops et mélasses, ne pourront être enlevés qu'à destination d'une autre fabrique, d'une distillerie ou à celle de magasins appartenant à des négociants ou commissionnaires, lesquels seront assujettis à l'exercice et au cautionnement, en conformité de l'article 38 de la loi du 21 avril 1832, comme les entrepositaires de boissons.

Les quantités ainsi expédiées seront soumises, à l'enlèvement, aux formalités prescrites par les articles 35, 36 et 37 ci-dessus ; elles seront portées en décharge au compte de l'expéditeur, et prises en charge au compte du destinataire, après évaluation de gré à gré de la quantité de sucre au premier type qu'elles contiendront.

40. Tout négociant ou commissionnaire qui, aux termes de l'article précédent, aura reçu, sans payement de droits, des sucres imparfaits, sirops ou mélasses, sera tenu d'acquitter la taxe fixée pour le sucre au premier type sur le

poids réel, sans réfaction des quantités qui, lors des recensements et inventaires ; formeraient déficit sur les prises en
charge.

41. Lorsque des sucres libérés d'impôts, enlevés de tout
autre lieu que d'une fabrique ou des magasins désignés en
l'article 30, devront circuler dans un rayon de fabrique, il
sera délivré dans les bureaux de la régie, sur la justification
du payement du droit et sur la représentation des sucres,
un acquit-à-caution pour régulariser le transport en franchise.

Dans ce cas, il sera fait application des dispositions des
articles 34, 35, 36 et 37.

Néanmoins, le transport des quantités de vingt à cent
kilogrammes enlevées de chez les vendants en détail pourra
être effectué avec un laissez-passer, qui sera délivré au bureau de la régie.

Au-dessous de vingt kilogrammes, les quantités qui ne
seront enlevées ni des fabriques ni des raffineries de sucre
pourront circuler sans expédition.

42. Tout ce qui concerne les acquits-à-caution délivrés
pour le transport des sucres, sirops et mélasses, sera réglé
suivant les dispositions de la loi du 22 août 1791.

Toutefois, la peine encourue en cas de non-rapport du
certificat de décharge d'un acquit-à-caution ne sera que du
simple droit au lieu du double, lorsque, déjà, un droit aura
été payé par l'expéditeur ou constaté à son compte.

Le coût de chaque acquit-à-caution sera de 25 centimes,
timbre compris.

43. Tout conducteur d'un chargement de sucres accompagnés d'un acquit-à-caution délivré par la régie des contributions indirectes sera affranchi de l'obligation de lever un
passavant pour circuler dans les lignes soumises à la surveillance des douanes.

TITRE V.

PAYEMENT DU DROIT.

44. Les fabricants de sucre seront tenus de payer, chaque mois, les droits dus sur les quantités dont l'enlèvement aura été effectué, déduction faite de la tare réelle et d'une bonification de 2 p. o/o du poids net.

Les sommes dues pourront être payées en obligations dûment cautionnées, à quatre mois de terme du jour où le droit sera exigible, pourvu que chaque obligation soit au moins de 300 francs.

Les fabricants qui voudront se libérer au comptant, au lieu de souscrire des obligations, jouiront, pour le temps que celles-ci auraient eu à courir, d'un escompte calculé à raison de 4 p. o/o par an.

TITRE VI.

DISPOSITIONS GÉNÉRALES ET PÉNALITÉS.

45. Pour la pesée des sucres dans les formes et cristallisoirs, pour les recensements et les inventaires, ainsi que pour la vérification des chargements au départ ou à l'arrivée, les fabricants, les expéditeurs et les destinataires seront tenus de fournir les ouvriers, de même que les poids, balances et autres ustensiles nécessaires, à l'effet d'opérer la pesée et de reconnaître la nuance des sucres.

Les fabricants seront tenus également de fournir aux employés les ouvriers, l'eau, les vases et ustensiles nécessaires pour vérifier, au moyen de l'empotement, la contenance des vaisseaux par eux déclarés.

46. Dans tous les cas où il y aura lieu d'évaluer la quantité de sucre au premier type contenue dans des sucres imparfaits, sirops ou mélasses, ou dans des sucres qui auront déjà été soumis à l'impôt, et lorsque la régie et le fabricant ne pourront s'accorder pour cette évaluation, il y sera, sur le vu des échantillons, procédé par deux experts que nom-

meront les parties, et qui seront choisis parmi les fabricants, raffineurs ou chimistes.

S'il y a partage, les experts s'adjoindront un tiers expert pour les départager; s'ils ne s'accordent pas sur le choix, il y sera pourvu par le président du tribunal de première instance.

Les frais de l'expertise seront à la charge de la partie dont la prétention aura été reconnue mal fondée.

47. Conformément à l'article 2 de la loi du 11 juin 1842, toute contravention aux dispositions de la présente ordonnance sera punie des peines prononcées par l'article 12 de la loi du 10 août 1839, lesquelles consistent dans l'amende de 100 à 600 francs (article 3 de la loi du 18 juillet 1837) et dans la confiscation des sucres, sirops et mélasses fabriqués, enlevés ou transportés en fraude.

48. Les contraventions aux dispositions des lois et règlements concernant la perception du droit imposé sur le sucre seront constatées et poursuivies dans les formes propres à l'administration des contributions indirectes.

49. Les ordonnances réglementaires des 4 juillet 1838 et 24 août 1840 sont et demeurent abrogées.

LOI DU 2 JUILLET 1843.

ART. 1er. Le droit de fabrication sur le sucre indigène, établi par la loi du 18 juillet 1837, sera porté progressivement au même taux que le droit payé à l'importation des sucres des colonies françaises d'Amérique.

A cet effet, à partir du 1er août 1844, ce droit sera augmenté, pendant quatre années successives, de 5 francs par an sur le sucre indigène au premier type et de nuances inférieures.

2. Au 1er août prochain, les trois types déterminés par l'article 5 de la loi du 3 juillet 1840, pour la classification des sucres indigènes, seront réduits à deux.

Le droit établi par ladite loi et par l'article précédent, pour le premier type et les nuances inférieures, sera accru :

1° D'un dixième pour les sucres au-dessus du premier type, jusqu'au deuxième inclusivement;

2° De deux dixièmes pour les sucres d'une nuance supérieure au deuxième type, et pour les sucres en pains inférieurs aux mélis ou quatre cassons;

3° De trois dixièmes pour les sucres en pains mélis ou quatre cassons et les sucres candis.

3. A la même époque, les droits à percevoir sur les sucres coloniaux seront établis d'après des types semblables à ceux qui seront formés pour les sucres indigènes.

La surtaxe des sucres supérieurs aux sucres bruts autres que blancs (premier type) sera égale à celle que supporteront les sucres indigènes de qualités correspondantes.

L'importation des sucres raffinés demeure prohibée.

4. Le droit sur les glucoses à l'état de sirop et à l'état concret est fixé à 2 francs par cent kilogrammes.

5. Les droits établis sur les sucres indigènes seront appliqués aux glucoses granulées présentant l'apparence des sucres cristallisables.

6. Le Gouvernement continuera à déterminer, par des règlements d'administration publique, les mesures nécessaires pour assurer la perception du droit imposé par la présente loi sur les sucres indigènes, les glucoses ou matières saccharines non cristallisables.

Ces règlements devront être présentés dans la prochaine session des Chambres pour être convertis en lois.

TARIF

DES DROITS À PERCEVOIR SUR LE SUCRE INDIGÈNE, EN EXÉCUTION DE LA LOI
DU 2 JUILLET 1843.

DÉSIGNATION des ESPÈCES DE SUCRES.	TYPES, NUANCES ET QUALITÉS.	TAXE EN PRINCIPAL, PAR 100 KILOGRAMMES, au 1er août de chacune des années.				
		1843.	1844.	1845.	1846.	1847.
Sucre de betterave et tous les autres sucres cristallisables.	Sucres au premier type et toutes les nuances inférieures.......	25f00c	30f00c	35f00c	40f00c	45f00c
	Sucres au-dessus du premier type et jusqu'au deuxième type inclusivement..............	27 50	33 00	38 50	44 00	49 50
	Sucres d'une nuance supérieure au deuxième type, et sucres en pains inférieurs aux mélis ou quatre cassons...........	30 00	36 00	42 00	48 00	54 00
	Sucres en pains mélis ou quatre cassons et sucres candis......	32 50	39 00	45 50	52 00	58 50
Glucoses et tous les autres sucres non cristallisables.	Sirops et sucre concret........	2 00	2 00	2 00	2 00	2 00
	Glucoses granulées..........	25 00	30 00	35 00	40 00	45 00

ORDONNANCE DU 7 AOUT 1843.

TITRE PREMIER.

FABRIQUES DE SUCRE DE BETTERAVE ET AUTRES SUCRES CRISTALLI
SABLES.

ART. 1er. Pour l'application des droits imposés sur le sucre
indigène, il sera établi deux types par notre ministre de
l'agriculture et du commerce, sur l'avis de la chambre du
commerce de Paris.

Le premier type sera formé de sucre d'une nuance égale à celle du sucre connu dans le commerce sous la désignation de *bonne quatrième*.

Le deuxième type sera formé de sucre de nuance supérieure, et dont la valeur excédera d'un sixième environ celle du sucre au premier type.

2. Dans tous les comptes, les sucres achevés seront ramenés au premier type, en ajoutant :

1° Un dixième aux quantités de sucre au-dessus du premier type, jusqu'au deuxième type inclusivement;

2° Deux dixièmes pour les sucres d'une nuance supérieure au deuxième type et pour les sucres en pains inférieurs aux mélis ou quatre cassons;

3° Enfin, trois dixièmes pour les sucres en pains mélis ou quatre cassons et pour les sucres candis.

3. Les sucres raffinés en pains, et les sucres candis libérés d'impôt et enlevés de tout autre lieu que d'une fabrique ou de magasins appartenant à un fabricant, seront dispensés de toute formalité à la circulation dans le rayon de surveillance déterminé par les articles 32 et 33 de l'ordonnance du 16 août 1842, sans préjudice des obligations imposées à la circulation dans le rayon des douanes.

La circulation des sucres de toute espèce, et quelle qu'en soit l'origine, sera également affranchie de toute formalité dans l'intérieur des villes assujetties à un droit d'octroi perçu à l'effectif aux entrées et dans lesquelles il n'y aura aucune fabrique de sucre.

4. Il sera ouvert à Paris, sous la surveillance de l'administration des contributions indirectes, un entrepôt réel pour les sucres indigènes.

Les fabricants qui voudront être dispensés de payer, au départ, les droits sur les sucres provenant de leur fabrication, seront tenus de se munir d'un acquit-à-caution à destination dudit entrepôt.

A la sortie des sucres de l'entrepôt, ou après un séjour

de trois ans , les droits seront acquittés comme ils l'auraient été en fabrique.

La désignation du local où l'établissement de l'entrepôt spécial des sucres indigènes sera autorisé, ainsi que le règlement sur son régime intérieur, seront soumis à l'approbation de notre ministre des finances.

TITRE II.

FABRIQUES DE GLUCOSES ET AUTRES SUCRES NON CRISTALLISABLES.

§ I. — Obligations des fabricants.

5. A partir de la promulgation de la présente ordonnance, et, à l'avenir, un mois avant de commencer la fabrication, toute personne qui exploitera une fabrique de glucoses ou autres sucres non cristallisables sera tenue d'en faire la déclaration par écrit au bureau des contributions indirectes. Cette déclaration contiendra la description des locaux , ateliers, magasins et autres dépendances de la fabrique , enclavés dans la même enceinte.

A l'extérieur du bâtiment principal de l'établissement seront inscrits les mots : *Fabrique de glucose.*

6. Lesdits fabricants seront tenus de déclarer, en outre, le nombre et la capacité des chaudières ou cuves à saccharifier, à concentrer et à cuire, des rafraîchissoirs , des citernes et réservoirs , et généralement de tous les vases existant dans la fabrique et destinés à contenir des sirops de glucoses;

Les contenances seront vérifiées métriquement; s'il y a contestation, elles le seront par empotement.

7. Le fabricant fera marquer distinctement tous les vaisseaux déclarés.

Chacun des vaisseaux recevra un numéro d'ordre et l'indication de sa contenance en litres.

Les numéros des vaisseaux et l'indication des contenances seront peints à l'huile, en caractères ayant au moins cinq centimètres de hauteur.

8. Il est défendu de changer, modifier ou altérer la contenance des chaudières, citernes et autres vaisseaux jaugés ou épalés, ou d'en établir de nouveaux, sans en avoir fait la déclaration par écrit, au bureau de la régie vingt-quatre heures d'avance.

Le fabricant ne pourra faire usage desdits vaisseaux qu'après que leur contenance aura été vérifiée conformément à l'article précédent.

9. La régie des contributions indirectes est autorisée à exiger que les fabriques de glucose et leurs dépendances n'aient qu'une entrée habituellement ouverte. Les autres portes seront fermées à deux clefs; une de ces clefs sera remise aux employés, et ces portes ne pourront être ouvertes qu'en leur présence.

Elle pourra de même exiger que les jours et fenêtres donnant immédiatement et directement sur la voie publique ou sur les propriétés voisines soient garnis d'un treillis de fer dont les mailles devront avoir cinq centimètres d'ouverture au plus. Toutefois, elle ne pourra requérir l'application de cette mesure aux jours et fenêtres des maisons d'habitation renfermées dans l'enceinte des fabriques qu'après une contravention constatée.

Toute communication intérieure des lieux déclarés par le fabricant avec les maisons voisines non occupées par lui est interdite et devra être scellée.

10. Un local convenable, de douze mètres carrés au moins, sera disposé par le fabricant, sur la demande qui en sera faite par la régie, près de la porte d'entrée, pour servir de bureau aux employés. Il devra être pourvu de table, de chaises, d'un poêle ou d'une cheminée, et d'une armoire fermant à clef, afin que lesdits employés puissent, s'il y a lieu, s'y établir en permanence.

Le loyer de ce bureau sera supporté par l'administration

et fixé de gré à gré, ou, à défaut de fixation amiable, réglé par le préfet.

11. Immédiatement après la promulgation de la présente ordonnance, et, à l'avenir, trois jours au moins avant l'ouverture des travaux, lesdits fabricants déclareront au bureau de la régie,

1° Les heures de travail pour chaque jour de la semaine;

2° La nature des produits qu'ils doivent fabriquer.

Tout changement dans le régime de la fabrique, en ce qui concerne les jours et les heures de travail et la nature des produits, sera précédé d'une nouvelle déclaration.

Lorsque le fabricant voudra suspendre ou cesser les travaux de sa fabrique, il devra également le déclarer. Il sera tenu de faire une nouvelle déclaration trois jours au moins avant la reprise des travaux.

12. Aucune introduction de fécule sèche ou verte ou de toute autre matière saccharifère, de glucoses ou de sucre, ne pourra avoir lieu dans les fabriques de glucose qu'après que le fabricant en aura fait la déclaration au bureau de la régie, quatre heures au moins d'avance dans les villes, et huit heures dans les campagnes.

Cette déclaration énoncera le poids et l'espèce des matières à introduire, lesquelles seront, après vérification, prises en charge par les employés.

Les quantités introduites sans déclaration seront saisies.

13. Les fabricants tiendront un registre à colonnes imprimé sur papier libre, que leur fournira gratuitement l'administration des contributions indirectes, et sur lequel ils indiqueront, chaque jour, au fur et à mesure que les opérations auront lieu, et sans interruption ni lacune :

1° Le numéro des cuves ou chaudières dans lesquelles se fera la décomposition ou saccharification; l'heure où l'on commencera et celle où l'on cessera d'y verser la fécule; enfin, les quantités de fécule décomposées;

2° L'heure à laquelle le sirop concentré sera mis dans les tonneaux ou autres vases destinés à le recevoir, le nombre de vaisseaux qui auront été remplis et les quantités de sirop provenant de chaque cuite.

14. Les fabricants sont soumis aux visites et vérifications des employés, conformément aux articles 235 et 236 de la loi du 28 avril 1816, et tenus de leur ouvrir, à toute réquisition, leurs fabriques, ateliers, magasins, greniers, maisons, caves et celliers, et tous autres bâtiments enclavés dans la même enceinte que la fabrique ou y attenant, ainsi que de leur représenter les fécules, glucoses, sucres, sirops, mélasses et autres matières saccharifères qu'ils auront en leur possession.

15. La fabrication de la fécule, la distillation des jus et sirops, et la préparation de tout produit dans lequel le sucre ou la glucose entrerait comme élément de fabrication, sont interdites dans l'enceinte des fabriques.

A l'avenir, aucun appareil de distillation de mélasse ne pourra être établi dans ladite enceinte.

16. Tant qu'un fabricant conservera des fécules, des glucoses, des sucres, des sirops, des mélasses ou autres matières saccharifères, la déclaration qu'il fera de cesser ses travaux n'aura pour effet de l'affranchir des obligations imposées aux fabricants de sucre, y compris le payement de la licence, que s'il paye immédiatement les droits sur les produits achevés, et s'il expédie les produits imparfaits, sirops et mélasses sur un autre établissement, où ils seront soumis à la prise en charge.

§ II. — Mode d'exercice.

17. Il sera tenu par les préposés, pour chaque fabrique, un compte des fécules introduites et employées, ainsi qu'un compte général des sirops et glucoses à l'état concret ou granulé provenant de la fabrication ou de l'extérieur.

Les quantités de glucoses granulées ou à l'état concret

de sirop, de matières ayant subi la décomposition ou saccharification, qui existeront dans les fabriques à la promulgation de la présente ordonnance, seront inventoriées et
prises en charge pour mémoire; il en sera donné décharge
à mesure des sorties, sans payement du droit.

18. Quels que soient les procédés et les produits de la
fabrication, le compte général du fabricant sera chargé, au
minimum, de 100 kilogrammes de glucose, soit granulée,
soit à l'état concret ou en sirop, par 100 kilogrammes de
fécule de pommes de terre sèche, ou par 150 kilogrammes
de même fécule verte, employés ou manquants.

19. Pour les fabriques de sucres non cristallisables qui
n'emploient pas la fécule de pommes de terre comme matière première, le rendement, au minimum, sera déterminé,
sur le rapport de notre ministre des finances, par une ordonnance portant règlement d'administration publique.

20. Les employés vérifieront et prendront en compte, à
chaque exercice, le volume des sirops qui auront été versés
dans les tonneaux ou autres vaisseaux depuis l'exercice précédent; ils marqueront lesdits vaisseaux au moment de la
prise en charge.

En cas de soustraction de tout ou partie des sirops pris
en compte, la contravention sera constatée par un procès-
verbal.

21. Tout fabricant qui voudra remettre en fabrication
des sirops ou glucoses pris en charge sera tenu, pour éviter
tout double emploi, de faire, la veille, aux employés exerçants, une déclaration dans laquelle il indiquera, pour
toute la journée du lendemain,

1° La nature et la quantité des sirops ou glucoses qu'il
devra refondre;

2° Les vaisseaux dans lesquels ils seront contenus.

Il sera procédé à la refonte des sirops ou glucoses en
présence des employés, qui en constateront le poids et en
donneront décharge au compte.

Les produits de la refonte seront repris en charge conformément à l'article 20.

22. L'administration accordera un dégrèvement sur la prise en charge toutes les fois qu'il résultera, d'accidents dûment constatés par les employés, qu'il y a eu perte matérielle de fécules, de sirops ou de glucoses.

23. Seront saisis tous les sucres, glucoses, sirops, mélasses et fécules recélés dans les magasins ou dépôts non déclarés et appartenant aux fabricants.

§ III. — Formalités à l'enlèvement et à la circulation.

24. Les dispositions du titre IV de l'ordonnance du 16 août 1842, concernant les formalités à l'enlèvement et à la circulation, seront appliquées aux glucoses granulées.

Pour les glucoses à l'état de sirop ou à l'état concret, le fabricant sera tenu, quatre heures au moins avant l'enlèvement dans les villes, et huit heures dans les campagnes, de déclarer au bureau de la régie les quantités, qualités et espèces des glucoses qu'il voudra expédier, et de se munir d'un laissez-passer, que le conducteur du chargement devra représenter à toute réquisition des employés, dans un rayon de cinq cents mètres autour de la fabrique.

§ IV. — Payement du droit.

25. Les fabricants de glucoses seront tenus de payer, chaque mois, les droits dus sur les quantités dont l'enlèvement aura été effectué, déduction faite de la tare réelle et d'une bonification de 2 p. 0/0 du poids net.

Les sommes dues pourront être payées en obligations dûment cautionnées, à quatre mois de terme du jour où le droit sera exigible, pourvu que chaque obligation soit au moins de 300 francs.

Les fabricants qui voudront se libérer au comptant, au lieu de souscrire des obligations, jouiront, pour le temps

12.

que celles-ci auraient eu à courir, d'un escompte calculé à raison de 4 p. o/o par an.

§ V. — Dispositions générales et pénalités.

26. Pour la pesée des sirops et glucoses, pour les recensements et les inventaires, ainsi que pour la vérification des chargements au départ ou à l'arrivée, les fabricants, les expéditeurs et les destinataires seront tenus de fournir les ouvriers, de même que les poids, balances et tous autres ustensiles nécessaires

Les fabricants seront tenus également de fournir aux employés les ouvriers, l'eau, les vases et ustensiles nécessaires pour vérifier, au moyen de l'empotement, la contenance des vaisseaux par eux déclarés.

27. Conformément à l'article 2 de la loi du 11 juin 1842, toute contravention aux dispositions de la présente ordonnance sera punie des peines prononcées par l'article 12 de la loi du 10 août 1839, lesquelles consistent dans l'amende de 100 à 600 francs (article 3 de la loi du 18 juillet 1837), et dans la confiscation des fécules, sirops, glucoses, sucres ou mélasses introduits, fabriqués, enlevés ou transportés en fraude.

28. Les contraventions aux dispositions des lois et règlements concernant la perception du droit imposé sur les glucoses seront constatées et poursuivies dans les formes propres à l'administration des contributions indirectes.

29. Sont compris sous la dénomination de glucose, pour l'application de la présente ordonnance, tous les produits saccharins non cristallisables, quelle que soit la matière première dont ils seront extraits.

30. A partir du 1er août 1843, le droit sur les sucres indigènes de toute espèce sera perçu, en principal, conformément au tarif ci-annexé.

31. Les dispositions des articles 1 et 19 de notre ordonnance du 16 août 1842 sont abrogées.

GARANTIE.

DÉCLARATION DU ROI DU 26 JANVIER 1749.

Art. 14. Enjoignons à tous orfévres, joailliers, fourbisseurs, merciers, graveurs et autres, travaillant et trafiquant des ouvrages d'or et d'argent, de tenir des registres cotés et paraphés par l'un des officiers de l'élection, dans lesquels ils enregistreront, jour par jour, par poids et espèce, la vaisselle et autres ouvrages vieux ou réputés vieux suivant l'article 3, qu'ils achèteront pour leur compte ou pour les revendre, ceux qui leur seront portés pour les raccommoder, ou donnés en nantissement pour modèle ou dépôt, ou sous quelque autre prétexte que ce puisse être, et ce à l'instant que lesdits ouvrages leur auront été apportés, ou qu'ils les auront achetés; seront aussi tenus de faire mention, dans ledit enregistrement, de la nature et la qualité des ouvrages et des armes qui y seront gravées, des noms et demeures des personnes à qui ils appartiennent, sans qu'ils puissent travailler aux ouvrages qui leur auraient été apportés pour les raccommoder, qu'ils ne les aient portés sur leurs registres, le tout à peine de confiscation et de trois cents livres d'amende.

16. Seront tenus lesdits orfévres et autres de rayer sur leurs registres les ouvrages qui y auraient été portés en exécution de l'article 14, à mesure qu'ils les rendront; et, dans le cas où ils ne rendraient pas en même temps tous ceux contenus en un seul article, ils feront mention à la marge des pièces qu'ils auront rendues, par espèces, poids et qualités, et représenteront aux commis du fermier, lors de leurs visites, le surplus des pièces restant entre leurs mains, ou indiqueront les

ouvriers auxquels ils les auront donnés pour les raccommoder, le tout à peine de cent livres d'amende.

17. Lesdits orfévres et autres travaillant et trafiquant
des ouvrages d'or et d'argent, seront tenus de faire marquer et de payer les droits des ouvrages qu'ils achèteront
pour leur compte, soit pour les revendre, soit pour leur
usage particulier, et ce dans vingt-quatre heures après qu'ils
auront porté lesdits ouvrages sur leurs registres, ainsi qu'il
est prescrit ci-dessus. A l'égard des ouvrages qu'ils auront
achetés et qui ne seront pas en état d'être vendus, ou qu'ils
ne voudraient pas vendre ou prendre pour leur compte, ils
seront tenus de les rompre et briser dans l'instant, en sorte
que lesdits ouvrages soient hors d'état de servir à aucun
usage : le tout à peine de confiscation et de trois cents livres
d'amende.

LOI DU 19 BRUMAIRE AN VI.

TITRE PREMIER.
SECTION PREMIÈRE. — DES TITRES DES OUVRAGES D'OR ET D'ARGENT.

Art. 1er. Tous les ouvrages d'orfévrerie et d'argenterie
fabriqués en France doivent être conformes aux titres prescrits par la loi, respectivement suivant leur nature.

2. Ces titres, ou la quantité de fin contenue dans chaque
pièce, s'exprimeront en millièmes. Les anciennes dénomi-
nations de carats et de deniers, pour exprimer le degré de
pureté des métaux précieux, n'auront plus lieu.

3. Il est cependant permis, pendant un an, à compter de
la date de la présente loi, d'employer dans les actes ou écrits
qui sont dans le cas de passer sous les yeux d'un officier
public, les anciennes expressions de *carats*, *deniers*, ou leurs
subdivisions, mais seulement à la suite du nombre de millièmes qui devra exprimer la vraie qualité du métal précieux.

4. Il y a trois titres légaux pour les ouvrages d'or, et deux pour les ouvrages d'argent; savoir, pour l'or :

Le premier, de 920 millièmes (ou 22 karats $\frac{2}{32}$ et $\frac{1}{2}$ environ);

Le second, de 840 millièmes (20 carats $\frac{5}{32}$ et $\frac{1}{8}$),

Le troisième, de 750 millièmes (18 carats);

Et pour l'argent,

Le premier, de 950 millièmes (11 deniers 9 grains $\frac{7}{10}$);

Le second, de 800 millièmes (9 deniers 11 grains $\frac{1}{2}$).

5. La tolérance des titres pour l'or est de trois millièmes; celle des titres pour l'argent est de cinq millièmes.

6. Les fabricants peuvent employer, à leur gré, l'un des titres mentionnés à l'article 4, respectivement pour les ouvrages d'or et d'argent, quelle que soit la grosseur ou l'espèce des pièces fabriquées.

SECTION DEUXIÈME. — DES POINÇONS.

7. La garantie du titre des ouvrages et matières d'or et d'argent est assurée par des poinçons; ils sont appliqués sur chaque pièce ensuite d'un essai de la matière, et conformément aux règles établies ci-après.

8. Il y a, pour marquer les ouvrages tant en or qu'en argent, trois espèces principales de poinçons, savoir :

Celui du fabricant,

Celui du titre,

Et celui du bureau de garantie.

Il y a d'ailleurs deux petits poinçons, l'un pour les menus ouvrages d'or, l'autre pour les menus ouvrages d'argent trop petits pour recevoir l'empreinte des trois espèces de poinçons précédentes.

Il y a de plus un poinçon particulier pour les vieux ouvrages dits *de hasard*[1];

Un autre pour les ouvrages venant de l'étranger ;

---

[1] Supprimé par l'article 2 de l'ordonnance du 5 mai 1819.

Une troisième sorte pour les ouvrages doublés ou plaqués d'or et d'argent;

Une quatrième sorte, dite *poinçon de recense*, qui s'applique par l'autorité publique, lorsqu'il s'agit d'empêcher l'effet de quelque infidélité relative aux titres et aux poinçons;

Enfin, un poinçon particulier pour marquer les lingots d'or ou d'argent affinés.

9. Le poinçon du fabricant porte la lettre initiale de son nom, avec un symbole : il peut être gravé par tel artiste qu'il lui plaît de choisir, en observant les formes et proportions établies par l'administration des monnaies.

10. Les poinçons de titre ont pour empreinte un coq, avec l'un des chiffres arabes 1, 2, 3, indicatif des premier, second et troisième titres, fixés dans la précédente section. Ces poinçons sont uniformes dans toute la République; chaque sorte de ces poinçons a, d'ailleurs, une forme particulière qui la différencie aisément à l'œil.

11. Le poinçon de chaque bureau de garantie a un signe caractéristique particulier, qui est déterminé par l'administration des monnaies.

Ce signe est changé toutes les fois qu'il est nécessaire, pour prévenir les effets d'un vol ou d'une infidélité.

12. Le petit poinçon destiné à marquer les menus ouvrages d'or a pour empreinte une tête de coq; celui pour les menus ouvrages d'argent porte un faisceau.

13. Le poinçon de vieux, destiné uniquement à marquer les ouvrages dits *de hasard*, représente une hache.

Celui pour marquer les ouvrages venant de l'étranger contient les lettres E T.

14. Le poinçon de chaque fabricant de doublé ou de plaqué a une forme particulière déterminée par l'administration des monnaies. Le fabricant ajoute, en outre, sur chacun de ses ouvrages, des chiffres indicatifs de la quantité d'or et d'argent qu'il contient.

15. Le poinçon de recense est également déterminé par

l'administration des monnaies, qui le différencie à raison des circonstances.

16. Le poinçon destiné à marquer les lingots d'or ou d'argent affinés est aussi déterminé par l'administration des monnaies : il est uniforme dans toute la France.

17. Tous les poinçons désignés dans les articles 10, 11, 12, 13, 15 et 16, sont fabriqués par le graveur des monnaies, qui les fait parvenir dans les divers bureaux de garantie, et en conserve les matrices.

Le poinçon destiné pour les lingots affinés n'est déposé que dans les bureaux de garantie dans l'arrondissement desquels il se trouve des affineurs, et à la chambre de délivrance de la monnaie de Paris pour l'affinage national.

18. Lorsqu'on ne fait point usage de ces poinçons, ils sont enfermés dans une caisse à trois serrures, et sous la garde des employés des bureaux de garantie, comme il sera dit ci-après.

19. Les fabricants de faux poinçons, et ceux qui en feraient usage, seront condamnés à dix années de fers, et leurs ouvrages confisqués.

20. Les poinçons servant actuellement à constater les titres et l'acquit des droits de marque seront biffés immédiatement après que les poinçons ordonnés par la présente loi seront en état d'être employés.

TITRE II.

DES DROITS DE GARANTIE SUR LES OUVRAGES ET MATIÈRES D'OR ET D'ARGENT.

21. Il sera perçu un droit de garantie sur les ouvrages d'or et d'argent de toute sorte, fabriqués à neuf.

Ce droit sera de vingt francs par hectogramme (trois onces deux gros douze grains) d'or, et d'un franc par hectogramme d'argent, non compris les frais d'essai ou de touchau.

22. Il ne sera rien perçu sur les ouvrages d'or et d'argent dits *de hasard*, remis dans le commerce ; ils ne sont

assujettis qu'à être marqués une seule fois du poinçon de vieux, ordonné par l'article 8 de la présente loi.

23. Les ouvrages d'or et d'argent venant de l'étranger devront être présentés aux employés des douanes sur les frontières de la République, pour y être déclarés, pesés, plombés et envoyés au bureau de garantie le plus voisin, où ils seront marqués du poinçon E T, et payeront des droits égaux à ceux qui sont perçus pour les ouvrages d'or et d'argent fabriqués en France.

Sont exceptés des dispositions ci-dessus, 1° les objets d'or et d'argent appartenant aux ambassadeurs et envoyés des puissances étrangères;

2° Les bijoux d'or à l'usage personnel des voyageurs et les ouvrages en argent servant également à leur personne, pourvu que leur poids n'excède pas en totalité cinq hectogrammes (16 onces 2 gros 60 grains $\frac{1}{2}$).

24. Lorsque les ouvrages d'or et d'argent venant de l'étranger, et introduits en France en vertu des exceptions de l'article précédent, seront mis dans le commerce, ils devront être portés aux bureaux de garantie, pour y être marqués du poinçon destiné à cet effet; et il sera payé, pour lesdits ouvrages, le même droit que pour ceux fabriqués en France.

25. Lorsque les ouvrages neufs d'or et d'argent fabriqués en France, et ayant acquitté les droits, sortiront de la République comme vendus ou pour l'être à l'étranger, les droits de garantie seront restitués au fabricant, sauf la retenue d'un tiers.

26. Cette restitution sera faite par le bureau de garantie qui aura perçu les droits sur lesdits ouvrages, ou, à défaut de fonds, par une traite *sur le bureau de garantie de Paris.* Cette restitution n'aura lieu cependant que sur la représentation d'un certificat de l'administration des douanes, muni de son sceau particulier, et qui constate la sortie de France desdits ouvrages.

Ce certificat devra être rapporté dans le délai de trois mois.

27. Le directoire exécutif désignera les communes maritimes et continentales par lesquelles il sera permis de faire sortir de la République les ouvrages d'or et d'argent.

28. Les ouvrages déposés au mont-de-piété, et dans les autres établissements destinés à des ventes ou à des dépôts de ventes, sont assujettis à payer les droits de garantie, lorsqu'ils ne les ont pas acquittés avant le dépôt.

29. Les lingots d'or et d'argent affinés payeront un droit de garantie avant de pouvoir être mis dans le commerce [1].

Ce droit sera, pour l'or, de 8 francs 18 centimes par kilogramme (ou 2 francs par marc);

Et pour l'argent, de 2 francs 4 centimes par kilogramme (ou 10 sous par marc).

Les lingots dits *de tirage* ne payeront qu'un droit de 82 centimes par kilogramme (ou 4 sous par marc).

TITRE III.

SUPPRESSION DES MAISONS COMMUNES D'ORFÉVRES.

30. Les maisons communes d'orfévres sont supprimées; leurs biens et effets sont déclarés appartenant à la nation.

31. Les employés des bureaux de ces maisons continueront d'exercer leurs fonctions jusqu'au complément de l'organisation prescrite par la présente loi.

32. Il sera fait inventaire des registres et papiers à l'usage de ces bureaux, ainsi que des ustensiles et effets, pour les papiers et registres être envoyés à l'administration des monnaies, et les ustensiles et effets être mis sous la surveillance des administrations de département, jusqu'à ce qu'il puisse en être fait un emploi avantageux à la République.

33. Les quatre invalides orfévres qui habitent actuellement la maison commune des orfévres à Paris seront placés

---

[1] Voir l'arrêté du 19 messidor an IX.

aux incurables ; le ministre de l'intérieur est chargé d'effectuer ce transport.

TITRE IV.
DES BUREAUX DE GARANTIE.

34. Il y aura des bureaux de garantie établis pour faire l'essai et constater les titres des ouvrages d'or, et d'argent, ainsi que des lingots de ces matières qui y seraient apportés, et pour percevoir, lors de la marque de ces ouvrages ou matières, les droits imposés par la loi.

35. Ces bureaux seront placés dans les communes où ils seront le plus avantageux au commerce ; le nombre en est fixé provisoirement à deux cents au plus pour toute la France. Le placement de ces bureaux et les lieux compris dans leur arrondissement seront déterminés par le directoire exécutif, sur la demande motivée des administrations de département, et sur l'avis de celle des monnaies.

36. Les bureaux de garantie seront composés de trois employés, savoir, un essayeur, un receveur et un contrôleur ; mais à Paris, et dans les autres communes populeuses, le ministre des finances pourra autoriser un plus grand nombre d'employés, à raison des besoins du commerce.

37. L'administration des monnaies surveillera les bureaux de garantie relativement à la partie d'art et au maintien de l'exactitude des titres des ouvrages d'or et d'argent mis dans le commerce.

38. La régie de l'enregistrement surveillera les bureaux de garantie relativement aux dépenses et au recouvrement des droits à percevoir [1].

39. L'essayeur de chaque bureau de garantie sera nommé par l'administration du département où ce bureau est placé ; mais il ne pourra en exercer les fonctions qu'après avoir

---

[1] La régie des contributions indirectes a remplacé celle de l'enregistrement. (Art. 80 de la loi du 5 ventôse an XII.)

oblenu de l'administration des monnaies un certificat de capacité, aux mêmes conditions prescrites par l'article LIX de la loi du 22 vendémiaire, sur l'organisation des monnaies.

40. La régie d'enregistrement nommera le receveur de chaque bureau de garantie, ou en fera faire les fonctions par l'un de ses préposés, dans les communes où cette cumulation de fonctions ne serait nuisible ni à l'un ni à l'autre service.

41. Les contrôleurs des bureaux de garantie seront nommés par le ministre des finances, sur la proposition de l'administration des monnaies[1].

42. Les essayeurs n'auront d'autre rétribution que celle qui leur est allouée pour les frais de chaque essai d'or et d'argent[2], ainsi qu'il sera dit dans le titre suivant.

·43. Les traitements des receveurs et des contrôleurs seront gradués à raison de l'importance et de l'étendue de leurs fonctions; ces traitements ne pourront excéder, savoir, 3,000 francs à Paris, 2,400 francs dans les communes au-dessus de 50,000 âmes, et 1.800 francs dans les autres.

44. L'essayeur se pourvoira, à ses frais, de tout ce qui est nécessaire à l'exercice de ses fonctions; l'administration des monnaies fournira au bureau les poinçons et la machine à estamper: les frais de registres et autres seront réglés par la régie de l'enregistrement, sous l'approbation du ministre des finances, l'administration du département procurera un local convenable au bureau, qui devra être placé, autant que possible, dans celui de la municipalité du lieu.

45. L'essayeur, le receveur et le contrôleur du bureau de garantie auront chacun une des clefs de la caisse dans laquelle seront renfermés les poinçons.

46. Les employés des bureaux qui calqueraient les poinçons, ou qui en feraient usage sans observer les formalités

[1] De concert avec l'administration des contributions indirectes. (Art. 3 de l'ordonnance du 5 mai 1820.)

[2] Voir l'article 1er de la loi du 13 germinal an VI.

prescrites par la loi, seront destitués et condamnés à un an de détention.

47. Aucun employé aux bureaux de garantie ne laissera prendre de calque ni ne donnera de description, soit verbale, soit par écrit, des ouvrages qui sont apportés au bureau, sous peine de destitution.

TITRE V.

DES FONCTIONS DES EMPLOYÉS DES BUREAUX DE GARANTIE.

48. L'essayeur ne recevra les ouvrages d'or et d'argent qui lui sont présentés pour être essayés et titrés que lorsqu'ils auront l'empreinte du poinçon du fabricant, et qu'ils seront assez avancés pour qu'en les finissant ils n'éprouvent aucune altération.

49. Les ouvrages provenant de différentes fontes devront être envoyés au bureau de garantie dans des sacs séparés, et l'essayeur en fera l'essai séparément.

50. Il n'emploiera, dans ses opérations, que les agents chimiques et substances provenant du dépôt établi dans l'hôtel des monnaies de Paris ; mais les frais de transport de ces substances et matières seront compris dans les frais d'administration du bureau.

51. L'essai sera fait sur un mélange des matières prises sur chacune des pièces provenant de la même fonte. Ces matières seront grattées ou coupées tant sur les corps des ouvrages que sur les accessoires, de manière que les formes et les ornements n'en soient pas détériorés.

52. Lorsque les pièces auront une languette forgée ou fondue avec leur corps, c'est en partie sur cette languette et en partie sur le corps de l'ouvrage que l'on fera la prise d'essai.

53. Lorsque les ouvrages d'or et d'argent seront à l'un des titres prescrits respectivement pour chaque espèce par l'article 4 de la présente loi, l'essayeur en inscrira la men-

tion sur un registre destiné à cet effet, et qui sera coté et paraphé par l'administration départementale : lesdits ouvrages seront ensuite donnés au receveur, avec un extrait du registre de l'essayeur, indiquant le titre trouvé.

54. Le receveur pèsera les ouvrages qui lui seront ainsi transmis, et percevra le droit de garantie qu'ils doivent, conformément à la loi. Il fera ensuite mention sur son registre, qui sera coté et paraphé comme celui de l'essayeur, de la nature des ouvrages, de leur titre, de leur poids, et de la somme qui lui aura été payée pour l'acquittement du droit ; enfin, il inscrira sur l'extrait du registre de l'essayeur, le poids des ouvrages, la mention de l'acquittement du droit, et remettra le tout au contrôleur.

55. Le contrôleur aura un registre coté et paraphé comme ceux de l'essayeur et du receveur : il y transcrira l'extrait du registre accompagnant chaque pièce à marquer, et, conjointement avec le receveur et l'essayeur, il tirera de la caisse à trois serrures le poinçon du bureau et celui indicatif du titre, soit de l'or, soit de l'argent, ou le poinçon dont les menus ouvrages doivent être revêtus, et il les appliquera en présence du propriétaire.

56. Les ouvrages d'or et d'argent qui, sans être au-dessous du plus bas des titres fixés par la loi, ne seraient pas précisément à l'un d'eux, seront marqués au titre légal immédiatement inférieur à celui trouvé par l'essai, ou seront rompus, si le propriétaire le préfère.

57. Lorsque le titre d'un ouvrage d'or ou d'argent sera trouvé inférieur au plus bas des titres prescrits par la loi, il pourra être procédé à un second essai, mais seulement sur la demande du propriétaire.

Si le second essai est confirmatif du premier, le propriétaire payera le double essai, et l'ouvrage lui sera remis après avoir été rompu en sa présence.

Si le premier essai est infirmé par le second, le propriétaire n'aura qu'un seul essai à payer.

58. En cas de contestation sur le titre, il sera fait une prise d'essai sur l'ouvrage, pour être envoyée, sous les cachets du fabricant et de l'essayeur, à l'administration des monnaies, qui la fera essayer dans son laboratoire, en présence de l'inspecteur des essais.

59. Pendant ce temps, l'ouvrage présenté sera laissé au bureau de la garantie, sous les cachets de l'essayeur et du fabricant; et lorsque l'administration des monnaies aura fait connaître le résultat de son essai, l'ouvrage sera définitivement titré et marqué conformément à ce résultat.

60. Si c'est l'essayeur qui se trouve avoir été en défaut, les frais de transport et d'essai seront à sa charge : au cas contraire, ils seront supportés par le propriétaire de l'objet.

61. Lorsqu'un ouvrage d'or, d'argent ou de vermeil, quoique marqué d'un poinçon indicatif de son titre, sera soupçonné de n'être pas au titre indiqué, le propriétaire pourra l'envoyer à l'administration des monnaies, qui le fera essayer avec les formalités prescrites pour l'essai des monnaies.

Si cet essai donne un titre plus bas, l'essayeur sera dénoncé aux tribunaux, et condamné, pour la première fois, à une amende de 200 francs; pour la seconde fois, à une amende de 600 francs ; et, la troisième fois, il sera destitué.

62. Le prix d'un essai d'or, de doré, et d'or tenant argent, est fixé à 3 francs, et celui d'argent à 80 centimes (16 sous).

63. Dans tous les cas, les cornets et boutons d'essai seront remis au propriétaire de la pièce.

64. L'essai des menus ouvrages d'or par la pierre de touche, sera payé 9 centimes par décagramme (deux gros quarante-quatre grains et demi environ) d'or.

65. Si l'essayeur soupçonne aucun des ouvrages d'or, de vermeil et d'argent, d'être fourré de fer, de cuivre, ou de toute autre matière étrangère, il le fera couper en présence du propriétaire. Si la fraude est reconnue, l'ouvrage sera

saisi et confisqué, et le délinquant sera dénoncé aux tribunaux, et condamné à une amende de vingt fois la valeur de l'objet.

Mais, dans le cas contraire, le dommage sera payé sur-le-champ au propriétaire, et passé en dépense comme frais d'administration.

66. Les lingots d'or et d'argent non affinés, qui seraient apportés à l'essayeur du bureau de garantie pour être essayés, le seront par lui, sans autres frais que ceux fixés par la loi pour les essais. Ces lingots, avant d'être rendus au propriétaire, seront marqués du poinçon de l'essayeur, qui, en outre, insculpera son nom, des chiffres indicatifs du vrai titre, et un numéro particulier.

L'essayeur fera mention de ces divers objets sur son registre, ainsi que du poids des matières essayées.

67. L'essayeur qui contreviendrait au précédent article serait condamné à une amende de 100 francs pour la première fois, de 200 francs pour la seconde, et, la troisième fois il serait destitué.

68. L'essayeur d'un bureau de garantie peut prendre, sous sa responsabilité, autant d'aides que les circonstances l'exigeront.

69. Le receveur et le contrôleur du bureau de garantie feront respectivement mention sur leurs registres de l'apposition qu'ils auront faite, soit du poinçon de vieux, soit de celui d'étranger, soit de celui de recense, sur les ouvrages qui auront dû en être revêtus, ainsi que du poinçon de garantie sur les lingots affinés, de la perception des droits qui aura pu en résulter, et du poids de chaque objet.

70. Le contrôleur visera les états de recettes et de dépenses du bureau.

71. Les employés des bureaux de garantie feront les recherches, saisies ou poursuites, dans les cas de contravention à la présente loi, comme il sera dit au titre VIII.

TITRE VI.

72. Les anciens fabricants d'ouvrages d'or et d'argent, et ceux qui voudront exercer cette profession, sont tenus de se faire connaître à l'administration de département et à la municipalité du canton où ils résident, et de faire insculper dans ces deux administrations leur poinçon particulier, avec leur nom, sur une planche de cuivre à ce destinée. L'administration de département veillera à ce que le même symbole ne soit pas employé par deux fabricants de son arrondissement.

73. Quiconque se borne au commerce d'orfévrerie, sans entreprendre la fabrication, n'est tenu que de faire sa déclaration à la municipalité de son canton, et est dispensé d'avoir un poinçon.

74. Les fabricants et marchands d'or et d'argent ouvrés ou non ouvrés auront, un mois au plus tard après la publication de la présente loi, un registre coté et paraphé par l'administration municipale, sur lequel ils inscriront la nature, le nombre, le poids et le titre des matières et ouvrages d'or et d'argent qu'ils achèteront ou vendront, avec les noms et demeure de ceux de qui ils les auront achetés.

75. Ils ne pourront acheter que de personnes connues ou ayant des répondants à eux connus.

76. Ils sont tenus de présenter leurs registres à l'autorité publique toutes les fois qu'ils en seront requis.

77. Ils porteront au bureau de garantie dans l'arrondissement duquel ils sont placés leurs ouvrages, pour y être essayés, titrés et marqués, ou, s'il y a lieu, être simplement revêtus de l'une des empreintes de poinçons prescrites à la deuxième section du titre Ier.

78. Ils mettront, dans le lieu le plus apparent de leur magasin ou boutique, un tableau énonçant les articles de la

présente loi, relatifs aux titres et à la vente des ouvrages d'or et d'argent.

79. Ils remettront aux acheteurs des bordereaux énonciatifs de l'espèce, du titre et du poids des ouvrages qu'ils leur auront vendus, et désignant si ce sont des ouvrages neufs ou vieux.

Ces bordereaux, préparés d'avance, et qui seront fournis au fabricant ou marchand par la régie de l'enregistrement, auront, dans toute la République, le même formulaire, qui sera imprimé : le vendeur y écrira à la main la désignation de l'ouvrage vendu, soit en or, soit en argent, son poids et son titre, distingué par ces mots *premier, second* ou *troisième*, suivant la réalité ; il y mettra de plus le nom de la commune où se fera la vente, avec la date et sa signature.

80. Les contrevenants à l'une des dispositions prescrites dans les huit articles précédents seront condamnés, pour la première fois, à une amende de 200 francs ; pour la seconde, à une amende de 500 francs, avec affiche, à leurs frais, de la condamnation, dans toute l'étendue du département ; la troisième fois, l'amende sera de 1,000 francs, et le commerce de l'orfévrerie leur sera interdit, sous peine de confiscation de tous les objets de leur commerce.

81. Les articles 73, 74, 75, 76, 78, 79 et 80 sont applicables aux fabricants et marchands de galons, tissus, broderies ou autres ouvrages en fils d'or ou d'argent.

Ceux qui vendraient pour fins des ouvrages en or ou argent faux, encourront, outre la restitution de droit à celui qu'ils auraient trompé, une amende qui sera de 200 francs pour la première fois ; de 400 francs pour la seconde fois, avec affiche de la condamnation, aux frais du délinquant, dans tout le département ; et, la troisième fois, une amende de 1,000 francs, avec interdiction de tout commerce d'or et d'argent.

82. Les fabricants et marchands orfévres sont tenus,

13.

dans le délai de six mois, à compter de la publication de
la présente loi, de porter au bureau de la garantie de leur
arrondissement leurs ouvrages neufs d'or, d'argent et de
vermeil, marqués des anciens poinçons, pour y faire mettre
l'empreinte d'un poinçon de recense, qui sera déterminé à
à cet effet par l'administration des monnaies.

Ces ouvrages d'ancienne fabrication ne seront soumis à
d'autre vérification préalable que celle de la marque et des
poinçons anciens, et cette vérification sera sans frais ; mais,
le délai expiré, les ouvrages seront soumis à l'essai, titrés
s'il y a lieu, et payeront le droit de garantie.

83. Les ouvrages non revêtus de l'ancien poinçon qui
opérait la décharge seront pareillement présentés au bureau
de garantie de l'arrondissement, à l'effet d'être marqués du
poinçon du titre et de celui du bureau. Ces ouvrages payeront alors le droit de garantie.

84. Ces droits seront pareillement exigibles pour les ouvrages dits *de hasard*, qui, après le même délai fixé par l'article
82, ne se trouveraient marqués que des anciens poinçons.

85. La loi garantit les conditions des engagements respectifs des orfévres et de leurs élèves.

86. Les joailliers ne sont pas tenus de porter aux bureaux
de garantie les ouvrages montés en pierres fines ou fausses,
et en perles, ni ceux émaillés dans toutes les parties, ou
auxquels sont adaptés des cristaux ; mais ils auront un registre coté et paraphé comme celui des marchands et fabricants d'ouvrages d'or et d'argent, à l'effet d'y inscrire, jour
par jour, les ventes et les achats qu'ils auront faits[1].

87. Ils seront tenus, comme les fabricants et marchands
orfévres, de donner aux acheteurs un bordereau, qui sera
également fourni par la régie de l'enregistrement, et sur
lequel ils décriront la nature, la forme de chaque ouvrage,
ainsi que la qualité des pierres dont il sera composé, et qui
sera daté et signé par eux.

[1] Voir l'arrêté du 1ᵉʳ messidor an VI.

88. La contravention aux deux articles précédents sera punie des mêmes peines portées en pareil cas contre les marchands orfévres.

89. Il est aussi interdit aux joailliers de mêler dans les mêmes ouvrages des pierres fausses avec les fines, sans le déclarer aux acheteurs, à peine de restituer la valeur qu'auraient eue les pierres si elles avaient été fines, et de payer, en outre, une amende de 300 francs : l'amende sera triple la seconde fois, et la condamnation affichée dans tout le département, au frais du délinquant; la troisième fois, il sera déclaré incapable d'exercer la joaillerie, et les effets composant son magasin seront confisqués.

90. Lorsqu'un orfévre mourra, son poinçon sera remis, dans l'espace de cinq décades après le décès, au bureau de garantie de son arrondissement, pour y être biffé de suite.

Pendant ce temps, le dépositaire du poinçon sera responsable de l'usage qui en serait fait, comme le sont les fabricants en exercice.

91. Si un orfèvre ou fabricant quitte le commerce, il remettra son poinçon au bureau de garantie de l'arrondissement pour y être biffé devant lui : s'il veut s'absenter pour plus de six mois, il déposera son poinçon au bureau de garantie, et le contrôleur fera poinçonner les ouvrages fabriqués chez lui en son absence.

SECTION DEUXIÈME. — DES OBLIGATIONS DES MARCHANDS D'OUVRAGES D'OR ET D'ARGENT AMBULANTS.

92. Les marchands d'ouvrages d'or et d'argent, ambulants ou venant s'établir en foire, sont tenus, à leur arrivée dans une commune, de se présenter à l'administration municipale, ou à l'agent de cette administration dans les lieux où elle ne réside pas, et de lui montrer les bordereaux des orfévres qui leur auront vendu les ouvrages d'or ou d'argent dont ils sont porteurs.

A l'égard des ouvrages qu'ils auraient acquis antérieurement à la présente loi, ou seulement deux mois après sa publication, il seront tenus de les déclarer au bureau de garantie de l'arrondissement, pour les faire marquer de suite, soit du poinçon de vieux, soit de celui de recense, suivant l'espèce des objets ; et cette obligation remplie les dispensera de justifier de l'origine desdits ouvrages.

93. La municipalité ou l'agent municipal fera examiner les marques de ces ouvrages par des orfévres, ou, à défaut, par des personnes connaissant les marques et poinçons, afin d'en constater la légitimité.

94. L'administration municipale, ou son agent, fera saisir et remettre au tribunal de police correctionnelle du canton les ouvrages d'or et d'argent qui ne seraient point accompagnés de bordereaux, ou ne seraient pas marqués de poinçon de vieux ou de recense, ainsi qu'il est prescrit à l'article 92, ou les ouvrages dont les marques paraîtraient contrefaites, ou enfin ceux qui n'auraient pas été déclarés conformément audit article 92.

Le tribunal de police correctionnelle appliquera aux délits des marchands ambulants les mêmes peines portées dans la présente loi contre les orfévres, pour des contraventions semblables.

TITRE VII.

DE LA FABRICATION DU PLAQUÉ ET DOUBLÉ D'OR ET D'ARGENT SUR TOUS MÉTAUX.

95. Quiconque veut plaquer ou doubler l'or et l'argent sur le cuivre ou sur tout autre métal est tenu d'en faire la déclaration à sa municipalité, à l'administration de son département, et à celle des monnaies.

96. Il peut employer l'or et l'argent dans telle proportion qu'il le juge convenable.

97. Il est tenu de mettre sur chacun de ses ouvrages son poinçon particulier, qui a dû être déterminé par l'adminis-

tration des monnaies, ainsi qu'il est dit article 14 de la présente loi. Il ajoutera à l'empreinte de ce poinçon celle de chiffres indicatifs de la quantité d'or ou d'argent contenue dans l'ouvrage, sur lequel il sera, en outre, empreint, en toutes lettres, le mot *doublé*.

98. Le fabricant de doublé transcrira, jour par jour, les ventes qu'il aura faites, sur un registre coté et paraphé par l'administration municipale. Il lui sera fourni par la régie de l'enregistrement des bordereaux en blanc, comme aux orfévres et joailliers; et il sera tenu de remettre à chaque acheteur un de ces bordereaux, daté et signé par lui, et rempli de la désignation de l'ouvrage, de son poids, et de la quantité d'or et d'argent qui y est contenue.

99. En cas de contravention aux deux articles précédents, les ouvrages sur lesquels portera la contravention seront confisqués, et, en outre, le délinquant sera condamné à une amende qui sera, pour la première fois, de dix fois la valeur des objets confisqués; pour la seconde fois, du double de la première, avec affiche de la condamnation dans toute l'étendue du département, aux frais du délinquant; enfin, la troisième fois, l'amende sera quadruple de la première, et le commerce, ainsi que la fabrication d'or et d'argent, seront interdits au délinquant, **sous peine de confiscation de tous les objets de son commerce.**

100. Le fabricant de doublé est assujetti, **comme** le marchand orfévre, et sous les mêmes peines, à n'acheter des matières ou ouvrages d'or et d'argent que de personnes connues ou ayant des répondants à eux connus.

TITRE VIII.

DES FORMES À OBSERVER DANS LES RECHERCHES, SAISIES ET POURSUITES RELATIVES AUX CONTRAVENTIONS A LA PRÉSENTE LOI.

101. Lorsque les employés d'un bureau de garantie auront connaissance d'une fabrication illicite de poinçons, le receveur et le contrôleur, accompagnés d'un officier muni-

cipal, se transporteront dans l'endroit ou chez le particulier qui leur aura été indiqué, et y saisiront les faux poinçons, les ouvrages et lingots qui en seraient marqués, ou enfin les ouvrages achevés et dépourvus de marque qui s'y trouveraient : ils pourront se faire accompagner, au besoin, par l'essayeur ou par un de ses agens.

102. Il sera dressé à l'instant, et sans déplacer, procès-verbal de la saisie et de ses causes, lequel contiendra les dires de toutes les parties intéressées, et sera signé d'elles : ledit procès-verbal sera remis, dans le délai d'une décade au plus, au commissaire du Directoire exécutif près le tribunal de police correctionnelle ; qui demeure chargé de faire la poursuite également dans le délai d'une décade.

103. Les poinçons, ouvrages ou objets saisis, seront mis sous les cachets de l'officier municipal, des employés du bureau de garantie présents, et de celui chez lequel la saisie aura été faite, pour être déposés, sans délai, au greffe du tribunal de police correctionnelle.

104. Dans le cas où le tribunal prononcerait la confiscation des objets saisis, ils seront remis au receveur de la régie de l'enregistrement, pour être vendus.

Il sera prélevé, sur le prix qui en proviendra, un dixième, qui sera donné à celui qui aura le premier dénoncé le délit, et un second dixième partageable, par portions égales, entre les employés du bureau de garantie. Le surplus, ainsi que les amendes, seront versés dans la caisse du receveur de l'enregistrement.

105. Les mêmes formes et dispositions prescrites par les quatre articles précédents auront lieu également pour toutes les recherches, saisies et poursuites relatives aux contraventions à la présente loi.

106. Les recherches ne pourront être faites qu'en se conformant à l'article 369 de la constitution [1].

107. Tout ouvrage d'or et d'argent achevé et non mar-

---

[1] Abrogé par l'article 81 de la loi du 5 ventôse an XII.

qué, trouvé chez un marchand ou fabricant, sera saisi et donnera lieu aux poursuites par-devant le tribunal de police correctionnelle. Les propriétaires des objets saisis encourront la confiscation de ces objets, et, en outre, les autres peines portées par la loi.

.108. Seront saisis également et confisqués tous les ouvrages d'or et d'argent sur lesquels les marques des poinçons se trouveront entées, soudées ou contre-tirées en quelque manière que ce soit : et le possesseur avec connaissance sera condamné à six années de fers.

109. Les ouvrages marqués de faux poinçons seront confisqués dans tous les cas ; et ceux qui les garderaient ou les exposeraient en vente avec connaissance seront condamnés, la première fois, à une amende de 400 francs ; la deuxième, à une amende de 400 francs, avec affiche de la condamnation dans tout le département, aux frais du délinquant ; et, la troisième fois, à une amende de 1,000 francs, avec interdiction de tout commerce d'or et d'argent.

110. Tous citoyens, autres que les préposés à l'application des poinçons légaux, qui en emploieraient même de véritables, seront condamnés à un an de détention.

TITRE IX.
SECTION PREMIÈRE. — DE L'AFFINAGE.

111. La ferme de l'affinage national, qui comprend l'affinage de Paris et celui de Lyon, est et demeure supprimée.

112. La profession d'affiner et de départir les matières d'or et d'argent est libre dans toute l'étendue de la République.

113. Quiconque voudra départir et affiner l'or et l'argent pour le commerce est tenu d'en faire la déclaration, tant à sa municipalité qu'à l'administration du département, et à celle des monnaies ; il sera tenu registre desdites déclarations et délivré copie au besoin.

114. L'affineur ne pourra recevoir que des matières qui auront été essayées et titrées par un essayeur public autre que celui qui devra juger des lingots affinés.

115. L'affineur délivrera au porteur de ces matières une reconnaissance qui en désignera la nature, le poids, le titre tel qu'il aura été indiqué par l'essayeur, et le numéro.

116. Les affineurs tiendront un registre coté et paraphé par l'administration de département, sur lequel ils inscriront jour par jour, et par ordre de numéros, la nature, le poids et le titre des matières qui leur seront apportées à affiner, et de même pour les matières qu'ils rendront après l'affinage.

117. ils seront tenus d'insculper leurs noms en toutes lettres sur les lingots affinés provenant de leurs travaux, et, avant de les rendre aux propriétaires, ils porteront lesdits lingots affinés au bureau de garantie, pour y être essayés, marqués, et y acquitter le droit prescrit par la loi.

118. Les lingots affinés, apportés au bureau de garantie, ne seront passés en délivrance que dans le cas où ils ne contiendraient pas plus de cinq millièmes d'alliage, si c'est de l'or, et vingt millièmes si c'est de l'argent.

119. Lorsque les lingots seront reconnus bons à passer en délivrance, le receveur, après avoir perçu les droits, et le contrôleur tireront le poinçon de garantie de la caisse où il doit 'être renfermé, et ce poinçon sera appliqué par le contrôleur, en multipliant les empreintes de manière que l'une des grandes surfaces de chaque lingot en soit entièrement couverte.

120. L'affineur acquittera les frais d'essai et les droits au bureau de garantie, et en prendra récépissé, pour pouvoir s'en faire rembourser par les propriétaires des lingots.

121. L'affineur qui contreviendrait aux dispositions des articles 113, 114, 115 et 116, encourra les mêmes peines portées à l'article 80 contre les marchands orfévres.

122. Les lingots et matières d'or et d'argent affinés qui

seraient trouvés dans le commerce sans être revêtus du poinçon du bureau de garantie seront confisqués , et l'affineur qui les aurait délivrés sera condamné à 5oo francs d'amende.

123. Le contrôleur du bureau de garantie est autorisé à prélever des prises d'essai sur les matières fines apportées au bureau; ces prises d'essai seront mises en réserve sous une enveloppe portant le numéro du lingot d'où elles proviennent, et scellée du cachet de l'affineur et de celui de l'essayeur.

Le contrôleur aura la garde du paquet contenant ces prises d'essai.

124. Si, dans le courant d'un mois, il ne s'élève aucune réclamation sur la validité du titre indiqué par l'essayeur du bureau de garantie, le contrôleur remettra le paquet cacheté, contenant les prises d'essai, à l'affineur, qui lui en donnera décharge : dans le cas contraire, le paquet sera adressé à l'administration des monnaies, qui fera vérifier l'essai sans délai.

125. Si cette vérification fait connaître une erreur sur le titre indiqué, l'essayeur qui aura commis cette erreur sera tenu de payer à la personne lésée la totalité de la différence de valeur qui en sera résultée.

L'essayeur d'un bureau de garantie qui aura été pris trois fois en faute de cette manière sera destitué.

SECTION DEUXIÈME. — DE L'AFFINAGE NATIONAL.

126. L'affinage national est conservé à Paris pour le service des monnaies; le public a la faculté d'y faire affiner ou départir des matières d'or, et d'argent contenant or.

Le directoire exécutif pourra établir d'autres affinages nationaux, si les besoins de la fabrication des monnaies l'exigent, et sur la demande de l'administration chargée de ce service.

127. L'affineur national sera nommé par l'administra-

tion des monnaies, sous l'approbation du ministre des finances.

128. Les matières apportées à l'affinage national seront inscrites sur un registre coté et paraphé par le commissaire du directoire exécutif près l'administration des monnaies.

129. L'affineur national se conformera, relativement à l'affinage des matières qui lui seraient apportées par des particuliers, à tout ce qui est prescrit, dans la section précédente, aux affineurs libres pour le commerce : les peines portées contre ceux-ci, en cas de contravention, seront applicables à l'affineur national.

130. L'affineur national sera tenu d'avoir un fonds en matières d'or et d'argent capable d'assurer le service national.

131. Il ne pourra garder les lingots à affiner plus de cinq jours, non compris les jours d'entrée et de sortie de ces lingots.

132. L'affineur national fournira un cautionnement en immeubles de la valeur de 100,000 francs, pour répondre des matières d'or et d'argent qui lui seront livrées.

133. Lesdites matières affinées par l'affineur national seront portées à la chambre de délivrance des monnaies, et remises au caissier, où elles seront empreintes du poinçon national dans toute l'étendue de l'une des grandes surface du lingot.

134. Les lingots affinés appartenant à la République porteront le nom d'affineur national, et le titre en sera déterminé suivant la forme prescrite par l'article 51 de la loi sur l'organisation des monnaies.

135. L'affineur national est autorisé à porter en compte, pour frais d'affinage ou départ des matières nationales, savoir:

Pour les lingots d'or (et sont réputés tels ceux qui contiennent plus que la moitié de leur poids en or) 24 francs. 53 centimes par kilogramme d'or, fin passé en délivrance;

Pour les matières d'argent doré contenant or, 10 francs 22 centimes par kilogramme de matière brute, c'est-à-dire, telle qu'elle était avant l'affinage.

Et, pour les lingots d'argent, 3 francs 27 centimes par kilogramme d'argent pur.

Lesdits frais seront acquittés par le caissier de la monnaie.

TITRE X.
DE L'ARGUE.

136. Il y dans l'enceinte de l'hôtel des monnaies de Paris une argue destinée à dégrossir et tirer les lingots d'argent et de doré.

Lorsque les besoins de la fabrication l'exigeront, le Directoire exécutif pourra établir des argues dans d'autres lieux, sur la demande motivée de l'administration des département, et sur l'avis de celle des monnaies [1].

137. Les tireurs d'or et d'argent sont tenus de porter leurs lingots aux argues nationales, pour y être dégrossis, marqués et tirés.

138. Ils y payeront pour prix de ce travail, savoir :

Pour les lingots de doré, et lorsque les propriétaires auront leurs filières, 50 centimes par hectogramme (trois onces deux gros douze grains); et, lorsqu'ils n'auront pas de filières, 75 centimes;

Pour les lingots d'argent, 12 centimes par hectogramme, lorsque les propriétaires auront des filières; et, quand ils n'en auront pas, 25 centimes.

139. L'administration des monnaies est chargée de l'établissement et entretien du service de l'argue, sans cependant pouvoir ajouter de nouveaux préposés à ceux qu'elle a déjà sous son autorité : elle passera en dépense les frais de l'argue, et en fera verser les produits dans la caisse du caissier de la monnaie, et, chaque année, elle rendra sur le

[1] Les arrêtés des 15 pluviôse et 25 ventôse an VI ont rétabli les argues de Trévoux et de Lyon.

tout un compte séparé au ministre des finances, qui le mettra sous les yeux du Directoire exécutif, pour être transmis au Corps législatif.

LOI DU 13 GERMINAL AN VI.

ART. 1ᵉʳ. Le ministre des finances pourra, sous l'autorisation du Directoire exécutif, accorder aux essayeurs des bureaux de garantie un traitement qui pourra être porté jusqu'à la somme de 400 francs par an, lorsque le produit des essais faits pendant l'année ne se sera pas élevé à 600 fr., déduction faite des frais.

2. Les citoyens qui se présenteront dans les départements, pour y remplir la place d'essayeurs dans un bureau de garantie, pourront, jusqu'au 1ᵉʳ vendémiaire de l'an VIII, être examinés par des artistes qui se trouveraient les plus à portée, et commis à cet effet par l'administration des monnaies, sous l'autorisation du ministre des finances. L'administration des monnaies, sur le rapport de l'examinateur délégué par elle, pourra accorder au candidat un certificat de capacité, qui lui tiendra lieu de celui exigé par l'article 39 de la loi du 19 brumaire an VI.

3. Lorsqu'il ne se sera pas présenté, pour un bureau de garantie, d'essayeurs assez instruits, le contrôleur en tiendra lieu, et procédera de la manière suivante :

1° Il fera l'essai, au toucher, des pièces qui doivent être soumises à cet essai;

2° Il formera des prises d'essai des autres pièces, et les enverra, sous son cachet et sous celui du fabricant, au bureau de garantie le plus voisin qui sera pourvu d'un essayeur. Celui-ci fera les essais, et enverra sa déclaration des résultats;

3° Cette déclaration reçue, le contrôleur et le receveur apposeront les poinçons en conformité de la loi du 19 brumaire an VI.

4. Les fonctions d'essayeur dans un bureau de garantie ne pourront, en aucun cas, être remplies par un citoyen exerçant la profession de fabricant d'ouvrages d'or et d'argent.

ARRÊTÉ DU 1er MESSIDOR AN VI.

ART. 1er. Les ouvrages de joaillerie dont la monture est très-légère, et contient des pierres ou perles fines ou fausses, des cristaux dont la surface est entièrement émaillée, ou enfin qui ne pourraient supporter l'empreinte des poinçons sans détérioration, continueront d'être seuls dispensés de l'essai et du payement du droit de garantie, qui a remplacé ceux de contrôle et de marque des ouvrages d'or et d'argent.

2. Tous les autres ouvrages de joaillerie et d'orfévrerie, sans distinction ni exception, auxquels seraient adaptés, en quelque nombre que ce soit, des pierres ou des perles fines ou fausses, des cristaux, ou qui seraient émaillés, seront sujets à l'essai et au payement du droit dont il s'agit.

ARRÊTÉ DU 19 MESSIDOR AN IX.

ART. 1er. Les propriétaires et porteurs de lingots d'or et d'argent affinés, et mis en circulation avant la promulgation de la loi du 19 brumaire an VI, seront tenus de les porter, dans le délai de deux mois à compter du jour de la publication du présent arrêté, au bureau de garantie le plus voisin, pour y être marqués, sans frais, d'un poinçon de recense, qui sera déterminé par l'administration des monnaies.

2. Le délai de deux mois expiré, les articles 117, 118, 119, 120, 121 et 122 de la loi du 19 brumaire an VI, sont déclarés applicables aux lingots d'or et d'argent affinés à quelque époque que ce soit, qui ne porteront pas l'empreinte du poinçon de recense ou de ceux de garantie nationale établis par la loi.

LOI DU 5 VENTÔSE AN XII.

Art. 80. La régie des contributions indirectes sera chargée de percevoir le droit de garantie sur les matières d'or
et d'argent.

81. Les employés pourront entrer en tout temps chez
les individus sujets aux droits sur la marque d'or et d'argent [1].

DÉCRET DU 28 FLORÉAL AN XIII.

Article unique. Les dispositions de l'article 76 de la loi
du 5 ventôse an xii, concernant les condamnations qui doivent être prononcées contre les contrevenants aux droits
réunis, et celles de l'arrêté d'organisation de ces droits, du
5 germinal de la même année, relatives à la répartition du
produit des amendes et confiscations et à la faculté de transiger sur les procès-verbaux de saisie, ne sont point applicables aux délits et contraventions concernant la garantie des
matières d'or et d'argent, à l'égard desquelles la loi du 19
brumaire an vi, relative à la surveillance du titre des matières et des ouvrages d'or et d'argent, doit être exécutée,
sauf ce qui concerne la perception du droit de garantie qui
a été attribuée à la régie des droits réunis, dont les préposés
peuvent néanmoins eux-mêmes, ou concurremment avec les
employés des bureaux de garantie, constater les délits et
contraventions à la loi du 19 brumaire an vi, et poursuivre
la condamnation des peines encourues, en remplissant les
formalités prescrites par cette loi, et sans qu'il puisse être
transigé sur les délits et contraventions.

[1] Modifié par les articles 235, 236, et 237 de la loi du 28 avril 1816

ORDONNANCE DU 5 MAI 1819.

Art. 1er. Les nouveaux poinçons de titre et garantie, fabriqués en exécution de notre ordonnance du 22 octobre 1817, et les poinçons bigornes de contre-marque fabriqués en vertu de l'ordonnance du 1er juillet 1818, dont les tableaux sont annexés à la minute des présentes, seront employés exclusivement dans tous les bureaux de garantie, à compter du jour qui sera déterminé par un arrêté de notre ministre secrétaire d'État des finances. Les marques et contre-marques de ces poinçons seront apposées, après essai, tant sur les pièces principales que sur les ornements et accessoires des ouvrages soumis à la vérification du titre et à l'acquit du droit de garantie. Ces poinçons seront appliqués, de pied en pied métrique, sur les jaserons, chaînes, chaînettes en pelore ou autrement, quelle que soit la longueur desdites chaînes, et quand bien même elles seraient émises dans le commerce sans aucune des pièces principales auxquelles elles sont susceptibles d'être adaptées.

2. Le poinçon dit *de vieux*, destiné à marquer les ouvrages dits *de hasard*, remis dans le commerce, est et demeure supprimé.

3. Dans le délai de deux mois à compter du jour qui sera fixé par notre ministre secrétaire d'État des finances pour l'usage des nouveaux poinçons, les marchands, fabricants, orfévres, bijoutiers, horlogers, couteliers, fourbisseurs, armuriers, tabletiers et tous autres fabricants et marchands faisant commerce d'ouvrages d'or et d'argent ou garnis d'or et d'argent, seront tenus de porter aux bureaux de garantie de l'arrondissement de leur domicile leurs ouvrages d'or et d'argent, pour y être marqués, sans frais, des empreintes du nouveau poinçon de recense et de contre-marque.

4. Les nouveaux poinçons de recense et de contre-marque

ne seront apposés sans frais que sur les ouvrages revêtus
de la marque des poinçons de titre et de garantie ou de
recense qui ont été fabriqués en exécution de l'acte du
Gouvernement du 7 juillet 1809. Ces mêmes poinçons, dont
il ne pourra plus être fait usage à compter du jour fixé par
notre ministre secrétaire d'État des finances, seront renvoyés
à l'administration des monnaies et biffés en sa présence.

5. Après l'expiration du délai fixé pour la recense gratuite, les ouvrages d'or et d'argent, marqués d'anciens poinçons, qui seront trouvés dans le commerce ou exposés en
vente sans être revêtus des nouveaux poinçons de recense
et de contre-marque, seront assujettis à l'essai et soumis à
l'acquit du droit de garantie et à la marque et contre-marque
des nouveaux poinçons, sans préjudice des peines portées
par les articles 80, 82, 84 et 107 de la loi du 19 brumaire
an VI, en cas de contravention auxdits articles.

6. A compter du jour où il sera fait usage des poinçons
désignés en l'article 1er de la présente ordonnance, et à
l'expiration des deux mois de la recense gratuite pour les ouvrages qui y seront assujettis, seront réputés non marqués
les ouvrages d'or et d'argent qui ne porteront pas sur le
revers ou côté opposé à la marque du poinçon de titre, de
garantie, de recense, et du poinçon destiné aux ouvrages
venant de l'étranger, l'empreinte du poinçon bigorne ou de
contre-marque, et sur lesquels ne se trouverait pas l'empreinte des poinçons supérieurs au côté opposé à celui
marqué dudit poinçon bigorne.

ORDONNANCE DU 5 MAI 1820.

ART. 1er. L'essayeur de chaque bureau de garantie sera
nommé par le préfet du département où ce bureau est
placé; mais il ne pourra en exercer les fonctions qu'après
avoir obtenu de l'administration des monnaies un certificat
de capacité, conformément à l'article 39 de la loi du 19 bru-

maire an vi (9 novembre 1797) et à l'article 2 de la loi du 13 germinal suivant (2 avril 1798).

2. L'administration des contributions indirectes continuera de nommer le receveur de chaque bureau de garantie.

3. Les contrôleurs et autres employés des bureaux de garantie seront nommés par notre ministre secrétaire d'État des finances, sur une présentation concertée entre le directeur général des contributions indirectes et l'administration des monnaies.

4. Les receveurs, les contrôleurs et les employés des bureaux de garantie autres que les essayeurs, font partie des employés des contributions indirectes. Ils pourront être chargés d'autres parties du service de cette administration, lorsqu'il sera reconnu par celle des monnaies que cette cumulation ne sera pas nuisible au service de la garantie. Dans tous les cas, les règlements de l'administration des contributions indirectes, en ce qui touche la retenue sur les appointements et les droits à la pension sur la caisse des retraites, sont applicables à ces employés.

Les contrôleurs, les sous-contrôleurs, les employés aux exercices, actuellement en fonctions, seront traités, pour la liquidation de leur pension, comme les employés de la régie des contributions indirectes; mais les services qu'ils auront rendus dans la garantie, antérieurement à la date de la présente ordonnance, ne leur seront comptés comme services rendus à ladite régie qu'autant qu'ils auront versé à sa caisse, dans un délai qui sera déterminé par notre ministre des finances, une somme égale au montant de la retenue qui aurait été opérée sur leurs appointements depuis qu'ils sont payés sur les fonds de cette même régie.

5. Les essayeurs sont révocables par le préfet, sauf l'approbation de notre ministre secrétaire d'État des finances; les receveurs, par l'administration des contributions indirectes; les contrôleurs et autres employés de la garantie, par notre ministre secrétaire d'État des finances, sur la propo-

14.

sition de celle des deux administrations qui aurait reconnu que cette mesure serait utile au bien du service.

L'autre administration sera consultée.

6. Les essayeurs et contrôleurs des bureaux de garantie continueront à être sous les ordres de l'administration des monnaies et à correspondre directement avec elle pour les objets qui la concernent.

Cette administration demeure chargée de donner toutes les instructions relatives à l'exactitude des essais, et de diriger la confection, l'envoi, l'application et la vérification des poinçons.

7. Des inspecteurs nommés par notre ministre secrétaire d'État des finances sur la présentation de l'administration des monnaies, seront chargés de surveiller l'exécution des lois et réglements sur le titre des matières d'or et d'argent.

Leur traitement sera alloué sur le budget de l'administration des monnaies.

Il en sera de même pour le traitement accordé aux chefs et commis employés à la correspondance de la garantie, qui avaient été payés jusqu'à présent par l'administration des contributions indirectes sur les produits de la garantie.

8. Ces inspecteurs devront, dans leur tournée, se faire représenter les registres des divers employés des bureaux et les poinçons de chaque bureau. Ils constateront toutes les infractions aux lois et aux règlements qui viendraient à leur connaissance.

Ils pourront, au besoin, requérir auprès du directeur des contributions indirectes de l'arrondissement la suspension des agents de la garantie.

Leurs rapports seront transmis à notre ministre secrétaire d'État des finances par l'administration des monnaies, qui les accompagnera de ses observations.

9. Tout ce qui concerne le régime administratif, la proposition et le règlement des dépenses, la perception du droit, l'ordre des bureaux, la surveillance des redevables,

est dans les attributions de l'administration des contributions indirectes, sauf ce qui a rapport au service spécialement réservé à l'administration des monnaies.

ORDONNANCE DU 19 SEPTEMBRE 1821.

Art. 1er. Les boîtes de montre d'or et d'argent neuves, et autres objets neufs contenant ou destinés à contenir des mouvements de montre marqués des poinçons en usage antérieurement à notre ordonnance du 5 mai 1819, et non revêtus des poinçons de recense et de contre-marque, prescrits par ladite ordonnance, seront considérés et traités comme ouvrages finis et non marqués, même dans le cas où ils seraient présentés aux bureaux de la garantie. . . . . . .

Les boîtes de montre d'or et d'argent et autres ouvrages désignés ci-dessus, dits *de hasard* et appartenant à des particuliers, et qui rentreront dans le commerce après les délais ci-dessus (*un mois à partir de la promulgation de la présente ordonnance*), ou qui seront donnés au raccommodage, continueront d'être traités comme il est prescrit par les articles 14, 16 et 17 de la déclaration du Roi du 26 janvier 1749.

ORDONNANCE DU 5 MAI 1824.

Art. 1er. Les tireurs d'or et d'argent, qui voudront convertir en traits filés ou non filés en or et en argent fins les lingots d'argent et d'argent doré, continueront à être tenus de les porter aux argues royales pour y être forgés, tirés et dégrossis, conformément à l'article 137 de la loi du 19 brumaire an VI.

2. Les fabricants qui voudront convertir du cuivre affiné en trait de laiton, de cuivre doré ou argenté, ou simplement mis en couleur jaune ou blanche, pourront établir chez eux des argues particulières, et avoir des filières de calibre sem-

biables à celles dont on fait usage dans les argues royales,
ou des instruments et des machines propres à y suppléer;
mais ils seront, préalablement, et avant de commencer leur
travail, tenus de faire, tant à la préfecture du département
où sont établis leurs ateliers, qu'à l'administration des monnaies et à celle des contributions indirectes, une déclaration
énonçant leurs nom et prénoms, leur profession, le lieu de
leur domicile et celui de, leurs ateliers; ils joindront à leur
déclaration un plan indiquant la description et l'élévation des
machines dont ils entendent se servir.

3. Les tireurs de cuivre en traits d'or et d'argent faux
seront tenus de filer leurs traits faux sur fil, et ne pourront
les filer sur soie, sous les peines portées par les règlements
qui prescrivent ces moyens de garantie.

4. Ils ne pourront aussi, sous les peines portées par les
mêmes règlements et l'article 423 du Code pénal, mélanger
des traits faux avec des traits fins dans leurs ouvrages et
sur les bobines sur lesquelles ils seront dévidés.

5. Les tireurs de cuivre en traits d'or et d'argent faux seront soumis aux visites des préposés des administrations des
monnaies et des contributions indirectes. Les contraventions
seront constatées dans la forme prescrite par la loi du
19 brumaire an VI.

6. Dans les ateliers particuliers et fabriques de traits de
cuivre pur, ou doré, argenté, ou noir en couleur, il ne sera
procédé au tirage des bâtons de cuivre que du lever du soleil à son coucher.

ORDONNANCE DU 5 FÉVRIER 1835.

ART. 1er. Le nombre des bureaux de garantie pour l'essai
et la marque des ouvrages d'or et d'argent sera réduit, à
partir du 1er avril 1835, de cent quatre à quatre-vingt-onze.

LOI DU 2 JUILLET 1836. (Douanes.)

TARIF D'ENTRÉE RELATIF A L'HORLOGERIE.

Horlogerie montée.	Montres.	à boîtes d'argent et de métal autre que l'or...	Mouvements ordinaires à roues de rencontre...... 1^f 10^c
			Mouvements à la *Lépine*, répétitions et autres genres 1^f 80^c
		à boîtes d'or.	Mouvements ordinaires à roues de rencontre...... 3^f 10^c
			Mouvements simples à la *Lépine*, répétitions ordinaires 4^f 40^c
			Répétitions à la *Lépine* et autres genres........... 6^f 00^c

la pièce.

sans boîtiers....................
Mouvements de toute sorte.................

} 10 p. 100 de la valeur.

Carillons à musique...................... 10 fr. le kil.

L'importation ne pourra s'en effectuer que par les bureaux ouverts au transit des marchandises prohibées.

Les montres ainsi introduites seront dirigées, par acquit-à-caution et sous le plomb des douanes, sur l'un des cinq bureaux de garantie de Paris, Lyon, Besançon, Montbéliard et Lons-le-Saulnier, pour y être essayées et marquées, et y acquitter le droit de garantie.

ORDONNANCE DU 7 AVRIL 1838.

ART. 1er. A dater du 10 mai prochain, un poinçon de recense sera appliqué sur tous les ouvrages d'or et d'argent existant dans le commerce et portant l'empreinte des marques légales.

2. A partir de la même époque, les nouveaux poinçons de titre et de garantie, et les poinçons bigornes de contre-

marque, dont le tableau sera publié avec la présente, et dont les dessins resteront annexés à la minute, seront employés exclusivement dans tous les bureaux de garantie.

3. Les poinçons spéciaux pour les boîtes de montre et autres ouvrages d'horlogerie, créés par l'article 2 de l'ordonnance du 19 septembre 1821, sont supprimés.

Les montres françaises seront marquées des poinçons ordinaires de titre et de garantie ; celles venant de l'étranger seront marquées d'un poinçon particulier à l'horlogerie importée, lequel sera appliqué dans les bureaux désignés par la loi du 2 juillet 1836.

4. Le poinçon de titre et celui du bureau de garantie ne formeront plus qu'un poinçon unique, qui portera un signe particulier pour chaque bureau.

Un poinçon dit de *contre-marque* sera apposé de décimètre en décimètre sur les chaînes, jaserons et autres ouvrages en or du même genre.

5. Dans le délai de trois mois à compter du jour où il sera fait usage des nouveaux poinçons, les marchands fabricants orfévres, bijoutiers, horlogers, couteliers, fourbisseurs, armuriers, tabletiers et tous autres fabricants et marchands faisant commerce d'ouvrages d'or et d'argent, seront tenus de porter au bureau de garantie dans la circonscription duquel ils sont placés les ouvrages d'or et d'argent en leur possession, pour y être marqués, sans frais, des poinçons de recense et de contre-marque.

6. Après l'expiration du délai fixé pour la recense, les ouvrages d'or et d'argent marqués des anciens poinçons, qui seraient trouvés dans le commerce sans être empreints du poinçon de recense, seront réputés non marqués, et les détenteurs encourront les condamnations prononcées par la loi.

LOI DU 10 AOUT 1839.

Art. 16. Les ouvrages d'or et d'argent pourront être exportés sans marque des poinçons français et sans payement du droit de garantie, pourvu qu'après avoir été soumis à l'essai et reconnus au titre légal, ils restent déposés au bureau de la régie ou placés sous la surveillance de ses préposés, jusqu'au moment où l'exportation en sera constatée.

Le Gouvernement déterminera, par un règlement d'administration publique, le mode d'exécution de la présente disposition.

La restitution des deux tiers du droit de garantie continuera d'être accordée pour les ouvrages d'or et d'argent qui ne seront exportés qu'après avoir été marqués des poinçons français.

ORDONNANCE DU 30 DÉCEMBRE 1839.

Art. 1er. Tout fabricant qui voudra exporter des ouvrages d'or et d'argent en franchise des droits de garantie, et sans application de la marque des poinçons français, pourra les présenter à l'essai sans marque de poinçon du fabricant, et après que la fabrication en aura été achevée, pourvu qu'il ait fait au bureau de garantie une déclaration préalable du nombre, de l'espèce et du poids desdits ouvrages, et qu'il se soit engagé à les y apporter achevés dans un délai qui ne devra pas excéder dix jours.

2. Néanmoins les ouvrages d'orfévrerie qui ne pourraient être essayés à la coupelle ou par la voie humide sans détérioration, s'ils étaient achevés, seront apportés bruts au bureau et remis au fabricant après essai, pour en terminer la fabrication, moyennant qu'il souscrive également l'engagement de les rapporter achevés dans le délai de dix jours.

3. Les ouvrages ainsi rapportés après achèvement et dont l'identité sera reconnue, sans, toutefois, qu'il puisse être exigé un nouveau droit d'essai, et ceux qui, en vertu de la dispense prononcée par l'article 1er, ne seront présentés à l'essai qu'entièrement finis, seront, aussitôt après, renfermés dans une boîte scellée et plombée, et remis au fabricant sur sa soumission de les exporter dans les délais prescrits par la loi.

4. Les fabricants qui voudront conserver à leur domicile les ouvrages qu'ils destinent à l'exportation seront admis, sur déclaration, à les faire marquer d'un poinçon spécial dit *d'exportation*, en suivant, quant à ces ouvrages, les règles ordinaires d'essai et de contrôle. Ils seront dispensés de payer les droits de garantie, à charge par eux de justifier ultérieurement de la sortie desdits ouvrages.

5. Les fabricants qui voudront conserver à domicile les ouvrages qu'ils auront l'intention d'exporter sans aucune marque des poinçons français, seront admis, après essai, à faire appliquer le poinçon sur une perle métallique fabriquée suivant un modèle qui sera fourni par l'administration et attachée à l'ouvrage par un fil de soie, et pourvu que l'ouvrage soit disposé de manière que cette marque volante n'en puisse être enlevée. Les ouvrages ainsi marqués seront remis à la disposition du fabricant, à charge par lui de justifier ultérieurement de leur exportation dans les formes prescrites.

6. Au moment de la remise aux fabricants, leur compte sera chargé des ouvrages marqués du poinçon d'exportation ou des marques volantes. La décharge s'opérera soit par la justification de l'exportation dans les formes prescrites, soit par la prise en charge au compte d'un négociant, d'un commissionnaire ou d'un marchand en gros, ainsi qu'il sera expliqué ci-après.

7. Les manquants reconnus au compte des fabricants, lors des recensements et inventaires, seront soumis au

payement intégral des droits de garantie. Il sera procédé, pour le décompte et le recouvrement des droits,
conformément aux règles prescrites pour les contributions
indirectes.

8. Les ouvrages déclarés pour l'exportation, et pris en
compte chez les fabricants, pourront être achetés par des
négociants, des commissionnaires ou des marchands en
gros patentés en cette qualité, lesquels seront tenus, avant
d'en prendre livraison, de faire une déclaration descriptive
desdits objets au bureau de garantie, et de se soumettre
à la prise en charge aux mêmes conditions que le fabricant.

Il est interdit, sous les peines de droit, à toutes autres
personnes faisant commerce d'ouvrages d'or et d'argent,
d'avoir en leur possession des ouvrages marqués du poinçon
d'exportation ou de marques volantes. Elles ne pourront
avoir, comme par le passé, que des ouvrages empreints des
poinçons ordinaires de titre et de garantie.

9. Lorsque les ouvrages d'or et d'argent ne seront exportés qu'après avoir été marqués des poinçons de titre et de
garantie, la restitution des deux tiers du droit continuera
d'être accordée conformément aux dispositions de l'art. 25
de la loi du 19 brumaire an VI.

10. Tout fabricant, négociant, commissionnaire ou marchand en gros qui exportera des ouvrages d'or et d'argent,
marqués ou non marqués, pour lesquels les formalités prescrites par la présente ordonnance auront été remplies, ne
les emballera qu'en présence des employés de la régie,
lesquels escorteront le colis et assisteront au plombage en
douane. Le compte de l'expéditeur ou la soumission d'exportation seront déchargés, sur la justification, dans le délai
de trois mois, de la sortie du colis qu'ils auront vu marquer,
ficeler et plomber.

ORDONNANCE DU 28 JUILLET 1840.

Art. 1er. Les ouvrages d'or et d'argent importés en France, à l'exception de l'horlogerie étrangère, pourront être marqués du poinçon étranger dans tous les bureaux de garantie indistinctement, et ils y seront dirigés sous le plomb des douanes, conformément à l'article 23 de la loi du 19 brumaire an VI.

DIXIÈME DU PRODUIT NET

DES OCTROIS.

LOI DU 27 FRIMAIRE AN VIII.

Art. 6. Les employés à la perception des octrois recevront une commission : savoir, le préposé en chef, s'il y a lieu, de la part du Gouvernement, et les autres employés, de la part de *l'administration du département* [1].

Les uns et les autres en seront toujours porteurs, ainsi que du tarif et du règlement fait pour en assurer l'exécution.

7. Avant d'entrer en exercice, ils prêteront serment devant le juge de paix dans l'arrondissement duquel siége l'administration municipale, et il en sera fait mention au pied de leur commission, le tout sans autres frais que les droits d'enregistrement.

8. Leurs procès-verbaux constatant la fraude seront affirmés devant le même juge de paix, dans les vingt-quatre heures de leur date, sous peine de nullité, et ils feront foi en justice jusqu'à l'inscription de faux.

12. Dans aucun cas, les citoyens entrant dans *lesdites communes* (soumises aux droits d'octroi) à pied, à cheval.......... ne pourront, sous prétexte de la perception de l'octroi, être arrêtés, questionnés ou visités sur leurs personnes........................

15. Toute personne qui s'opposera à l'exercice des fonctions desdits préposés (d'octroi) sera condamnée à une amende de 50 francs. En cas de voies de fait, il en sera dressé procès-verbal, qui sera envoyé au *directeur du jury,*

[1] Voir l'article 56 de l'Ordonnance du 9 septembre 1814.

pour en poursuivre les auteurs, et leur faire infliger les peines portées par le Code pénal contre ceux qui s'opposent avec violence à l'exercice des fonctions publiques.

16. Tout préposé à l'octroi qui favorisera la fraude, soit en recevant des présents, soit tout autrement, sera condamné aux peines portées par le Code pénal contre les fonctionnaires prévaricateurs.

17. Les amendes encourues d'après les dispositions de la présente seront prononcées par les tribunaux de simple police ou de police correctionnelle, suivant la quotité de la somme.

DÉCRET DU 1er GERMINAL AN XIII.

Art 53. Tous commis à la perception des octrois des villes, ayant serment en justice, sont autorisés à rendre leurs procès-verbaux de la fraude qu'ils découvrent contre les droits réunis; et de même, les commis de la régie, pour les fraudes qu'ils découvriront contre les octrois.

DÉCRET DU 17 MAI 1809.

Art. 108. La ferme est l'adjudication pure et simple des produits d'un octroi, moyennant un prix convenu, sans partage de bénéfice et sans allocation de frais.

109. L'adjudicataire ne pourra transférer son droit au bail, en tout ou en partie, sans le consentement exprès de l'autorité locale, approuvé par notre ministre des finances. Il ne pourra, en aucun cas, faire aux contribuables les remises des droits, ni consentir aucun abonnement avec eux.

110. Les adjudications des octrois des villes ayant une population de cinq mille âmes et au-dessus seront faites par le maire, sur les lieux mêmes, à l'hôtel de la mairie; dans celles d'une population moindre, elles le seront à la sous-préfecture, par le sous-préfet, en présence du maire.

111. Aucune adjudication ne peut être faite qu'en présence du directeur des droits réunis, ou d'un préposé délégué par ce dernier, lesquels signeront le procès-verbal.

112. Aucune adjudication ne pourra excéder trois ans, sauf le cas où l'on aura à y comprendre ce qui resterait à courir de l'année commencée; et, dans tous les cas, elle devra toujours avoir pour terme le 31 décembre.

113. Les adjudications sont toujours précédées, au moins, de deux affiches, de quinzaine en quinzaine, lesquelles seront insérées dans les journaux du département; elles seront faites aux enchères publiques, à l'extinction des bougies, au plus offrant et dernier enchérisseur.

114. Ne seront admises aux enchères que les personnes d'une moralité, d'une solvabilité et d'une capacité reconnues par le maire, sauf le recours au préfet.

115. A cet effet, trois mois au moins avant le renouvellement du bail, il en sera donné avis dans les journaux, avec invitation à tous ceux qui voudraient concourir de se présenter au secrétariat de la municipalité, pour satisfaire aux dispositions précédentes.

116. Les adjudicataires feront par écrit, au moment de l'adjudication, avant de la signer, la déclaration indicative des noms, prénoms, professions et demeures de leurs associés, s'il y a lieu. Ils joindront au procès-verbal l'acte de société, s'il en existe; sinon, les associés présents signeront, avec les adjudicataires, le procès-verbal.

117. Après l'adjudication, aucune enchère ne sera reçue, si elle n'est faite dans les vingt-quatre heures et signifiée par le ministère d'un huissier à l'autorité qui aura procédé à cette adjudication, et s'il n'est offert un douzième en sus du prix auquel cette adjudication aura été portée. Dans ce cas, les enchères seront rouvertes sur la dernière offre.

136. Les contestations qui pourront s'élever, sur l'administration ou la perception des octrois en régie intéressée, entre les communes et les régisseurs de ces établissements,

seront déférées au préfet, qui statuera en conseil de préfecture, après avoir entendu les parties, sauf les recours à notre conseil d'État, dans la forme et le délai prescrits par notre décret du 22 juillet 1806.

Il en sera de même des contestations qui pourraient s'élever entre les communes et les fermiers des octrois, sur le sens des clauses des baux.

Toutes autres contestations, qui pourront s'élever entre les communes et les fermiers des octrois, seront portées devant les tribunaux.

144. Les préfets pourront autoriser la mise en jugement des simples préposés de l'octroi.

147. Il pourra être établi, sur la demande des communes, une caisse de retraite et de secours. Les fonds de cette caisse seront faits par une retenue sur les appointements fixes et remises, ainsi que sur le produit des amendes.

264. Il sera procédé pour les octrois conformément aux lois des 2 vendémiaire et 27 frimaire an VIII.

Néanmoins, dans le cas où une contestation, soit sur le fond du droit ou l'application du tarif, soit sur des contraventions, aurait à la fois pour objet des droits d'octroi et des droits réunis, il sera procédé sur le tout, conformément aux dispositions du chapitre VI de la loi du 5 ventôse an XII, concernant les droits réunis[1].

DÉCRET DU 15 NOVEMBRE 1810.

Art. 1er. Le recouvrement des droits d'octroi sera poursuivi, par voie de contrainte et par corps, contre tous régisseurs, fermiers et autres préposés à la recette desdits droits.

2. Les contraintes seront décernées par le receveur municipal, visées par le maire, et rendues exécutoires par le juge de paix du canton où est située la commune : elles seront signifiées à la requête du maire, et exécutées confor-

[1] Voir page 302, Recouvrements.

mément au titre XV du livre v de la 1er partie du Code de procédure civile.

LOI DU 8 DÉCEMBRE 1814.

ART. 121. L'administration directe et la perception des octrois, à compter du 1er janvier 1815, rentreront dans les attributions des maires, sous la surveillance immédiate des sous-préfets et sous l'autorité du Gouvernement.

123. Les communes qui voudront supprimer leurs octrois en feront la demande, par l'intermédiaire des sous-préfets et des préfets, au ministre de l'intérieur, qui autorisera la suppression, s'il y a lieu.

124. Les moyens que les communes proposeront en remplacement des octrois ne pourront être admis qu'en vertu d'une autorisation formelle et nécessaire du ministre des finances.

127. Les lois, décrets et règlements généraux concernant les octrois, continueront à être exécutés en ce qui n'est pas contraire aux dispositions de la présente.

ORDONNANCE DU 9 DÉCEMBRE 1814.

TITRE II.

DE L'ÉTABLISSEMENT DES OCTROIS.

5. Les octrois sont établis pour subvenir aux dépenses qui sont à la charge des communes : ils doivent être délibérés d'office par les conseils municipaux. Cette délibération peut aussi être provoquée par le préfet, lorsqu'à l'examen du budget d'une commune, il reconnaît l'insuffisance de ses revenus ordinaires, soit pour couvrir les dépenses annuelles, soit pour acquitter les dettes arriérées, ou pourvoir aux besoins extraordinaires de la commune.

6. Les délibérations portant établissement d'un octroi sont adressées par le maire au sous-préfet, et renvoyées par celui-ci, avec ses observations, au préfet, qui les transmet également, avec son avis, à notre ministre de l'intérieur, lequel permet, s'il y a lieu, l'établissement de l'octroi demandé, et autorise le conseil municipal à délibérer les tarifs et règlements.

7. Les projets de règlement et de tarif délibérés par les conseils municipaux, en vertu de l'autorisation de notre ministre de l'intérieur, parviennent de même aux préfets, avec l'avis des maires et des sous-préfets. Les préfets les transmettent à notre directeur général des impositions indirectes, pour être soumis à notre ministre des finances, sur le rapport duquel nous accordons notre approbation, s'il y a lieu.

8. Les changements proposés par les maires ou les conseils municipaux aux tarifs ou règlements en vigueur, et ceux jugés nécessaires par l'autorité supérieure, ne peuvent être exécutés qu'ils n'aient été délibérés et approuvés de la manière prescrite par les articles précédents.

9. Si les conseils municipaux refusent ou négligent de délibérer sur l'établissement d'un octroi reconnu nécessaire, ou sur les changements à apporter aux tarifs et règlements, il nous en sera rendu compte, dans le premier cas, par notre ministre de l'intérieur, et, dans le deuxième, par notre ministre des finances, sur les rapports desquels nous statuerons ce qu'il appartiendra.

10. Les frais de premier établissement, de régie et de perception des octrois des villes sujettes au droit d'entrée, seront proposés par le conseil municipal, et soumis, par la régie des impositions indirectes, à l'approbation de notre ministre des finances : dans les autres communes, ces frais seront réglés par les préfets. Dans aucun cas, et sous aucun prétexte, les maires ne pourront excéder les frais alloués, sous peine d'en répondre personnellement.

TITRE III.

DES MATIÈRES QUI PEUVENT ÊTRE SOUMISES AU DROIT D'OCTROI.

11. Aucun tarif d'octroi ne pourra porter que sur des objets destinés à la consommation des habitants du lieu sujet[1]. Ces objets seront toujours compris dans les cinq divisions suivantes, savoir :

1° Boissons et liquides;

2° Comestibles;

3° Combustibles;

4° Fourrages;

5° Matériaux.

12. Sont compris dans la première division les vins, vinaigres, cidres, poirés, bières, hydromels, eaux-de-vie, esprits, liqueurs et eaux spiritueuses.

Les droits d'octroi sur les vins, cidres, poirés, eaux-de-vie et liqueurs, ne pourront excéder ceux perçus aux entrées des villes sur les mêmes boissons pour le compte du trésor public (Paris excepté).

Les vendanges ou fruits à cidre ou à poiré seront assujettis aux droits, à raison de trois hectolitres de vendange pour deux hectolitres de vin, et de cinq hectolitres de pommes ou de poires pour deux hectolitres de cidre ou de poiré.

13. Les eaux-de-vie et esprits doivent être divisés, pour la perception, d'après les degrés, conformément au tarif des droits d'entrée.

Les eaux dites de Cologne, de la reine de Hongrie, de mélisse et autres, dont la base est l'alcool, doivent être tarifées comme les liqueurs.

14. Dans les pays où la bière est la boisson habituelle et générale, celle importée, quelle que soit sa qualité, ne pourra être, au plus, taxée qu'au quart en sus du droit sur la bière fabriquée dans l'intérieur.

[1] Voir l'article 147 de la loi du 28 avril 1816.

15.

15. Les huiles peuvent aussi, suivant les localités, être imposées : la taxe en est déterminée suivant leur qualité ou leur emploi.

16. Sont compris dans la deuxième division les objets servant habituellement à la nourriture des hommes, à l'exception toutefois des grains et farines, fruits, beurre, lait, légumes et autres menues denrées.

17. Ne sont point compris dans ces exceptions les fruits secs et confits, les pâtes, les oranges, les limons et citrons, lorsque ces objets sont introduits dans les villes en caisses, tonneaux, barils, paniers ou sacs, ni le beurre et les fromages venant de l'étranger.

18. Les bêtes vivantes doivent être taxées par tête. Les bestiaux abattus au dehors et introduits par quartier payeront au prorata de la taxe par tête. A l'égard des viandes dépecées, fraîches ou salées, elles sont imposées au poids.

19. Les coquillages, le poisson de mer frais, sec ou salé de toute espèce, et celui d'eau douce, peuvent être assujettis au droit d'octroi, suivant les usages locaux, soit à raison de leur valeur vénale, soit à raison du nombre ou du poids, soit par paniers, barils ou tonneaux.

20. Sont compris dans la troisième division, 1° toute espèce de bois à brûler, les charbons de bois et de terre, la houille, la tourbe et généralement toutes les matières propres au chauffage; 2° les suifs, cires et huiles à brûler.

21. La quatrième division comprend les pailles, foins et tous les fourrages verts ou secs, de quelque nature, espèce ou qualité qu'ils soient. Le droit doit être réglé par botte ou au poids.

22. Sont compris dans la cinquième division les bois, soit en grume, soit équarris, façonnés ou non, propres aux charpentes, constructions, menuiserie, ébénisterie, tour, tonnellerie, vannerie et charronnage.

Y sont également compris les pierres de taille, moellons, pavés, ardoises, tuiles de toute espèce, briques, craies et plâtre.

23. Pour toutes les matières désignées au présent titre, les droits doivent être imposés par hectolitre, kilogramme, mètre cube ou carré, ou stère, ou par fractions de ces mesures. Cependant, lorsque les localités ou la nature des objets l'exigent, le droit peut être fixé au cent ou au millier, ou par voiture, charge ou bateau.

24. Les objets récoltés, préparés ou fabriqués dans l'intérieur d'un lieu soumis à l'octroi, ainsi que les bestiaux qui y sont abattus, seront toujours assujettis par le tarif au même droit que ceux introduits de l'extérieur.

TITRE IV.

DE LA PERCEPTION.

25. Les règlements d'octroi doivent déterminer les limites de la perception, les bureaux où elle doit être opérée, et les obligations et formalités particulières à remplir par les redevables ou les employés en raison des localités, sans, toutefois, que ces règles particulières puissent déroger aux dispositions de la présente ordonnance.

26. Les droits d'octroi seront toujours perçus dans les faubourgs des lieux sujets; mais les dépendances rurales entièrement détachées du lieu principal en seront affranchies[1]. Les limites du territoire auquel la perception s'étendra seront indiquées par des poteaux, sur lesquels seront inscrits ces mots : *Octroi de* . . . .

27. Il ne pourra être introduit d'objets assujettis à l'octroi que par les barrières ou bureaux désignés à cet effet. Les tarifs et règlements seront affichés dans l'intérieur et à l'extérieur de chaque bureau, lequel sera indiqué par un tableau portant ces mots : *Bureau de l'octroi.*

28. Tout porteur ou conducteur d'objets assujettis à l'octroi sera tenu, avant de les introduire, d'en faire la déclaration au bureau, d'exhiber aux préposés de l'octroi les

[1] Disposition modifiée par l'article 152 de la loi du 28 avril 1816.

lettres de voiture, connaissements, chartes-parties, acquits-à-caution, congés, passavants et toutes autres expéditions délivrées par la régie des impositions indirectes, et d'acquitter les droits, sous peine d'une amende égale à la valeur de l'objet soumis au droit. A cet effet, les préposés pourront, après interpellation, faire sur les bateaux, voitures et autres moyens de transport, toutes les visites, recherches et perquisitions nécessaires, soit pour s'assurer qu'il n'y existe rien qui soit sujet aux droits, soit pour reconnaître l'exactitude des déclarations.

Les conducteurs seront tenus de faciliter toutes les opérations nécessaires auxdites vérifications.

La déclaration relative aux objets arrivant par eau contiendra la désignation du lieu de déchargement, lequel ne pourra s'effectuer que les droits n'aient été acquittés, ou au moins valablement soumissionnés.

29. Tout objet sujet à l'octroi, qui, nonobstant l'interpellation faite par les préposés, serait introduit sans avoir été déclaré, ou sur une déclaration fausse ou inexacte, sera saisi.

30. Les personnes voyageant à pied, à cheval ou en voiture particulière suspendue, ne pourront être arrêtées, questionnées ou visitées sur leurs personnes ou en raison de leurs malles ou effets. Tout acte contraire à la présente disposition sera réputé acte de violence, et les préposés qui s'en rendront coupables seront poursuivis correctionnellement, et punis des peines prononcées par les lois.

31. Tout individu soupçonné de faire la fraude à la faveur de l'exception ordonnée par l'article précédent, pourra être conduit devant un officier de police, ou devant le maire, pour y être interrogé, et la visite de ses effets autorisée, s'il y a lieu.

32. Les diligences, fourgons, fiacres, cabriolets et autres voitures de louage, sont soumis aux visites des préposés de l'octroi.

33. Les courriers ne pourront être arrêtés à leur passage,

sous prétexte de la perception; mais ils seront obligés d'acquitter les droits sur les objets soumis à l'octroi qu'ils introduiront dans un lieu sujet. A cet effet, des préposés de l'octroi seront autorisés à assister au déchargement des malles.

Tout courrier, tout employé des postes, ou de toute autre administration publique, qui serait convaincu d'avoir fait ou favorisé la fraude, outre les peines résultant de la contravention, sera destitué par l'autorité compétente.

34. Dans les communes où la perception ne pourra être opérée à l'entrée, il sera établi au centre, suivant les localités, un ou plusieurs bureaux. Dans ce cas, les conducteurs ne pourront décharger les voitures ni introduire au domicile des destinataires les objets soumis à l'octroi, avant d'avoir acquitté les droits auxdits bureaux.

35. Il est défendu aux employés, sous peine de destitution et de tous dommages et intérêts, de faire usage de la sonde dans la visite des caisses, malles et ballots annoncés contenir des effets susceptibles d'être endommagés : dans ce cas, comme dans tous ceux où le contenu des caisses ou ballots sera inconnu ou ne pourrait être vérifié immédiatement, la vérification en sera faite, soit à domicile, soit dans les emplacements à ce destinés.

36. Toute personne qui récolte, prépare ou fabrique, dans l'intérieur d'un lieu sujet, des objets compris au tarif, est tenue, sous peine de l'amende prononcée par l'article 28, d'en faire la déclaration, et d'acquitter immédiatement le droit, si elle ne réclame la faculté de l'entrepôt.

Les préposés de l'octroi peuvent reconnaître à domicile les quantités récoltées, préparées ou fabriquées, et faire toutes les vérifications nécessaires pour prévenir la fraude. A défaut de payement du droit, il est décerné contre les redevables des contraintes, qui sont exécutoires nonobstant opposition et sans y préjudicier.

TITRE V

DU PASSE-DEBOUT ET DU TRANSIT.

37. Le conducteur d'objets soumis à l'octroi, qui voudra traverser seulement un lieu sujet, ou y séjourner moins de vingt-quatre heures, sera tenu d'en faire la déclaration au bureau d'entrée, conformément à ce qui est prescrit par l'article 28, et de se munir d'un permis de passe-debout, qui sera délivré sur le cautionnement ou la consignation des droits. La restitution des sommes consignées, ainsi que la libération de la caution, s'opéreront au bureau de la sortie.

Lorsqu'il sera possible de faire escorter les chargements, le conducteur sera dispensé de consigner ou de faire cautionner les droits.

38. En cas de séjour, au delà de vingt quatre heures, dans un lieu sujet à l'octroi, d'objets introduits sur une déclaration de passe-debout, le conducteur sera tenu de faire, dans ce délai et avant le déchargement, une déclaration de transit, avec indication du lieu où lesdits objets seront déposés, lesquels devront être représentés aux employés à toute réquisition. La consignation et le cautionnement du droit subsisteront pendant toute la durée du séjour.

39. Les règlements locaux d'octroi pourront désigner des lieux où les conducteurs d'objets en passe-debout ou en transit seront tenus de les déposer pendant la durée du séjour, ainsi que des ports ou quais où les navires, bateaux, coches, barques ou diligences devront stationner.

40. Les voitures et transports militaires chargés d'objets assujettis aux droits sont soumis aux règles prescrites par les articles précédents, relativement au transit et au passe-debout.

TITRE VI.

DE L'ENTREPÔT.

41. L'entrepôt est la faculté donnée à un propriétaire ou à un commerçant de recevoir et d'emmagasiner dans un lieu sujet à l'octroi, sans acquittement du droit, des marchandises qui y sont assujetties et auxquelles il réserve une destination extérieure.

L'entrepôt peut être réel ou ficti, c'est-à-dire à domicile : il est toujours illimité. Les règlements locaux doivent déterminer les objets pour lesquels l'entrepôt est accordé, ainsi que les quantités au-dessous desquelles on ne peut l'obtenir.

42. Toute personne qui fait conduire dans un lieu sujet à l'octroi des marchandises comprises au tarif, pour y être entreposées, soit réellement, soit fictivement, est tenue, sous peine de l'amende prononcée par l'article 28, d'en faire la déclaration préalable au bureau de l'octroi, de s'engager à acquitter le droit sur les quantités qu'elle ne justifierait pas avoir fait sortir de la commune, de se munir d'un bulletin d'entrepôt, et, en outre, si l'entrepôt est fictif, de désigner les magasins, chantiers, caves, celliers ou autres emplacements où elle veut déposer lesdites marchandises.

43. L'entrepositaire est tenu de faire une déclaration, au bureau de l'octroi, des objets entreposés qu'il veut expédier au dehors, et de les représenter aux préposés des portes ou barrières, lesquels, après vérification des quantités et espèces, délivrent un certificat de sortie.

44. Les préposés de l'octroi tiennent un compte d'entrée et de sortie des marchandises entreposées : à cet effet, ils peuvent faire à domicile, dans les magasins, chantiers, caves, celliers des entrepositaires, toutes les vérifications nécessaires pour reconnaître les objets entreposés, constater les quantités restantes, et établir le décompte des droits

dus sur celles pour lesquelles il n'est pas représenté de certificat de sortie. Ces droits doivent être acquittés immédiatement par les entrepositaires ; et, à défaut, il est décerné contre eux des contraintes, qui sont exécutoires nonobstant opposition et sans y préjudicier.

45. Lors du règlement de compte des entrepositaires, il leur est accordé une déduction sur les marchandises entreposées dont le poids ou la quantité est susceptible de diminuer. Cette déduction, pour les boissons, est la même que celle fixée par l'article 38 de la loi du 8 décembre 1814, relativement aux droits d'entrée [1]. La quotité doit en être déterminée, pour les autres objets, par les règlements locaux.

46. Dans les communes où la perception des droits sur les vendanges, pommes ou poires, ne peut être opérée au moment de l'introduction, l'administration de l'octroi accordera l'entrepôt à tous les récoltants, et sera autorisée à faire faire un recensement général pour constater les quantités de vin, de cidre ou de poiré fabriquées; les préposés de l'octroi se borneront, dans ce cas, à faire, chaque année, deux vérifications à domicile chez les propriétaires qui n'entreposent que les seuls produits de leur cru, l'une avant, l'autre après la récolte.

47. Dans le cas d'entrepôt réel, les marchandises pour lesquelles il est réclamé sont placées dans un magasin public, sous la garde d'un conservateur ou sous la garantie de l'administration de l'octroi, laquelle est responsable des altérations ou avaries qui proviennent du fait de ses préposés.

48. Les objets reçus dans un entrepôt réel sont, après vérification, marqués ou rouannés, et inscrits par le conservateur sur un registre à souche, et avec indication de l'espèce, la qualité et la quantité de l'objet entreposé, des marques et numéros des futailles ou colis, et des noms et demeure du propriétaire : un récépissé détaché de la souche, conte-

_____
[1] Voir pages 45, 47, 48.

nant les mêmes indications, et signé par le conservateur, est remis à l'entrepositaire.

49. Pour retirer de l'entrepôt les marchandises qui y ont été admises, l'entrepositaire est tenu de représenter le récépissé d'admission, de déclarer les objets qu'il veut enlever, et de signer sa déclaration pour opérer la décharge du conservateur : il est tenu, en outre, d'acquitter les droits pour les objets qu'il fait entrer dans la consommation de la commune, de se munir d'une expédition pour ceux destinés à l'extérieur, et de rapporter au dos un certificat de sortie, délivré par les préposés aux portes.

50. Les cessions de marchandises pourront avoir lieu dans l'entrepôt, moyennant une déclaration de la part du vendeur et la remise du récépissé d'admission : il en sera délivré un autre à l'acheteur, dans la forme prescrite par l'article 48.

51. L'entrepôt réel sera ouvert en tout temps aux entrepositaires, tant pour y soigner leurs marchandises que pour y conduire les acheteurs.

52. Les rouliers ou conducteurs qui déposeront à l'entrepôt réel des marchandises refusées par les destinataires pourront obtenir de l'administration de l'octroi le payement des frais de transport et des déboursés dûment justifiés.

53. A défaut, par le propriétaire d'objets entreposés, de veiller à leur conservation, le conservateur se fera autoriser par le maire à y pourvoir. Les frais d'entretien et de conservation seront remboursés à l'administration de l'octroi sur les mémoires et états réglés par le maire.

54. Les propriétaires d'objets entreposés sont tenus d'acquitter, tous les mois, les frais de magasinage, lesquels doivent être déterminés par le règlement général de l'octroi, ou par un règlement particulier, approuvé de notre ministre des finances.

55. Si, par suite de dépérissement d'objets entreposés

ou par toute autre cause, leur valeur, au dire d'experts appelés d'office par l'administration de l'octroi, n'excède pas moitié en sus des sommes qui peuvent être dues pour frais d'entretien, frais de transport ou magasinage, il sera fait sommation au propriétaire ou à son représentant, de retirer lesdits objets; et, à défaut, ils seront vendus publiquement par ministère d'huissier. Le produit net de la vente, déduction des sommes dues, avec intérêts à raison de cinq pour cent par an, sera déposé dans la caisse municipale, et tenu à la disposition du propriétaire.

TITRE VII.

DU PERSONNEL.

56. Conformément à l'article 4 de la loi du 27 frimaire an VIII, la nomination des préposés d'octroi sera faite de la manière suivante :

Notre directeur général des impositions indirectes est autorisé à établir et à commissionner, lorsqu'il le jugera nécessaire, un préposé en chef auprès de chaque octroi.

Notre ministre des finances est également autorisé à nommer et commissionner, sur la proposition du directeur général des impositions indirectes, un directeur et deux régisseurs pour l'octroi et l'entrepôt de Paris [1].

Les autres préposés d'octroi sont nommés par les préfets, sur une liste triple présentée par le maire [2].

57. Les préfets sont tenus de révoquer immédiatement, sur la demande de notre directeur général des impositions indirectes, tout préposé d'octroi signalé comme prévaricateur dans l'exercice de ses fonctions, ou comme ne les remplissant pas convenablement [3].

58. Les préposés de l'octroi doivent être âgés au moins

[1] Modifié par l'article 3 de de l'ordonnance du 23 décembre 1814.
[2] Modifié par l'article 155 de la loi du 28 avril 1816.
[3] Modifié par l'article 156 de la loi du 28 avril 1816.

de vingt et un ans accomplis. Ils sont tenus de prêter serment devant le tribunal civil de la ville dans laquelle ils exerceront, et, dans les lieux où il n'y a pas de tribunal, devant le juge de paix. Le serment est enregistré au greffe, sans qu'il soit nécessaire d'employer le ministère d'avoué.

Il est dû seulement un droit fixe d'enregistrement de 3 francs.

59. Le cas de changement de résidence d'un préposé arrivant, il n'y a pas lieu à une nouvelle prestation de serment; il lui suffit de faire viser sa commission, sans frais, par le juge de paix ou le président du tribunal civil du lieu où il doit exercer.

60. Les préposés d'octroi doivent toujours être porteurs de leur commission, et sont tenus de la représenter lorsqu'ils en seront requis.

Le port d'armes est accordé aux préposés d'octroi dans l'exercice de leurs fonctions, comme aux employés des impositions indirectes.

61. Les créanciers des préposés d'octroi ne pourront saisir, sur les appointements et remises de ces derniers, que les sommes fixes déterminées par la loi du 21 ventôse an IX.

62. Tous les préposés comptables des octrois sont tenus de fournir un cautionnement en numéraire ou en cinq pour cent consolidés, dont la quotité est déterminée par le règlement, et qui ne peut être au-dessous de 1,000 francs. Lorsque ces préposés font en même temps des perceptions pour le compte du trésor public, leur cautionnement est fixé par notre ministre des finances. Ces cautionnements sont versés à la caisse d'amortissement, qui en paye l'intérêt au taux fixé pour les employés des impositions indirectes [1].

63. Il est défendu à tous les préposés d'octroi, indistinctement, de faire le commerce des objets compris au tarif.

[1] Modifié par l'article 159 de la loi du 28 avril 1816.

Tout préposé qui favorisera la fraude, soit en recevant des présents, soit de toute autre manière, sera mis en jugement, et condamné aux peines portées par le Code pénal contre les fonctionnaires publics prévaricateurs.

64. Tout préposé destitué ou démissionnaire sera tenu, sous peine d'y être contraint par corps, de remettre immédiatement sa commission, ainsi que les registres et autres effets dont il aura été chargé, et, s'il est receveur, de rendre ses comptes.

65. Les préposés de l'octroi sont placés sous la protection de l'autorité publique. Il est défendu de les injurier, maltraiter, et même de les troubler dans l'exercice de leurs fonctions, sous les peines de droit. La force armée est tenue de leur prêter secours et assistance, toutes les fois qu'elle en est requise.

TITRE VIII.
DES ÉCRITURES ET DE LA COMPTABILITÉ DES OCTROIS.

66. Tous les registres employés à la perception ou au service de l'octroi seront à souche. Les perceptions ou déclarations y seront incrites sans interruption ni lacune. Les quittances ou expéditions qui en seront détachées continueront à n'être marquées que du timbre de la régie des impositions indirectes, dont le prix, fixé par la loi à cinq centimes, sera acquitté par les redevables, et son produit versé dans les caisses de la régie.

67. Les recettes de l'octroi seront versées à la caisse municipale tous les cinq jours au moins, et plus souvent même dans les villes où les perceptions seront importantes.

68. La régie des impositions indirectes déterminera le mode de comptabilité des octrois, ainsi que la forme et le modèle des registres, expéditions, bordereaux, comptes et autres écritures relatives au service des octrois; elle fera faire la fourniture de toutes les impressions nécessaires, sur la demande des maires.

69. Tous les registres servant à la perception des droits d'entrée sur les vins, cidres, poirés, esprits et liqueurs, aux déclarations de passe-debout, de transit, d'entrepôt et de sortie pour les mêmes boissons ; ceux employés pour recevoir les déclarations de mise de feu de la part des brasseurs et distillateurs ; enfin les registres portatifs tenus pour l'exercice des redevables soumis en même temps aux droits d'octroi et à ceux dus au trésor, seront communs aux deux services. La moitié des dépenses relatives à ces registres sera supportée par l'octroi, et payée sur les mémoires dressés par la régie des impositions indirectes, approuvés par notre ministre des finances.

70. Les registres autres que ceux dont l'usage est commun aux octrois et aux droits d'entrée seront cotés et paraphés par le maire : ils seront arrêtés par lui le dernier jour de chaque année, déposés à l'administration municipale, et renouvelés tous les ans. A l'égard des autres registres, les maires pourront en prendre communication sans déplacement, et en faire faire des extraits, pour ce qui concerne les recettes des octrois.

71. Les états et bordereaux de recettes et de dépenses des octrois seront dressés aux époques qui auront été déterminées par la régie des impositions indirectes. Un double de ces états et bordereaux, signé du maire, sera adressé au préposé supérieur de cette régie, pour être transmis au directeur du département, et par celui-ci à son administration.

72. Les comptes des octrois seront rendus par les receveurs aux maires, et arrêtés par ces derniers dans les trois mois qui suivront l'expiration de chaque année.

73. Le montant des dix pour cent du produit net des octrois revenant au trésor royal, conformément à l'article 126 de la loi du 8 décembre 1814, sera établi sur les recettes brutes de toute nature, déduction faite des frais de perception et autres prélèvements autorisés. Les dix pour cent ne seront pas prélevés sur la partie des produits de l'octroi à verser au trésor, en remplacement de la contribution mobilière [1].

74 Le recouvrement des dix pour cent se poursuivra par la saisie des deniers de l'octroi, et même par la voie de contrainte à l'égard du receveur municipal [2].

TITRE IX.

DU CONTENTIEUX.

75. Toutes contraventions aux droits d'octroi seront constatées par des procès-verbaux, lesquels pourront être rédigés par un seul préposé et auront foi en justice. Ils énonceront la date du jour où il sont rédigés, la nature de la contravention, et, en cas de saisie, la déclaration qui en aura été faite au prévenu; les noms, qualités et résidence de l'employé verbalisant et de la personne chargée des poursuites; l'espèce, poids ou mesure des objets saisis, leur évaluation approximative; la présence de la partie à la description, ou la sommation qui lui aura été faite d'y assister; le nom, la qualité et l'acceptation du gardien; le lieu de la rédaction du procès-verbal et l'heure de la clôture.

76. Dans le cas où le motif de la saisie portera sur le faux ou l'altération des expéditions, le procès-verbal énoncera le genre de faux, les altérations ou surcharges : lesdites expéditions, signées et paraphées du saisissant, *ne varietur*, seront annexées au procès-verbal, qui contiendra la sommation faite à la partie de les parapher, et sa réponse.

77. Si le prévenu est présent à la rédaction du procès-verbal, cet acte énoncera qu'il lui en a été donné lecture et copie : en cas d'absence du prévenu, si celui-ci a domicile ou résidence connue dans le lieu de la saisie, le procès-verbal lui sera signifié dans les vingt-quatre heures de la

[1] et [2] Modifiés par les articles 153 et 157 de la loi du 28 avril 1816.

clôture. Dans le cas contraire, le procès-verbal sera affiché, dans le même délai, à la porte de la maison commune.

Ces procès-verbaux, significations et affiches, pourront être faits tous les jours indistinctement.

78. L'action résultant des procès-verbaux en matière d'octroi, et les questions qui pourront naître de la défense du prévenu, seront de la compétence exclusive, soit du tribunal de simple police, soit du tribunal correctionnel du lieu de la rédaction du procès-verbal, suivant la quotité de l'amende encourue.

79. Les objets saisis par suite des contraventions aux réglements d'octroi seront déposés au bureau le plus voisin ; et, si la partie saisie ne s'est pas présentée dans les dix jours, à l'effet de payer la quotité de l'amende par elle encourue, ou si elle n'a pas formé, dans le même délai, opposition à la vente, la vente desdits objets sera faite par le receveur, cinq jours après l'apposition, à la porte de la maison commune et autres lieux accoutumés, d'une affiche signée de lui, et sans aucune autre formalité.

80. Néanmoins, si la vente des objets saisis est retardée, l'opposition pourra être formée jusqu'au jour indiqué pour ladite vente. L'opposition sera motivée et contiendra assignation à jour fixe devant le tribunal désigné en l'article 78, suivant la quotité de l'amende encourue, avec élection de domicile dans le lieu où siége le tribunal. Le délai de déchéance de l'assignation ne pourra excéder trois jours.

81. S'il s'élève une contestation sur l'application du tarif ou sur la quotité du droit réclamé, le porteur ou conducteur sera tenu de consigner, avant tout, le droit exigé, entre les mains du receveur; faute de quoi il ne pourra passer outre, ni introduire dans le lieu sujet l'objet qui aura donné lieu à la contestation, sauf à lui à se pourvoir devant le juge de paix du canton. Il ne pourra être entendu qu'en représentant la quittance de ladite consignation au juge de paix, lequel prononcera sommairement et sans frais, soit en dernier

ressort, soit à la charge d'appel, suivant la quotité du droit réclamé.

82. Dans le cas où les objets saisis seraient sujets à dépérissement, la vente pourra en être autorisée avant l'échéance des délais ci-dessus fixés, par une simple ordonnance du juge de paix sur requête.

83. Les maires seront autorisés, sauf l'approbation des préfets, à faire remise, par voie de transaction, de la totalité ou partie des condamnations encourues, même après le jugement rendu. Ce droit appartient exclusivement à la régie des impositions indirectes, et d'après les règles qui lui sont propres, toutes les fois que la saisie a été opérée dans l'intérêt commun des droits d'octroi, et des droits imposés au profit du trésor.

84. Le produit des amendes et confiscations pour contraventions aux règlements de l'octroi, déduction faite des frais et prélèvements autorisés, sera attribué, moitié aux employés de l'octroi pour être répartie d'après le mode qui sera arrêté, et moitié à la commune.

TITRE X.

DES DEMANDES DE SUPPRESSION OU EN REMPLACEMENT D'OCTROI.

85. Les communes qui voudront supprimer leur octroi, ou le remplacer par une autre perception, en feront parvenir la demande, par le maire, au préfet, qui, après en avoir reçu l'autorisation de notre ministre de l'intérieur, autorisera, s'il y a lieu, le conseil municipal à délibérer sur cette demande.

86. La délibération du conseil municipal, accompagnée de l'avis du sous-préfet et du maire, sera adressée par le préfet, avec ses observations et l'état des recettes et des besoins des communes, à notre ministre de l'intérieur, qui statuera provisoirement sur lesdites propositions. Il fera connaître immédiatement sa décision à notre ministre des

finances, pour que celui-ci, après avoir soumis le tout à notre approbation, prescrive, tant dans l'intérêt des communes que dans celui du trésor, les mesures convenables d'exécution.

87. Les droits d'octroi continueront à être perçus jusqu'à ce que la suppression de l'octroi ait été autorisée, ou jusqu'à la mise à exécution du mode de remplacement.

TITRE XI.

DE LA SURVEILLANCE ATTRIBUÉE À LA RÉGIE DES IMPOSITIONS INDIRECTES, ET DES OBLIGATIONS DES EMPLOYÉS DE L'OCTROI, RELATIVEMENT AUX DROITS DU TRÉSOR.

88. La surveillance générale de la perception et de l'administration de tous les octrois du royaume est formellement attribuée à la régie des impositions indirectes : elle l'exercera sous l'autorité du ministre des finances, qui donnera les instructions nécessaires pour assurer l'uniformité et la régularité du service, et régler l'ordre de la comptabilité particulière à ces établissements.

89. Les traitements et les frais de bureau des préposés en chef nommés par le directeur général des impositions indirectes seront à la charge des communes : ils seront proposés par les conseils municipaux, et approuvés par notre ministre des finances, qui pourra les réduire ou les augmenter, s'il y a lieu.

90. Les receveurs d'octroi, dans les communes sujettes au droit d'entrée, seront tenus de faire en même temps la recette de ce droit. Le produit des remises qui seront accordées par la régie des impositions indirectes pour cette perception sera réparti entre tous les préposés d'octroi d'une même commune, dans la proportion qui sera déterminée par le maire.

91. Les employés des impositions indirectes suivront, dans l'intérêt des communes, comme dans celui du trésor, les

16.

exercices dans l'intérieur du lieu sujet, chez les entrepositaires de boissons et chez les brasseurs et distillateurs. Il sera tenu compte par l'octroi, à la régie des impositions indirectes, de partie des dépenses occasionnées pour ces exercices.

92. Les préposés des octrois sont tenus, sous peine de destitution, d'exiger de tout conducteur d'objets soumis aux impôts indirects, comme boissons, tabacs, sels et cartes, la représentation des congés, passavants, acquits-à-caution, lettres de voiture et autres expéditions, de vérifier les chargements, de rapporter procès-verbal des fraudes ou contraventions qu'ils découvriront, de concourir au service des impositions indirectes, toutes les fois qu'ils en seront requis, sans pouvoir, toutefois, être déplacés de leur poste ordinaire; enfin, de remettre, chaque jour, à l'employé en chef des impositions indirectes un relevé des objets frappés du droit au profit du trésor, qui auront été introduits.

Les employés des impositions indirectes concourront également au service des octrois, et rapporteront procès-verbal pour les fraudes et contraventions relatives aux droits d'octroi qu'ils découvriront.

93. Les préposés des octrois se serviront, pour l'exercice de leurs fonctions, des jauges, sondes, rouannes et autres ustensiles dont les employés des impositions indirectes font usage.

La régie leur fera fournir ces ustensiles, dont le prix sera payé par les communes.

TITRE XII.

DE LA PERCEPTION DES OCTROIS POUR LESQUELS LES COMMUNES AURONT À TRAITER AVEC LA RÉGIE DES IMPOSITIONS INDIRECTES.

94. Les maires qui jugeront de l'intérêt de leur commune de traiter avec la régie des impositions indirectes, pour la perception et la surveillance particulière de leur octroi, adresseront, par l'intermédiaire du sous-préfet, leurs pro-

positions au préfet : celui-ci les communiquera au directeur des impositions indirectes pour donner ses observations, et les soumettra ensuite, avec son avis, à notre directeur général des impositions indirectes, qui proposera, s'il y a lieu, à notre ministre des finances, d'y donner son approbation.

95. Les conventions à faire entre la régie et les communes ne porteront que sur les traitements fixes et éventuels des préposés : tous les autres frais généralement quelconques seront intégralement acquittés par les communes, sur les produits bruts des octrois.

La conséquence de ces conventions sera de remettre la perception et le service de l'octroi entre les mains des employés ordinaires des impositions indirectes. Cependant, dans les villes où il sera nécessaire de conserver des préposés affectés spécialement au service de l'octroi, ces préposés continueront à être nommés par les préfets, sur la proposition des maires, et après avoir pris l'avis des directeurs des impositions indirectes. Leur nombre et leur traitement seront fixés par cette régie : ils seront révocables, soit sur la demande du maire, soit sur celle du directeur. Lorsque le préfet ne jugera pas convenable de déférer à la demande de ce dernier, il fera connaître ses motifs à notre directeur général desdites impositions, qui prononcera définitivement.

Les maires conserveront le droit de surveillance sur les préposés, et celui de transiger sur les contraventions, dans les cas déterminés par la présente ordonnance.

96. Les traités conclus avec les communes subsisteront de plein droit jusqu'à ce que la commune ou la régie en ait notifié la cessation : cette notification aura toujours lieu, de part et d'autre, six mois au moins à l'avance.

97. Les receveurs verseront le montant de leurs recettes, pour le compte de l'octroi, dans la caisse municipale, aux époques déterminées par l'article 67, sous la déduction des

frais de perception convenus par le traité, et dont ils compteront comme de leurs autres recettes pour le trésor.

98. La remise du service des octrois pour la perception desquels il aura été conclu un traité avec la régie des impositions indirectes, lui sera faite de la manière prescrite par l'article 1ᵉʳ [1].

TITRE XIII.
DISPOSITIONS GÉNÉRALES.

99. Les règlements et tarifs d'octroi, en ce qui concerne les boissons, ne pourront contenir aucune disposition contraire à celles prescrites par les lois et ordonnances pour la perception des impositions indirectes.

100. Les préfets veilleront à ce que les objets portés aux tarifs des octrois de leur département soient, autant que possible, taxés au même droit dans les communes d'une même population.

101. Tous les tarifs et règlements d'octroi seront successivement revisés et régularisés conformément aux dispositions de la présente ordonnance, et soumis à notre approbation par notre ministre des finances.

102. Il sera présenté à notre approbation par notre ministre des finances, avant le 1ᵉʳ janvier prochain, un règlement particulier d'organisation pour l'octroi et l'entrepôt de Paris.

103. Les approvisionnements en vivres, destinés pour le service de la marine, ne seront soumis dans les ports à aucun droit d'octroi. Ces approvisionnements seront intro-

---

[1] Cet article 1ᵉʳ est ainsi conçu : « La remise du service et celle des maisons, ustensiles, effets de bureau, et autres servant à la perception des octrois, seront constatées par des procès-verbaux, rédigés en quadruple expédition et signés par le maire et le préposé en chef de la régie. Un des procès-verbaux doit être déposé à la mairie, un autre au directeur de la régie, le troisième au préfet, et le quatrième à l'administration. »

duits dans les magasins de la marine de la manière prescrite
pour les objets admis en entrepôt : le compte en sera suivi
par les employés d'octroi, et les droits exigés sur les quantités qui seraient enlevées pour l'intérieur du lieu sujet et à
toute autre destination que les bâtiments de l'État.

104. Les matières servant à la confection des poudres
ne seront également frappées d'aucun droit d'octroi.

105. Nulle personne, quels que soient ses fonctions, ses
dignités ou son emploi, ne pourra prétendre, sous aucun
prétexte, à la franchise des droits d'octroi.

ORDONNANCE DU 23 DÉCEMBRE 1814,

PORTANT RÈGLEMENT PARTICULIER D'ORGANISATION POUR L'OCTROI DE PARIS.

Art. 1er. La remise du service de l'octroi de Paris à
l'autorité municipale, en exécution de l'article 121 de la
loi du 8 décembre 1814, sera constatée par des commissaires délégués par notre directeur général des impositions
indirectes, et par le préfet de la Seine, lesquels dresseront
procès-verbal de leurs opérations, ainsi qu'il est prescrit
par l'article 1er de notre ordonnance du 9 de mois.

2. A dater du 1er janvier prochain, l'octroi de Paris et
l'entrepôt général des boissons seront régis et administrés,
suivant les règlements qui sont particuliers à chacun de ces
établissements, par un directeur et trois régisseurs, sous
l'autorité immédiate du préfet de la Seine, et sous la surveillance générale de notre directeur général des impositions
indirectes.

3. Les trois régisseurs seront nommés par notre ministre
de l'intérieur sur la proposition du préfet de la Seine, et le
directeur par notre ministre des finances, conformément à
l'article 56 de notre ordonnance du 9 de ce mois, qui de-

meure modifiée en ce qui concerne le nombre et le mode de nomination des régisseurs.

Les autres préposés seront nommés par le préfet de la Seine sur la proposition du directeur de l'octroi. Ils seront révocables sur la demande de notre directeur général des impositions indirectes et par le préfet.

4. Le budget des frais ordinaires de régie et de perception de l'octroi et de l'entrepôt sera délibéré à l'avance, chaque année, par le conseil municipal. Ce budget sera soumis, par notre directeur général des impositions indirectes, à l'approbation de notre ministre des finances. Les frais extraordinaires d'établissement jugés nécessaires dans le courant de l'année seront proposés, délibérés et approuvés de la même manière.

5. Les dépenses de l'octroi et de l'entrepôt ne seront acquittées que sur des ordonnances du directeur et des régisseurs, lesquels ne pourront, sous leur responsabilité, ordonnancer des sommes plus fortes que celles fixées par chaque article du budget, en suivant les imputations déterminées, et sans qu'il leur soit permis d'y faire aucun changement, si ce n'est en vertu d'une autorisation de notre ministre des finances.

6. Il sera fourni par le directeur de l'octroi, du 1ᵉʳ au 5 de chaque mois, tant à notre directeur général des impositions indirectes qu'au préfet de la Seine, un bordereau détaillé des recettes et des dépenses de l'octroi pendant le mois précédent.

7. A l'expiration de chaque exercice, le directeur et les régisseurs de l'octroi présenteront le compte général de la perception et de la dépense de l'octroi et de l'entrepôt au préfet de la Seine, qui le soumettra au conseil municipal avec ses observations, pour être examiné, discuté et arrêté.

Le directeur de l'octroi adressera en même temps un double de ce compte à notre directeur général des impositions indirectes, auquel il fournira, en outre, dans le cours de l'année, tous les renseignements et éclaircissements qu'il croira devoir demander sur le service de l'octroi.

8. Le prélèvement des dix pour cent revenant au trésor sur le produit net de l'octroi sera fait conformément à l'article 126 de la loi du 8 décembre 1814.

L'abonnement consenti précédemment par le ministre des finances cessera d'avoir son effet à dater du 1ᵉʳ janvier prochain.

9. La perception des droits établis aux entrées de Paris, pour le compte du trésor public, pourra être faite, si notre directeur général des impositions indirectes le juge convenable, par les receveurs de l'octroi, lesquels en verseront les produits dans la caisse de cette régie aux époques qu'elle aura déterminées.

Les receveurs et autres préposés de l'octroi seront tenus, sous peine de destitution, d'opérer cette perception et de se conformer, à cet égard, aux règlements propres aux impositions indirectes, ainsi qu'aux ordres et instructions de notre directeur général desdites impositions.

10. Sur la proposition de notre directeur général des impositions indirectes, notre ministre des finances réglera, au commencement de chaque année, l'indemnité à accorder aux préposés de l'octroi, sur les recettes qu'ils auront à effectuer pour le compte du trésor, ainsi que celle due à la régie pour les exercices que ses employés sont tenus de suivre dans l'intérieur, aux termes de l'article 91 de notre ordonnance du 9 de ce mois, chez les brasseurs, distillateurs et autres qui fabriquent des boissons.

11. Le directeur des impositions indirectes dans le département de la Seine, et les inspecteurs ou contrôleurs sous ses ordres, exerceront sur les receveurs et autres préposés de l'octroi une surveillance immédiate. Ils pourront vérifier les caisses, arrêter les registres et provoquer des versements extraordinaires. Ils référeront au directeur de l'octroi de toutes les fautes qu'ils auront eues à relever.

12. La direction générale des impositions indirectes pourra placer dans l'entrepôt, pour son service, le nombre d'employés qu'elle estimera nécessaire.

13. Les fraudes et contraventions qui ne concernent que l'octroi seront poursuivies par le directeur, au nom du préfet. Le directeur pourra consentir les transactions, sauf l'approbation du préfet, qui seul prononcera sur les demandes en décharge ou en restitution de droits.

A l'égard des fraudes et contraventions communes à l'octroi et aux droits du trésor, et de celles particulières auxdits droits, le directeur des impositions indirectes dans le département de la Seine pourra seul suivre l'effet des procès-verbaux devant les tribunaux, ou consentir des transactions, d'après les règles propres à cette administration.

Lorsque ces transactions devront être soumises à l'approbation du directeur général, elles seront communiquées au préfet, qui donnera son avis.

14. L'emploi du produit des amendes et confiscations, dans le cas de contraventions communes aux deux services, sera fait, pour la portion appartenant à chaque administration, selon les règles qui lui sont propres.

15. Le préfet de la Seine formera et réunira auprès de lui, dans le mois qui suivra l'expiration de chaque trimestre, et plus souvent, s'il le juge convenable, une commission consultative composée de deux membres du conseil municipal, du directeur des impositions indirectes et du directeur de l'octroi; les trois régisseurs pourront y être appelés.

Le préfet présidera ladite commission, et, en son absence, le secrétaire général.

16. Les délibérations de la commission instituée par l'article précédent auront uniquement pour objet les mesures à prendre pour améliorer le service de la perception de l'octroi : il lui est défendu de s'immiscer en aucune manière dans l'administration de cet établissement.

17. Les dispositions de notre ordonnance du 9 de ce

mois seront observées, pour l'octroi de Paris, en tout ce qui n'est pas contraire à la présente.

ORDONNANCE DU 27 MARS 1816.

ART. 1er. L'administration des contributions indirectes restituera aux villes tous les fonds de retraites et de retenues qu'elle en a reçus pour les employés de leurs octrois, sauf déduction des payements opérés sur lesdits fonds.

2. Les pensionnaires des octrois continueront à jouir de leurs pensions telles qu'elles ont été réglées. Ces pensions seront, à partir du 1er janvier 1815, payées par les villes, qui, en cas d'insuffisance du fonds de retraites, sont autorisées à y pourvoir sur le produit de leurs octrois.

LOI DU 28 AVRIL 1816.

ART. 147. Lorsque les revenus d'une commune seront insuffisants pour ses dépenses, il pourra y être établi, sur la demande du conseil municipal, un droit d'octroi sur les consommations. La désignation des objets imposés, le tarif, le mode et les limites de la perception, seront délibérés par le conseil municipal et réglés de la même manière que les dépenses et revenus communaux. Le conseil municipal décidera si le mode de perception sera la régie simple, la régie intéressée, le bail à ferme ou l'abonnement avec la régie des contributions indirectes : dans tous les cas, la perception du droit se fera sous la surveillance du maire, du sous-préfet et du préfet.

148. Les droits d'octroi continueront à n'être imposés que sur des objets destinés à la consommation locale. Il ne pourra être fait d'exception à cette règle que dans des cas extraordinaires, et en vertu d'une loi spéciale.

149. Les droits d'octroi qui seront établis à l'avenir sur les boissons ne pourront excéder ceux qui seront perçus aux

entrées des villes, au profit du trésor. Si une exception à cette règle devenait nécessaire, elle ne pourrait avoir lieu qu'en vertu d'une ordonnance spéciale du Roi[1].

150. Les règlements d'octroi ne pourront contenir aucune disposition contraire à celle des lois et règlements relatifs aux différents droits imposés au profit du trésor.

151. En cas de quelque infraction de la part des conseils municipaux aux règles posées par les articles précédents, le ministre des finances, sur le rapport du directeur général des contributions indirectes, en référera au conseil du Roi, lequel statuera ce qu'il appartiendra.

152. Des perceptions pourront être établies dans les banlieues autour des grandes villes, afin de restreindre la fraude; mais les recettes faites dans ces banlieues appartiendront toujours aux communes dont elles seront composées.

153. Le produit net des octrois, dans toutes les communes où il en est perçu, sera soumis, au profit du trésor, à un prélèvement de 10 p. o/o, à titre de subvention, pendant la durée de la présente loi.

Il sera fait déduction sur les produits passibles de cette retenue, du montant de la contribution mobilière, dans les villes où elle est remplacée par une addition à l'octroi[2].

Il en sera de même du montant de l'abonnement que la régie pourrait consentir avec les villes, en remplacement du droit de détail, en exécution de l'article 73 de la présente loi.

A compter du 1er juillet 1816, il ne pourra être fait aucun autre prélèvement, soit sur le produit net des octrois, soit sur les autres revenus des communes, sous quelque pré-

---

[1] Abrogé par l'article 9 de la loi du 11 juin 1842.
[2] Il doit également être fait déduction du produit des taxes additionnelles affecté à l'acquit de dettes ou au payement des dépenses temporaires et d'utilité publique. (Art. 16 de la loi du 17 août 1832, et avis du Conseil d'État du 25 juillet 1825.)

texte que ce soit, et en vertu de quelques lois et ordonnances que ce puisse être. Elles sont expressément rapportées en ce qu'elles pourraient avoir de contraire à la présente loi.

154. Les préposés des octrois seront tenus, sous peine de destitution, d'opérer la perception des droits établis aux entrées des villes au profit du trésor, lorsque la régie le jugera convenable; elle fera exercer, relativement à ces perceptions, tel genre de contrôle ou de surveillance qu'elle croira nécessaire d'établir.

Lorsque la régie chargera de la perception des droits d'entrée des préposés commissionnés par elle, les communes seront tenues de les placer avec leurs propres receveurs dans les bureaux établis aux portes des villes.

155. Dans toutes les communes où les produits annuels du droit d'octroi s'élèveront à 20,000 francs et au-dessus, il pourra être établi un préposé en chef de l'octroi. Ce préposé sera nommé par le ministre des finances, sur la présentation du maire approuvée par le préfet, et sur le rapport du directeur général des contributions indirectes.

Le traitement du préposé surveillant sera fixé par le ministre des finances, sur la proposition du conseil municipal, et fera partie des frais de perception de l'octroi.

Les dispositions de cet article ne sont point applicables à l'octroi de Paris, dont l'administration reste soumise à des règlements particuliers.

156. Les préposés de tout grade des octrois seront nommés par les préfets, sur la proposition des maires. Le directeur général des contributions indirectes pourra, dans l'intérêt du trésor, faire révoquer ceux de ces préposés qui ne rempliraient pas convenablement leurs fonctions.

157. Les 10 p. o/o du produit net des octrois seront versés dans les caisses de la régie aux époques qu'elle aura déterminées; le montant de ce prélèvement sera arrêté tous les mois par des bordereaux de recettes et dépenses, visés

et vérifiés par le préposé surveillant de l'octroi ; le recouvrement s'en poursuivra par la saisie des deniers de l'octroi, et même par voie de contrainte à l'égard du receveur municipal.

158. La régie des contributions indirectes sera autorisée à traiter de gré à gré avec les communes pour la perception de leurs octrois ; les traités ne seront définitifs qu'après avoir été approuvés par le ministre des finances.

159. Tous les préposés comptables des octrois sont tenus de fournir un cautionnement en numéraire, qui sera fixé par le ministre secrétaire d'État des finances, à raison du vingt-cinquième brut de la recette présumée.

Le minimum ne pourra être au-dessous de 200 francs.

Pour les octrois des grandes villes, il sera présenté des fixations particulières.

Ces cautionnements seront versés au trésor, qui en payera l'intérêt au taux fixé pour ceux des employés des contributions indirectes.

ORDONNANCE DU 11 JUIN 1817.

TITRE Iᵉʳ.

DE L'ÉTABLISSEMENT D'UNE PERCEPTION DE BANLIEUE AUX ENVIRONS DE LA VILLE DE PARIS.

Art. 1ᵉʳ. Il sera établi, autour de notre bonne ville de Paris, une perception de banlieue sur les eaux-de-vie, esprits et liqueurs.

Elle s'étendra à toutes les communes des arrondissements de Sceaux et de Saint-Denis.

2. Dans le rayon assigné à la perception de banlieue, les eaux-de-vie, esprits et liqueurs seront soumis aux droits de consommation réglés par le tarif ci-après, et aux autres dispositions de la présente ordonnance.

TARIF.

DÉSIGNATION des EAUX-DE-VIE, ESPRITS ET LIQUEURS.	MONTANT du droit par hectolitre.	OBSERVATIONS.
Eaux-de-vie en cercles au-dessous de 22 degrés......................	15ᶠ	Il sera perçu à la distillation des eaux-de-vie de grains, mélasse, vins, marcs, cidres ou autres subtances, un droit égal à celui imposé à l'entrée de la banlieue.
Eaux-de-vie en cercles de 22 degrés jusqu'à 28 exclusivement............	20	
Eaux-de-vie rectifiées à 28 degrés et au-dessus, esprits, eaux-de-vie de toute espèce en bouteille. — Eaux de senteur et liqueurs composées d'eau-de-vie et d'esprit, tant en cercles qu'en bouteilles....	30	Les eaux-de-vie ou esprits altérés par quelque mélange que ce soit sont assujettis aux mêmes droits que les eaux-de-vie ou esprits purs.

3. La direction de l'octroi de Paris sera chargée de la recette et des autres mesures d'exécution, avec le concours et sous la surveillance des maires, des sous-préfets, et sous l'autorité de notre préfet du département de la Seine et de notre directeur général des contributions indirectes, chacun dans l'ordre de ses attributions.

4. Ladite perception de banlieue ayant pour but de prévenir la fraude aux entrées de Paris, et de procurer aux communes rurales du département de la Seine des revenus dont elles ont besoin, les frais de perception seront supportés par lesdites communes et par l'octroi de Paris.

Le prélèvement sur les recettes à la charge des communes rurales ne pourra excéder 10 p. o/o des produits bruts. La quotité de ce prélèvement sera réglée par notre préfet du département de la Seine, et soumise par notre directeur général des contributions indirectes à l'approbation de notre ministre des finances.

5. La moitié des produits de la perception sera répartie, à la fin de chaque mois, entre les communes situées dans la banlieue, en proportion de leur population respective.

Il sera fait de l'autre moitié un fonds de réserve et de prévoyance, tant pour subvenir au payement des parts et portions qui, à raison de leur intérêt à des dépenses reconnues communes à plusieurs municipalités, pourront leur être assignées par la répartition à faire de ces dépenses dans les formes prescrites par l'article 46 de la loi du 25 mars dernier, que pour accorder des secours à celles qui éprouveraient des besoins impérieux et auraient à pourvoir à des dépenses extraordinaires.

6. Le fonds de réserve sera versé chaque mois à la caisse des dépôts volontaires, et il ne pourra en être fait emploi que d'après les règles prescrites par notre ordonnance du 7 mars dernier.

7. Le produit net de la perception sera passible du prélèvement des dix pour cent ordonnés au profit du trésor par l'article 153 de la loi du 28 avril 1816.

8. Le directeur de l'octroi de Paris fera verser dans les caisses des contributions indirectes le montant des dix pour cent revenant au trésor, et dans celles du receveur général du département le surplus du produit net.

Ce receveur versera sans retard et en proportion de ses rentrées, dans les caisses des communes, les sommes qui leur seront allouées, soit comme fonds ordinaire, soit comme fonds de supplément.

9. A l'expiration de chaque exercice, le directeur et les régisseurs de l'octroi de Paris présenteront le compte général de la perception de banlieue au préfet de la Seine, qui le transmettra avec ses observations au conseil général du département, pour être examiné, discuté et arrêté.

Les doubles de ce compte seront adressés aux sous-préfets des arrondissements de Saint-Denis et de Sceaux, et à notre directeur général des contributions indirectes.

Les sommes allouées aux communes en vertu des articles précédents feront partie de leur comptabilité, qui continuera à être réglée dans la forme ordinaire.

TITRE II.

DE LA PERCEPTION DES DROITS.

10. Les limites de la perception, objet de la présente ordonnance, seront déterminées par des poteaux portant ces mots : *Perception de la banlieue de Paris sur les eaux-de-vie, esprits et liqueurs.*

Le placement des bureaux sera déterminé par un arrêté du préfet de la Seine.

11. Tout porteur ou conducteur de boissons spécifiées en l'article 2 sera tenu, avant d'entrer dans la banlieue, de les déclarer à l'un des bureaux qui seront établis à cet effet sur les limites, et d'exhiber aux préposés les lettres de voiture, passavants, congés, acquits-à-caution ou toutes autres expéditions délivrées pour lesdites boissons par la régie des contributions indirectes.

12. Lorsque les boissons seront destinées pour la banlieue, le porteur ou conducteur sera tenu d'acquitter le droit au moment même de la déclaration et avant l'introduction, à moins qu'étant porteur d'un acquit-à-caution il ne déclare vouloir l'acquitter au moment de la décharge de cette expédition.

13. Les porteurs ou conducteurs de boissons, arrivant en destination de Paris ou de l'entrepôt général de cette ville, seront tenus de se munir d'acquits-à-caution au bureau d'entrée de la banlieue, si déjà ces boissons ne sont accompagnées d'une semblable expédition délivrée par l'administration des contributions indirectes.

Il en sera de même à l'égard des eaux-de-vie, esprits et liqueurs qui, ayant pour destination un lieu situé hors de la banlieue, en traverseront le territoire pour y arriver.

14. Les eaux-de-vie, esprits et liqueurs qui sortiront de l'entrepôt général ne pourront être enlevés qu'avec un acquit-à-caution.

15. Les acquits-à-caution délivrés en exécution des articles précédents seront déchargés par les employés de l'octroi de Paris ou des contributions indirectes, soit après l'acquittement des droits aux entrées de Paris, soit après la prise en charge à l'entrepôt général, soit enfin après la vérification, au bureau de sortie de la banlieue, des eaux-de-vie, esprits et liqueurs qui seront expédiés pour le dehors.

16. Il ne pourra être établi de distilleries dans la banlieue qu'en vertu d'une autorisation donnée par le préfet de la Seine.

17. Il sera fait mention sur les congés ou acquits-à-caution délivrés par les préposés des contributions indirectes, pour les eaux de-vie, esprits ou liqueurs qui seront enlevés de l'intérieur de la banlieue, que l'expéditeur a justifié de l'acquittement du droit de banlieue.

18. Les eaux-de-vie, esprits et liqueurs circulant dans la banlieue sans acquits-à-caution de l'octroi, ou sans quittance du droit de banlieue, ou sans que les expéditions dont ils seront accompagnés pour les contributions indirectes, présentent la mention voulue par l'article précédent, seront saisis par les préposés de l'octroi ou des contributions indirectes.

19. Conformément à l'article 53 de la loi du 28 avril 1816, les débitants de boissons seront tenus de représenter aux employés des contributions indirectes les quittances du droit de banlieue pour les eaux-de-vie, esprits et liqueurs, qu'ils auront introduits dans leur débit; celles de ces boissons pour lesquelles ils ne pouuont justifier de l'acquit de ce droit seront saisies et confisquées.

TITRE III.

DISPOSITIONS TRANSITOIRES.

20. Les eaux-de-vie, esprits et liqueurs qui existeraient en charge, lors de la promulgation de la présente ordon-

nance, dans les comptes ouverts par les préposés des contributions indirectes aux marchands en gros, commissionnaires,
facteurs, dépositaires, courtiers, bouilleurs, distillateurs,
débitants et autres faisant un commerce quelconque de ces
boissons dans le rayon assigné à ladite perception, seront
soumis aux droits de banlieue, si, dans le délai de dix jours,
ces boissons ne sont expédiées, soit à l'entrepôt général,
soit à l'extérieur.

TITRE IV.

DISPOSITIONS GÉNÉRALES.

21. Les eaux-de-vie, esprits et liqueurs ne pourront être
entreposés dans la banlieue [1]; celles desdites boissons qui
auront été déclarées, lors de l'introduction, comme ayant
une destination extérieure, et dont le transport serait interrompu par une cause quelconque, devront être conduites
à l'entrepôt général de la ville de Paris.

22. Toute contravention aux dispositions de la présente
ordonnance sera punie de la confiscation des objets saisis,
conformément aux lois en matière d'octroi.

23. Le produit de ces confiscations sera réparti conformément aux règles prescrites pour l'octroi de Paris.

24. Dans tous les cas non prévus par les dispositions qui
précèdent, on se conformera, en tout ce qui n'est pas abrogé
par les lois en vigueur, aux dispositions de nos ordonnances
des 9 et 23 décembre 1814, portant règlement d'octroi.

ORDONNANCE DU 3 JUIN 1818.

ART. 1er. Les octrois par abonnement établis en vertu de
l'arrêté du 4 thermidor an x, et des autorisations qui avaient
été postérieurement accordées, cesseront définitivement à
dater du 1er janvier 1819.

[1] Voir l'article 3 de la loi du 23 juillet 1820.

17.

LOI DU 23 JUILLET 1820.

Art. 3. Dans les communes qui, en vertu de l'article 152 de la loi du 28 avril 1816, ont été ou sont soumises à un octroi en banlieue, les boissons seront admises en entrepôt, aux mêmes conditions que dans l'intérieur de la ville.

Dans la banlieue de Paris, les entrepositaires et marchands en gros d'eaux-de-vie, esprits et liqueurs, seront soumis à l'exercice de détail, mais ils jouiront des déductions portées en l'article 87 de la loi du 25 mars 1817.

LOI DU 17 AOUT 1822.

Art. 16. A partir du 1er janvier 1823, le produit des centimes additionnels que les villes ont été ou seront autorisées à ajouter temporairement aux tarifs de leur octroi, pour subvenir à des dépenses d'établissement d'utilité publique, ou pour se libérer d'emprunts, cessera d'être soumis au prélèvement du dix pour cent auquel sont assujettis les produits ordinaires des octrois.

LOI DU 29 MARS 1832.

Art. 7. Les voitures particulières suspendues seront, à l'avenir, soumises, aux entrées de Paris, aux mêmes visites que les voitures publiques.

8. Les dispositions des articles 27 et 46 de la loi du 28 avril 1816 seront applicables à la fraude sur toutes les denrées sujettes aux droits de l'octroi, à l'entrée dans Paris; toutefois l'amende ne sera plus que de 100 à 200 francs pour la fraude dans les voitures particulières suspendues.

9. L'introduction ou la tentative d'introduction dans Paris d'objets soumis aux droits d'octroi, à l'aide d'ustensiles préparés ou de moyens disposés pour la fraude, donnera lieu

à l'application des articles 223, 224 et 225 de la même loi.

LOI DU 21 AVRIL 1832.

ART. 20. Dans les villes ayant un octroi, le contingent personnel et mobilier pourra être payé en totalité ou en partie par les caisses municipales, sur la demande qui en sera faite aux préfets par les conseils municipaux. Ces conseils détermineront la portion du contingent qui devra être prélevée sur le produit de l'octroi. La portion à percevoir au moyen d'un rôle sera répartie en cote mobilière seulement.

Les délibérations prises par les conseils municipaux ne recevront leur exécution qu'après avoir été approuvées par ordonnance royale.

LOI DU 24 MAI 1834.

ART. 9. Les dispositions des articles 7, 8 et 9 de la loi du 29 mars 1832, relative aux octrois de Paris, sont rendues applicables à toutes les communes du royaume ayant un octroi.

10. Sur la demande des conseils municipaux, il pourra être fait application, dans les villes sujettes à l'octroi, des dispositions de l'article 10 de la loi du 1er mars 1822, qui prohibe la fabrication et la distillation des eaux-de-vie dans la ville de Paris.

25. A chaque session législative, et au moment de la présentation du budget, il sera distribué aux Chambres un état indiquant les communes en faveur desquelles il aura été fait usage, dans l'année précédente, de la faculté accordée par l'article 149 de la loi du 28 avril 1816.

Toutefois, et par exception, à la session de 1835, ce tableau comprendra le relevé général de toutes les communes soumises aux droits d'entrée, en énonçant, en outre, dans une colonne spéciale et par chaque commune, le produit total de l'octroi perçu au profit de cette même commune.

LOI DU 11 JUIN 1842.

Art. 8. A l'avenir, l'établissement des taxes d'octroi votées par les conseils municipaux, la modification de celles qui existent actuellement, ainsi que les règlements relatifs à leur perception, seront autorisés par ordonnances royales rendues dans la forme des règlements d'administration publique.

9. Les droits d'octroi qui seront établis sur les boissons, en vertu de ces ordonnances royales, ne pourront excéder ceux qui seront perçus aux entrées des villes, au profit du trésor (le décime non compris).

Dans les communes qui, à raison de leur population, ne sont pas soumises à un droit d'entrée sur les boissons, le droit d'octroi ne pourra dépasser le droit d'entrée déterminé par la loi pour les villes d'une population de quatre mille âmes.

Il ne pourra être établi aucune taxe d'octroi supérieure au droit d'entrée qu'en vertu d'une loi.

L'article 149 de la loi du 28 avril 1816 est abrogé.

10. Les taxes d'octroi actuellement existantes, qui sont supérieures aux limites fixées par l'article précédent, continueront à être perçues pendant toute la durée déterminée par l'ordonnance royale d'autorisation. Ces surtaxes, ainsi que celles dont la durée est illimitée, cesseront néanmoins de plein droit au 31 décembre 1852, sans préjudice du droit qu'ont les communes d'y renoncer avant ce délai.

PRÉLÈVEMENT

A LA CHARGE DES COMMUNES

POUR FRAIS DE CASERNEMENT.

———

LOI DU 15 MAI 1818.

Art. 46. Dans aucun cas et sous aucun prétexte, il ne pourra être fait, au profit du trésor, aucun prélèvement sur les centimes ordinaires, extraordinaires ou facultatifs des communes, ni sur leurs autres revenus, à l'exception,

1° (Du dixième du produit net des octrois, ordonné par l'article 153 de la loi du 28 avril 1816);

2° Des dépenses de casernement et des lits militaires, qui ne pourront, dans aucun cas, s'élever, par chaque année, au-dessus de 7 francs par homme et 3 francs par cheval, pendant la durée de l'occupation; au moyen de quoi les réparations et loyers des casernes et de tous autres bâtiments ou établissements militaires, ainsi que l'entretien et la literie et l'occupation des lits militaires seront à la charge du Gouvernement.

ORDONNANCE DU 5 AOUT 1818.

Art. 1er. Dans les villes qui perçoivent des octrois, les fonds nécessaires au payement de l'abonnement stipulé par l'article 46 de la loi du 15 mai dernier, pour le casernement et l'occupation des lits militaires, seront compris, chaque année, au budget des communes, sur le pied des fonds alloués pour cet objet dans le budget de l'exercice précédent. Si la dépense réelle de l'abonnement excédait la dépense allouée, il y serait pourvu par voie de rappel de cet excédant dans le budget de l'année suivante.

2. La régie des contributions indirectes est chargée d'opérer le prélèvement des fonds d'abonnement, d'après le mode suivi pour le prélèvement du dixième de l'octroi.

Le prélèvement ne se fera qu'à raison d'un quinzième par mois de la somme allouée au budget pour l'abonnement annuel, sauf la restriction prévue par l'article 7 ci-après, et les moyens additionnels de recouvrement qu'il comporte.

3. Au commencement de chaque trimestre, l'intendant militaire fera dresser par les sous-intendants, pour chacune des villes soumises au prélèvement dans sa division, d'après les états de revue, le décompte du nombre effectif des journées d'occupation des hommes et des chevaux qui, pendant le trimestre précédent, auront été logés dans les bâtiments ou établissements militaires.

Seront compris dans l'état de décompte pour le nombre effectif de leurs journées d'occupation,

1° Tous les officiers et agents militaires de tout grade qui, en vertu du règlement, ont droit au logement en nature, comme les officiers de garnison, soit qu'ils logent ou non dans les bâtiments militaires ;

2° Les chevaux des officiers des troupes de cavalerie, ainsi que ceux du train d'artillerie, du train du génie et des équipages, et autres ayant droit à la ration de fourrages en nature.

4. Les sous-intendants militaires adresseront à l'intendant de la division les revues qu'ils auront arrêtées pour constater le nombre des journées des hommes et des chevaux.

L'intendant dressera, à la suite du décompte des journées d'occupation, le décompte trimestriel de l'abonnement à raison de 7 francs pour trois cent soixante-cinq journées d'hommes et de 3 francs pour trois cent soixante-cinq journées de cheval. Il transmettra ces décomptes, arrêtés par lui, aux préfets des départements de la division militaire, lesquels les communiqueront aux maires des communes débitrices pour être admis ou contestés. Dans le premier cas, la feuille de décompte, dûment visée par le préfet, sera remise par ses soins au directeur général des contributions indirectes, pour servir aux mêmes fins qu'un rôle exécutoire.

5. Une autre expédition de la feuille des décomptes sera transmise par l'intendant militaire à notre ministre de la guerre, qui en fera l'envoi au directeur général des contributions indirectes, afin qu'il fasse poursuivre au besoin le recouvrement des sommes dues sur les décomptes admis.

6. Dans les cas prévus de contestation par le maire, celui-ci s'adressera au préfet du département, qui transmettra la réclamation au ministre de la guerre pour être statué sur ladite réclamation, s'il s'agit du nombre des journées d'occupation.

Quand la contestation portera sur le payement même des décomptes, il y sera statué comme pour le dixième de l'octroi.

Le point de contestation une fois jugé par décision ministérielle, le payement des décomptes, si la ville est en débet, sera poursuivi par la régie, sauf le recours à nous en notre conseil, selon le règlement.

7. Si, par le résultat des décomptes, le quinzième du fonds alloué par le budget, et prélevé, suivant l'article 2, par la régie sur chaque mois du trimestre précédent auquel le décompte appartient, est inférieur à la dépense effective du même trimestre, la somme qui restera due sera prélevée par la régie, à raison d'un tiers, à la fin de chacun des mois du trimestre suivant.

Lorsque le montant total des décomptes des trois premiers trimestres démontrera l'insuffisance du fonds alloué pour l'abonnement, la somme qui restera disponible sur ce même fonds sera prélevée par tiers sur chaque mois du dernier trimestre de l'année.

10.' Nous nous réservons de statuer, d'après le rapport de notre ministre de l'intérieur et les avis respectifs de nos ministres de la guerre et des finances, s'il y a lieu, sur les projets de lois ou d'ordonnances qui seront à proposer pour l'homologation des votes ou pour l'admission des demandes des conseils municipaux, tendant, 1° à convertir en abonnement fixe et d'une fraction constante de l'octroi, le produit moyen de l'abonnement déterminé par le présent titre ; 2° à obtenir des dégrèvements fondés sur des exceptions qui résulteraient, soit d'événements de force majeure légalement constatés, soit de l'excédant du montant annuel des décomptes de l'abonnement sur la charge que les communes sont en état de supporter sans lésion, d'après leurs revenus ou leurs ressources.

TABACS.

LOI DU 28 AVRIL 1816.

CHAPITRE PREMIER.

DE LA FABRICATION ET DE LA VENTE DU TABAC.

172. L'achat, la fabrication et la vente des tabacs continueront à avoir lieu par la régie des contributions indirectes dans toute l'étendue du royaume, exclusivement au profit de l'État [1].

173. Les tabacs fabriqués à l'étranger, de quelque pays qu'ils proviennent, sont prohibés à l'entrée du royaume, à moins qu'ils ne soient achetés pour le compte de la régie [2].

174. Le prix des tabacs fabriqués que la régie vendra aux consommateurs ne pourra excéder la fixation ci-après, savoir [3] :

Par kilogramme de 1re qualité de toute espèce. 11f 20c
Par kilogramme de 2e qualité de toute espèce. 7 20
Par cigare...................................... 5

175. Il sera fabriqué une espèce de tabac dit *de cantine*, dont le prix ne pourra excéder 4 francs le kilogramme. .

176. Les prix fixés par les articles 174 et 175 pourront

---

[1] Modifié par l'ordonnance royale du 5 janvier 1831 qui a détaché de l'administration des contributions indirectes, pour en former une administration à part, l'achat et la fabrication des tabacs.

[2] Modifié par une loi sur les douanes du 7 juin 1820, relative à l'importation de tabacs de fabrication étrangère. (Voir p. 280.)

[3] Voir, ci-après, les nouveaux tarifs, p. 283 et 284.

être réduits en vertu d'ordonnances du Roi, et il pourra, de plus, être établi des qualités intermédiaires de tabac, dont les prix seront proportionnés à ceux fixés par ces articles.

177. La régie est autorisée à vendre aux consommateurs des tabacs étrangers de toute espèce ; le prix en sera déterminé par des ordonnances du Roi.

178. La régie est également autorisée à vendre aux pharmaciens, aux propriétaires de bestiaux et aux artistes vétérinaires, des feuilles indigènes, au prix du tabac de cantine.

179. La régie pourra vendre des tabacs en feuille exotiques, et les caboches et les côtes des feuilles indigènes, à la charge de les exporter. Elle pourra vendre également des tabacs fabriqués, à la même condition, et à des prix inférieurs à ceux qui sont déterminés ci-dessus.

Dans l'un et l'autre cas, les prix seront fixés par le ministre des finances.

CHAPITRE II.

DE LA CULTURE DU TABAC EN GÉNÉRAL.

180. La culture des tabacs est maintenue dans les départements où elle est autorisée aujourd'hui, si d'ailleurs elle s'élève à 100,000 kilogrammes en tabacs secs.

Nul ne pourra se livrer à la culture du tabac sans en avoir fait préalablement la déclaration et sans en avoir obtenu la permission. Il ne sera admis de déclaration pour moins de vingt ares en une seule pièce.

181. Les tabacs qui seront plantés en contravention au présent article seront détruits aux frais des cultivateurs, sur l'ordre que le sous-préfet en donnera, à la réquisition *du contrôleur principal* des contributions indirectes[1]. Les contrevenants seront, en outre, condamnés à une amende de

---

[1] Directeur de département ou d'arrondissement.

50 francs par cent pieds de tabacs, si la plantation est faite sur un terrain ouvert, et de 150 francs, si le terrain est clos de murs, sans que cette amende puisse, en aucun cas, excéder 3,000 francs.

182. Les cultivateurs seront tenus de représenter, en totalité, le produit de leur récolte, calculé sur les bases qui seront déterminées ci-après, à peine de payer, pour les quantités manquantes, le prix du tabac fabriqué de cantine.

183. A l'avenir, les cultivateurs auront la faculté de destiner leur récolte, soit à l'approvisionnement des manufactures royales, soit à l'exportation, en se conformant aux dispositions prescrites dans l'un et l'autre cas.

CHAPITRE III.

DE LA CULTURE POUR L'APPROVISIONNEMENT DES MANUFACTURES ROYALES.

184. Le directeur général des contributions indirectes[1] fera connaître, dans le mois d'octobre de chaque année, dans chacun des départements où la culture est autorisée, le nombre de quintaux métriques de tabac qui sont nécessaires à la régie, et qui devront lui être fournis sur la récolte de l'année suivante.

185. Le directeur général[2] répartira ces quantités de tabacs de manière à assurer au moins les[3] cinq sixièmes des approvisionnements des manufactures royales en tabacs indigènes.

186. Le préfet, en conseil de préfecture, après avoir entendu deux des principaux planteurs de tabacs de chaque arrondissement, et après l'avis du directeur des contributions indirectes du département, réglera par approxi-

[1] Le ministre des finances. (Article 3 de la loi du 12 février 1835.)
[2] *Idem.*
[3] Quatre cinquièmes au plus (*idem*).

mation le nombre d'hectares de terres qu'il sera permis de planter en tabac, pour produire les quantités ci-dessus mentionnées[1].

187. Le préfet, en la forme prescrite par l'article précédent, décidera si cette fourniture se fera par voie d'adjudication, ou soumission, ou traité avec les planteurs de tabac, ou si l'on se conformera aux usages adoptés les années précédentes[2].

188. Le préfet déterminera alors, et toujours après avoir entendu deux des principaux planteurs, et après l'avis du directeur des contributions indirectes du département, le mode de déclaration, permission, surveillance, contrôle, décharge, classification, expertise, et livraison de la récolte[3].

189. Dans les arrondissements où les adjudications, soumissions ou traités seraient adoptés, il sera dressé un cahier de charges, qui sera approuvé par le directeur des contributions indirectes du département.

Ce cahier de charges contiendra toutes les obligations que les adjudicataires ou soumissionnaires auront à remplir, et déterminera notamment le mode de surveillance et de contrôle de la culture, ainsi que le mode de livraison des tabacs. Les conditions en seront obligatoires pour l'administration et les contractants, comme toute convention faite par acte authentique entre particuliers, et aucun règlement ou circulaire d'administration publique ne pourront changer ou modifier ces conventions ou traités ainsi consentis.

190. Ne seront admis à concourir aux adjudications, soumissions ou traités, que les planteurs de tabacs reconnus solvables par le préfet et le directeur des contributions indirectes, ou qui pourront fournir caution pour sûreté de leurs engagements.

191. Lorsque le préfet aura réglé que la fourniture se

[1] Modifié par la loi du 12 février 1835.
[2] Modifié par la loi du 12 février 1835.
[3] Modifié par la loi du 12 février 1835.

fera par traité particulier, ou conformément à ce qui était précédemment en usage, il déterminera alors le mode de surveillance, contrôle et livraison.

192. Le préfet[1] fixera, en la forme prescrite par l'article 185, les prix des diverses qualités de tabac qui, dans aucun cas, ne pourront être au-dessous de ceux accordés en 1815 pour la récolte de 1814.

Ces prix pourront servir de base aux traités particuliers, et, d'accord avec les principaux planteurs de tabac, être fixés pour toute la durée de la présente loi.

Il pourra être accordé, en outre des prix fixés, à titre d'encouragement de culture, dix centimes par kilogramme de tabac, pour les qualités dites *surchoix*.

193. Lorsque la vérification de culture fera connaître qu'il y a excédant de plus d'un cinquième, soit sur la quantité de terre déclarée, soit sur le nombre des pieds de tabac, suivant le mode déterminé par le préfet, il en sera dressé procès-verbal, et le contrevenant sera condamné à une amende de 25 francs par 100 pieds de tabacs, plantés sur les terres excédant la déclaration, sans que cette amende puisse s'élever au dessus de 1,500 francs, et sans préjudice de l'augmentation de charge qui en résultera au compte du cultivateur.

194. En cas de contestation sur le mesurage des terres plantées en tabac, ou sur le nombre des pieds de tabac excédant, la vérification en sera ordonnée d'office par le préfet, et les frais en resteront à la charge de celle des parties dont l'estimation aura présenté la différence la plus forte, comparativement avec la contenance réelle.

195. Dans le cas prévu par les articles 181 et 193, les cultivateurs seront privés du droit de planter à l'avenir du tabac. Il en sera de même à l'égard de ceux qui auront soustrait, en tout ou en partie, leur récolte à l'exportation.

[1] Ministre. (Art. 4 de la loi du 12 février 1835.)

196. Les cultivateurs seront tenus d'arracher et de détruire, immédiatement après la récolte, les tiges et souches de leurs plantations; sur leur refus, l'opération sera exécutée de la manière prescrite en l'article 181.

197. Les planteurs de tabac seront admis à faire constater par les employés de la régie, en présence du maire et de concert avec lui, les accidents que leur récolte encore sur pied auraient éprouvés par suite de l'intempérie des saisons. La réduction à laquelle ils pourront prétendre sur la quantité ou le nombre qu'ils seraient tenus de représenter, en exécution de l'article 182, sera estimée de gré à gré an même instant; et, en cas de discussion, il sera prononcé par des experts nommés par le préfet.

Ils seront de même admis à présenter au magasin de réception les tabacs avariés depuis la récolte, à en requérir la destruction en leur présence, et à la faire constater par les employés.

198. Le compte du cultivateur de tabac sera déchargé des quantités ou nombres dont la détérioration ou la destruction sur pied aura été constatée, et de ceux du tabac avarié depuis la récolte, qu'il aura présenté au bureau, et qui aura été détruit conformément à l'article précédent.

199. Lors de la livraison, le compte du cultivateur de tabac sera balancé. En cas de déficit, il sera tenu de payer la valeur des quantités manquantes, d'après le mode arrêté par le préfet, au taux du tabac de cantine.

200. Les sommes dues par les cultivateurs, en vertu de l'article précédent, seront recouvrées dans la forme des impositions directes, sur un état dressé par le directeur des contributions indirectes, et rendu exécutoire par le préfet.

201. Les cultivateurs seront recevables, pendant un mois, à porter devant le conseil de préfecture leurs réclamations contre le résultat de leur décompte. Le conseil de préfecture devra prononcer dans les deux mois.

CHAPITRE IV.

DE LA CULTURE DU TABAC POUR L'EXPORTATION.

202. La culture du tabac pour l'exportation est autorisée dans les départements où la culture est maintenue.

Tous propriétaires et fermiers pourront être admis à cultiver du tabac pour l'exportation, s'ils sont reconnus solvables par le préfet et le directeur des contributions indirectes du département, ou s'ils fournissent caution pour sûreté de l'exportation de leur tabac.

Les articles 180, 181 et 182 de la présente loi sont applicables à ceux qui voudraient cultiver pour l'exportation.

203. Le préfet, dans la forme prescrite à l'article 186, déterminera le mode de déclaration, vérification, contrôle et charges des cultivateurs pour l'exportation.

204. Dans le cas où le planteur de tabac pour l'exportation cultiverait aussi pour l'approvisionnement des manufactures royales, le préfet, en conseil de préfecture, après avoir entendu deux des principaux cultivateurs de tabac, et après l'avis du directeur des contributions indirectes du département, déterminera le mode de livraison à faire à la régie, et celui de surveillance à exercer pour les tabacs restant à exporter.

205. Les charges des planteurs de tabac, établies conformément au mode déterminé par le préfet, seront portées sur des registres qui seront ensuite déposés dans le bureau où les tabacs devront être présentés avant l'exportation.

206. L'exportation sera effectuée avant le 1er août de l'année qui suivra la récolte, à moins que le cultivateur n'ait obtenu du préfet, sur l'avis du directeur du département, une prolongation de délai, qui, en aucun cas, ne pourra passer le 1er septembre, et qui ne pourra lui être accordée qu'autant qu'il justifiera que sa récolte est intacte.

Néanmoins, si le cultivateur, au lieu d'exporter ses tabacs, conformément au présent article, préfère les déposer dans les magasins de la régie, ils y seront admis en entrepôt, et y resteront jusqu'à l'exportation. Les frais de magasinage et autres seront payés par lui, d'après un tarif dressé par le préfet.

207. Après les délais qui auront été accordés pour l'exportation, les tabacs qui n'auront été ni exportés, ni mis en entrepôt, seront saisis et confisqués, sans préjudice des répétitions de la régie contre le cultivateur et sa caution, pour raison des quantités manquantes.

208. Les tabacs ne pourront être enlevés de chez le cultivateur qu'en vertu d'un laissez-passer des employés des contributions indirectes, qui ne sera délivré que pour le bureau établi près le magasin le plus voisin.

209. A ce bureau, les tabacs seront reconnus, pesés, cordés et plombés; et il sera délivré au cultivateur, sans autre caution que celle qu'il aura fournie en exécution de l'article 202, et sans qu'il soit besoin qu'elle intervienne de nouveau, un acquit pour les accompagner jusqu'à l'étranger.

Si les tabacs n'étaient pas encore parvenus à un état de dessiccation complet, ou s'il était reconnu qu'ils eussent été mouillés, il sera fait de gré à gré, sur le poids, une réduction qui serait mentionnée sur l'acquit-à-caution.

Dans le cas où l'on ne s'accorderait pas sur cette réduction, les tabacs resteraient déposés au bureau jusqu'à parfaite dessiccation.

210. Les tabacs admis en entrepôt seront enregistrés après reconnaissance du poids et de la qualité, et il sera délivré acte du dépôt au cultivateur.

211. Le compte du cultivateur de tabac pour l'exportation sera déchargé des quantités détériorées et avariées, conformément aux articles 181 et 203 [1].

---

[1] Ou plutôt 197 et 198.

212. A l'expiration du délai fixé pour l'exportation, le compte sera balancé, et les articles 214, 215 et 216 de la présente loi seront applicables aux planteurs pour l'exportation [1].

213. Les sommes dues par les cultivateurs, en vertu de l'article précédent, seront recouvrées dans la forme des impositions directes, sur un état dressé par le directeur des contributions indirectes, et rendu exécutoire par le préfet.

214. Les cultivateurs seront recevables, pendant un mois, à porter devant le conseil de préfecture leurs réclamations contre le résultat de leur décompte. Le conseil de préfecture devra prononcer dans les deux mois.

CHAPITRE V.

DISPOSITIONS GÉNÉRALES APPLICABLES AU PRÉSENT TITRE.

215. Les tabacs en feuilles ne pourront circuler sans acquits-à-caution, si ce n'est dans le cas prévu par l'article 208, ou lorsqu'ils auront été cultivés pour l'approvisionnement de la régie, et qu'ils seront transportés du domicile du cultivateur au magasin de réception : ils devront, dans ce dernier cas, comme dans le premier, être accompagnés d'un laissez-passer.

. Les tabacs fabriqués ne pourront circuler sans acquit-à-caution toutes les fois que la quantité excédera dix kilogrammes ; les quantités d'un kilogramme à dix devront être accompagnées d'un laissez-passer, à moins qu'elles ne soient revêtues des marques et vignettes de la régie [2].

216. Les tabacs circulant en contravention à l'article précédent seront saisis et confisqués, ainsi que les chevaux, voitures, bateaux et autres objets servant au transport ; le

---

[1] Lisez 199, 200 et 201.

[2] Voir article 2 de la loi du 23 avril 1840 qui interdit la circulation du tabac de cantine même sous marques et vignettes, en quantités supérieures à un kilogramme sans acquit-à-caution ou facture.

18.

contrevenant sera puni, en outre, d'une amende de 100 fr. à 1,000 francs.

Toute personne convaincue d'avoir fourni le tabac saisi en fraude sera passible de cette dernière amende.

217. Nul ne peut avoir en sa possession des tabacs en feuilles, s'il n'est cultivateur dûment autorisé.

Nul ne peut avoir en provision des tabacs fabriqués autres que ceux des manufactures royales ; et cette provision ne peut excéder dix kilogrammes, à moins que les tabacs ne soient revêtus des marques et vignettes de la régie [1].

218. Les contraventions à l'article précédent seront punies de la confiscation, et, en outre, d'une amende de 10 francs par kilogramme de tabac saisi. Cette amende ne pourra excéder la somme de 3,000 francs, ni être au-dessous de 100 francs.

219. Les tabacs vendus par la régie comme tabacs de *cantine* seront saisis comme étant en fraude, lorsqu'ils seront trouvés dans les lieux où la vente n'en sera pas autorisée ; et les détenteurs seront passibles de l'amende portée en l'article précédent.

220. Les ustensiles de fabrication, tels que moulins, râpes, hache-tabacs, rouets, mécaniques à scaferlati, presses à carotte et autres, de quelque forme qu'ils puissent être, qui, quinze jours après la promulgation de la présente loi, ne seraient point rétablis sous le scellé ordonné par l'article 44 de la loi du 24 décembre 1814, seront saisis et confisqués.

221. Seront considérés et punis comme fabricants frauduleux les particuliers chez lesquels il sera trouvé des ustensiles, machines ou mécaniques propres à la fabrication ou à la pulvérisation, et en même temps des tabacs en feuilles ou en préparation, quelle qu'en soit la quantité, ou plus de dix kilogrammes de tabac fabriqué, non revêtu des marques de la régie.

[1] Voir l'article 5 de la loi du 24 juillet 1843.

Les tabacs et ustensiles, machines ou mécaniques, seront saisis et confisqués, et les contrevenants condamnés, en outre, à une amende de 1,000 à 3,000 francs.

En cas de récidive, l'amende sera double.

222. Ceux qui seront trouvés vendant en fraude du tabac à leur domicile, ou ceux qui en colporteront, qu'ils soient ou non surpris à le vendre, seront arrêtés et constitués prisonniers, et condamnés à une amende de 300 francs à 1,000 francs, indépendamment de la confiscation des tabacs saisis, de celle des ustensiles servant à la vente, et, en cas de colportage', de celle des moyens de transport, conformément à l'article 216.

223. Les employés des contributions indirectes, des douanes ou des octrois, les gendarmes, les préposés forestiers, les gardes champêtres, et généralement tout employé assermenté, pourront constater la vente des tabacs en contravention à l'article 172, le colportage', les circulations illégales, et généralement les fraudes sur le tabac; procéder à la saisie des tabacs, ustensiles et mécaniques prohibés par la présente loi; à celle des chevaux, voitures, bateaux et autres objets servant au transport, et constituer prisonniers les fraudeurs et colporteurs, dans le cas prévu par l'article précédent.

224. Lorsque, conformément aux articles 222 et 223, les employés auront arrêtés un colporteur ou fraudeur de tabacs, ils seront tenus de le conduire sur-le-champ devant un officier de police judiciaire, ou de le remettre à la force armée, qui le conduira devant le juge compétent, lequel statuera de suite, par une décision motivée sur son emprisonnement ou sa mise en liberté.

Néanmoins, si le prévenu offre bonne et suffisante caution de se présenter en justice et d'acquitter l'amende encourue, ou s'il consigne lui-même le montant de ladite amende, il sera mis en liberté, s'il n'existe aucune autre charge contre lui.

225. Tout individu condamné pour fait de contrebande en tabac sera détenu jusqu'à ce qu'il ait acquitté le montant des condamnations prononcées contre lui : cependant le temps de la détention ne pourra excéder six mois, sauf le cas de récidive, où le terme pourra être d'un an [1].

226. La contrebande de tabac avec attroupement et à main armée sera poursuivie et punie comme en matière de douanes.

227. Les préposés aux entrepôts et à la vente des tabacs, qui seraient convaincus d'avoir falsifié des tabacs des manufactures royales, par l'addition ou le mélange de matières hétérogènes, seront destitués, sans préjudice des peines portées *par l'article 318 du Code pénal* [2].

228. Les droits et actions acquis à la régie en vertu de la loi du 24 décembre 1814 lui sont réservés.

229. Le ministre des finances rendra, à la prochaine session des Chambres, un compte détaillé de la régie des tabacs, comprenant le montant total de ses recettes et dépenses effectives depuis son établissement.

Ledit compte fera connaître la quantité des tabacs indigènes et exotiques restant en magasin, et leur valeur calculée d'après le prix d'achat des feuilles, en y ajoutant, quant aux tabacs fabriqués, les frais de fabrication.

Le présent titre, relatif au tabac, n'aura d'effet que jusqu'au 1er janvier 1821 [3].

LOI DU 25 MARS 1817.

Art. 125. Les préposés qui seront reconnus coupables des prévarications prévues par l'article 227 de la loi du 28 avril 1816, seront punis d'une amende de 300 francs

---

[1] Modifié par la loi du 17 avril 1832, articles 7, 35 et 40.
[2] Remplacé par l'article 125 de la loi du 25 mars 1817 pour l'application de la peine.
[3] Prorogé par diverses lois successives jusqu'en 1852.

à 3,000 francs, et d'un emprisonnement de trois mois au moins et d'un an au plus.

ORDONNANCE DU 31 DÉCEMBRE 1817.

ART. 1er. Les préposés dénommés en l'article 223 de la loi du 28 avril 1816, ou tous autres individus, qui arrêteront ou concourront à arrêter des colporteurs ou vendeurs de tabacs de fraude, recevront une prime de 15 francs par chaque personne arrêtée, quel que soit le nombre des saisissants.

Cette prime ne sera acquittée qu'autant que les contrevenants auront été constitués prisonniers, ou qu'amenés devant le directeur des contributions indirectes, ils auront fourni caution ou auront été admis à transaction.

2. Les tabacs saisis, dans les vingt-quatre heures entre les mains de la régie, seront expertisés par un conseil composé du directeur de l'arrondissement, de l'entreposeur et d'un troisième employé désigné par l'inspecteur général, en présence du saisissant, s'il est possible, et, lorsqu'il s'agira de saisies faites par les préposés des douanes, en présence d'un délégué de leur directeur.

3. Le conseil jugera si les tabacs saisis sont ou non susceptibles d'être employés dans la fabrication. Dans le premier cas, ils seront classés, ou comme étant propres à la fabrication ordinaire, et payés à raison de 150 francs par cent kilogrammes, ou seulement comme étant susceptibles d'être employés dans la cantine, et payés 90 francs les cent kilogrammes.

4. En cas de saisie de tabac en qualité supérieure et jugé susceptible d'être vendu par la régie comme tabac de choix, les saisissants recevront, en sus du prix le plus élevé fixé par l'article précédent, une indemnité qui sera réglée par le conseil d'administration de la régie.

5. Immédiatement après l'expertise, les saisissants rece-

vront, selon qu'il y aura lieu, la totalité des primes et la part qui leur est attribuée par les règlements dans la valeur des tabacs saisis, sans déduction pour les frais, lesquels seront prélevés ultérieurement sur le produit de l'amende ou, en cas d'insuffisance, tomberont en non-valeur.

En cas de saisies faites à l'importation pour contravention aux lois de douanes, ce sera la valeur ci-dessus indiquée des tabacs, qui, sans déduction d'aucuns frais, sera remise, avec le montant des primes, au délégué du directeur des douanes.

LOI DU 7 JUIN 1820. (Extrait.)

DROIT DE DOUANES A L'ENTRÉE.

Tabac
- en feuilles
  - pour la régie.
    - Par navires français : des pays hors d'Europe exempt. des entrepôts.. 5 fr. les 100 kil.
    - Par navires étrangers ou par terre.................. 10
  - pour compte particulier............. prohibé.
- fabriqué. — Prohibition maintenue, sauf les petites provisions de tabac de santé ou d'habitude dont le ministre des finances autorise spécialement l'entrée ; elles payeront, savoir :

Tabacs ordinaires..... 10 fr.
Poudres de Séville et tabacs dits Kanester, Porto-Rico et Varinas........ 15
}par kilogramme, et seulement jusqu'à concurrence de 10 kilogrammes.

Cigares de la Havane et des Indes............. 40
}le 1,000 en nombre, et seulement jusqu'à concurrence de 2,000 [1].

ORDONNANCE DU 5 JANVIER 1831.

ART. 1er. La fabrication du tabac, les approvisionnements et, en général, les travaux qui en dépendent, seront administrés par un directeur spécial nommé par nous et assisté d'un sous-directeur nommé par le ministre des finances.

[1] Modifié par la loi du 2 juillet 1836.

2. La vente des tabacs dans les entrepôts et dans les bureaux de débit, et la surveillance qu'elle exige, ainsi que le personnel des entreposeurs et des débitants, resteront dans les attributions de l'administration des contributions indirectes. Toutefois, les agents attachés à la fabrication conserveront la faculté d'y vérifier la qualité des tabacs et de s'assurer qu'on y prend les soins nécessaires à leur conservation.

3. Les affaires contentieuses et litigieuses, relatives à l'exploitation du monopole des tabacs, seront examinées et jugées par un conseil d'administration, dont les membres seront désignés par notre ministre des finances, et choisis parmi les directeurs des différents services de ce ministère.

4. Le traitement du directeur est fixé à 20,000 francs, celui de sous-directeur à 12,000 francs.

LOI DU 21 AVRIL 1832.

ART. 1er. Continuera d'être faite la perception de la retenue sur le prix des livraisons de tabacs, autorisée par l'article 38 de la loi du 24 décembre 1814, jusqu'à concurrence de 1 centime par kilogramme, et spécialement affectée aux frais d'expertise et autres dépenses à la charge des planteurs.

LOI DU 12 FÉVRIER 1835.

ART. 2. Les permissions de culture seront données, dans chaque arrondissement, par une commission de cinq membres, composée du préfet, ou d'un de ses délégués, président; du directeur des contributions indirectes, d'un agent supérieur du service de culture, d'un membre du conseil général et d'un membre du conseil d'arrondissement, résidant dans l'arrondissement et non planteur.

Les membres du conseil général et du conseil d'arrondissement seront désignés par leur conseil respectif, et, à défaut, par le préfet du département.

3. Le ministre des finances répartira annuellement le nombre d'hectares à cultiver, ainsi que les quantités de tabac demandées aux départements où la culture est autorisée, de manière à assurer au plus les quatre cinquièmes des approvisionnements des manufactures royales aux tabacs indigènes.

4. Les prix seront fixés, chaque année, par le ministre des finances, pour les diverses qualités des tabacs de la récolte suivante, par chaque arrondissement où la culture sera autorisée. L'avis en sera donné par voie d'affiche et de publication.

5. Les dispositions des articles 172, 215, 216, 217, 218, 219, 220, 221, 222, 223, 224, 225 et 226 de la loi du 28 avril 1816 sont applicables à la fabrication, à la circulation et à la vente du tabac factice ou de toute autre matière préparée pour être vendue comme tabac, sans qu'il soit dérogé aux dispositions contenues dans la loi du 17 avril 1832, concernant la durée de la contrainte par corps.

LOI DU 23 AVRIL 1836.

ARTICLE UNIQUE. L'amende de 50 francs par cent pieds de tabac plantés sans autorisation sur un terrain ouvert, et de 150 francs, si le terrain est clos de murs, prononcée par l'article 181 de la loi du 28 avril 1816, doit être réglée en proportion du nombre de pieds au-dessous de cent comme au-dessus.

LOI DU 2 JUILLET 1836. (Douanes.)

TARIF D'ENTRÉE.

Cigares de la Havane et des Indes importés à titre de provision de santé ou d'habitude, en vertu de la loi du

7 juin 1820, 90 francs (sans décime par franc) le mille en nombre, du poids de deux kilogrammes et demi au plus.

Lorsque le poids de mille cigares dépassera cette limite, le droit sera perçu proportionnellement sur l'excédant.

ORDONNANCE DU 27 AOUT 1839.

Art. 1er. A partir du 1er octobre prochain, le prix des tabacs scaferlati et des rôles, vendus comme tabac dit de cantine, sera porté, dans les subdivisions de la première ligne où la vente en est autorisée, de 1 fr. 35 cent. le kilog. à 1 fr. 70 cent. pour les débitants, et de 1 fr. 70 cent. à 2 francs pour les consommateurs [1].

[1] Consultez, pour les prix des différentes espèces de tabac et la délimitation des lignes où la vente des tabacs à prix réduits est autorisée, les ordonnances des 24 août 1830, 18 mars 1832, 14 juillet 1833, 17 janvier 1834, 19 septembre 1836 et 8 septembre 1843, résumées dans le tableau suivant :

LIGNES.	SUBDIVISIONS.	DÉPARTEMENTS DONT UNE PARTIE DES COMMUNES sont comprises dans les lignes et subdivisions.	PRIX DES TABACS pour les débitants.			PRIX DES TABACS pour les consommateurs.		
			Poudres.	Scaferlati.	Rôles.	Poudres.	Scaferlati.	Rôles.
1re.	1re { partie nord.	Nord, Pas-de-Calais...............	2 15	1 70	1 70	2 50	2 00	2 00
	partie est..	Moselle, Bas-Rhin, Haut-Rhin.......	2 55	1 70	2 15	3 00	2 00	2 50
	2e { partie nord.	Nord, Pas-de-Calais...............						
	partie est..	Ardennes, Moselle, Bas et Haut-Rhin, Doubs.....................	3 40	2 15	2 55	4 00	2 50	3 00
2e.	1re.............	Nord, Pas-de-Calais...............						
	2e { partie nord.	Nord, Pas-de-Calais, Aisne.........	5 55	2 55	3 40	6 50	3 00	4 00
	partie est..	Ardennes, Meuse, Moselle, Bas-Rhin, Meurthe, Vosges, Haut-Rhin, Haute-Saône, Doubs, Jura.......	3 40	2 55	3 40	4 00	3 00	4 00
3e.	Partie nord......	Nord, Pas-de-Calais, Somme, Aisne...	"	3 40	5 55	"	4 00	6 50
	Partie est........	Ardennes, Meuse, Moselle, Meurthe, Vosges, Haute-Saône, Doubs, Jura, Ain...................	5 55	3 40	5 55	6 50	4 00	6 50
4e.	....	Somme, Aisne, Ardennes, Meuse, Moselle, Meurthe, Vosges, Haute-Saône, Doubs, Jura, Aisne.............		5 55			6 50	"

2. Au 1ᵉʳ janvier 1840, les prix des tabacs de toute espèce seront fixés, tant pour les livraisons aux entreposeurs et aux débitants, que pour la vente aux consommateurs, conformément au tarif ci-après :

DÉSIGNATION DES ESPÈCES et QUALITÉS DES TABACS.	PRIX DE VENTE PAR KILOGRAMME	
	dont il est compté au Trésor.	payé par les consommateurs.
TABACS VENDUS PAR LES ENTREPOSEURS.		
Tabacs étrangers. Cigares fabriqués à la Havane. Régalia [1]....	48ᶠ 50ᶜ	50ᶠ 00ᶜ
Ordinaires..	36 50	37 50
Carottes à pulvériser.............	9 50	10 00
TABACS VENDUS PAR LES DÉBITANTS.		
Tabacs étrangers. Cigares fabriqués à la Havane. Régalia.....	43 50	50 00
Ordinaires ..	32 50	37 50
Cigares fabriqués en France.......	22 00	25 00
Poudres.....................	11 10	12 00
Scaferlati...................	11 10	12 00
Rôles menus filés..................	9 80	11 00
Tabacs ordinaires. Cigares....................	11 00	12 50
Poudres....................	7 00	8 00
Scaferlati...................	7 00	8 00
Rôles..................	7 00	8 00
Carottes à fumer..............	7 00	8 00

LOI DU 23 AVRIL 1840.

ART. 2. A l'avenir, les tabacs dits de cantine ne pourront, même sous marques et vignettes, circuler en quantités supérieures à un kilogramme, à moins qu'ils ne soient enlevés des manufactures royales ou des entrepôts de la régie et accompagnés d'un acquit-à-caution ou d'une facture délivrée par l'entreposeur.

[1] Prix augmenté par l'ordonnance du 22 octobre 1843.

Toute contravention à cette disposition sera punie conformément à l'article 216 de la loi du 28 avril 1816.

ORDONNANCE DU 31 JUILLET 1842.

ART. 1er. La régie des contributions indirectes est autorisée à faire vendre deux nouvelles espèce de cigares fabriqués à la Havane, et désignés sous le nom de panatellas.

2. Ces cigares seront vendus directement par les entreposeurs aux consommateurs, et livrés en boîtes ou caissons
entiers de cinquante ou de cent cinquante cigares [1].

3. Les prix de vente de ces cigares sont fixés ainsi qu'il suit :

	PRIX DE VENTE DE 250 CIGARES représentant un kilogramme.		CAISSONS	
	Prix dont il est compté au Trésor.	Prix payé par les consommateurs.	de 100 CIGARES.	de 50 CIGARES.
	fr.	fr.	fr.	fr.
1re sorte.....	123	125	50	25
2e sorte.....	98	100	40	20

LOI DU 24 JUILLET 1843.

ART. 5. Dans les lieux où la vente des tabacs à prix réduits, dits de cantine, est autorisée, nul ne pourra, à l'avenir, avoir en provision plus de trois kilogrammes de tabacs de
cette espèce, lors même qu'ils seraient revêtus des marques
et vignettes de la régie.

Les contraventions à cette disposition seront punies conformément à l'article 218 de la loi du 28 avril 1816.

[1] Disposition abrogée par l'ordonnance du 16 juin 1844.

ORDONNANCE DU 22 OCTOBRE 1843.

Art. 1er. A partir de la publication de la présente ordonnance, le prix de vente des cigares de la Havane, dits régalias, fixé à 5o francs le kilogramme par notre ordonnance du 27 août 1839, est porté à 62 fr. 5o cent. le kilogramme ou caisson de deux cent cinquante cigares, soit 25 centimes la pièce.

Sont maintenues au taux actuellement réglé les remises allouées sur la vente de ces cigares. En conséquence, il sera compté au Trésor :

Pour les ventes faites par les entreposeurs.....   61 fr.
Pour les ventes faites par les débitants.......   56

2. L'administration des tabacs est autorisée à faire fabriquer par les manufactures royales, et l'administration des contributions indirectes est autorisée à vendre deux espèces de cigarettes composées avec des tabacs étrangers ; les unes seront entourées d'une simple enveloppe de papier, et les autres auront de plus un bout de bois.

Les débitants ne pourront livrer ces tabacs aux consommateurs que par paquets entiers de dix cigarettes, revêtus des vignettes de la régie.

3 Le prix par kilogramme des deux espèces de cigarettes est fixé ainsi qu'il suit :

	PRIX	
	AUX DÉBITANTS.	AUX CONSOMMATEURS.
Cigarettes à enveloppe simple, les mille pour un kilog....	45f 00c	50f { 50c le paquet de dix.
Cigarettes à bout en bois, les mille pour un kilog......	70 00	75 { 75c le paquet de dix.

POUDRES A FEU.

LOI DU 13 FRUCTIDOR AN V.

Art. 16. Les poudres continueront d'être fabriquées pour le compte de la *République* et ne pourront l'être que sous la direction ou la surveillance de l'administration chargée de cette partie[1].

Le *Directoire exécutif* prescrira le dosage des matières et les procédés de fabrication.

21. La loi du 11 mars 1793 est rapportée. En conséquence, il est défendu à qui que ce soit d'introduire aucune poudre étrangère dans la *République*, sous peine de confiscation de la poudre, des chevaux et voitures qui en seraient chargés, et d'une amende de 20 fr. 44 cent. par kilogramme de poudre (ou 10 francs par livre).

Si l'entrée en fraude est faite par la voie de la mer, l'amende sera double, en outre de la confiscation de la poudre.

24. La fabrication et la vente des poudres continueront d'être interdites à tous les citoyens autres que ceux qui y seront autorisés par une commission spéciale de l'administration nationale des poudres[2].

Il est également interdit aux citoyens qui n'y seraient pas autorisés de conserver chez eux de la poudre au delà de la quantité de cinq kilogrammes (environ dix livres un quart.

La surveillance de ces dispositions est confiée aux administrations départementales et municipales, aux *commissaires du Directoire exécutif près d'elles*, et aux officiers de police.

[1] Artillerie. (Ordonnance du 19 novembre 1817.)
[2] Administration des contributions indirectes.

27. Ceux qui feront fabriquer illicitement de la poudre seront condamnés à 3,000 francs d'amende. La poudre, les matières et ustensiles servant à sa confection seront confisqués, et les ouvriers employés à sa fabrication seront détenus pendant trois mois, pour la première fois, et pendant un an en cas de récidive. Le tiers des amendes appartiendra au dénonciateur : le surplus ainsi que les objets confisqués seront versés au trésor public et dans les magasins nationaux.

28. Tout citoyen qui vendrait de la poudre, sans y être autorisé conformément à l'article 24, sera condamné à une amende de 500 francs ; et celui qui en conserverait chez lui plus de cinq kilogrammes, à une amende de 100 francs.

Dans l'un et l'autre cas, les poudres seront confisquées et déposées dans les magasins nationaux.

29. Il est aussi défendu aux gardes des arsenaux de terre et de mer, à tous militaires, ouvriers et employés dans les poudreries, de vendre, donner ou échanger aucune poudre, sous peine de destitution, et d'une détention, qui sera de trois mois pour les gardes-magasins et militaires, et d'un an pour les ouvriers et employés des poudreries.

Les ouvriers des raffineries et ateliers nationaux de salpêtre, qui en détourneraient les produits, encourront les mêmes peines que les ouvriers des poudrières en pareil cas.

30. Tout voyageur ou conducteur de voitures qui transportera plus de cinq kilogrammes de poudre, sans pouvoir justifier leur destination par un passe-port de l'autorité compétente, revêtu d'un visa de la municipalité du lieu du départ, sera arrêté et condamné à une amende de 20 fr. 44 cent. par kilogramme de poudre saisie, avec confiscation de la poudre et des chevaux et voitures ; mais, si le conducteur n'a pas eu connaissance de la nature du chargement, il aura son recours contre le chargeur, qui l'aurait trompé et qui serait tenu de l'indemniser.

Néanmoins, dans la distance de deux lieues des frontières, les citoyens resteront soumis à tout ce qui est prescrit par les lois pour la circulation dans cette étendue.

33. La vente des poudres et salpêtres se fera pour le compte de la République, soit dans les magasins nationaux, soit par des débitants pourvus de commissions de l'administration des poudres.

36. Si un débitant était convaincu de tenir en dépôt ou vendre de la poudre de contrebande, il encourrait, outre la révocation de sa commission, la confiscation des matières prohibées et une amende de 1,000 francs.

DÉCRET DU 23 PLUVIOSE AN XIII.

ART. 1er. A dater de la publication du présent décret, toute vente de poudre de guerre est interdite..........

4. .....Tout individu qui aura conservé ou qui sera trouvé nanti d'une quantité quelconque de poudre de guerre sera dénoncé aux tribunaux, pour être poursuivi, aux termes de l'article 27 de la loi du 13 fructidor an V, comme ayant illicitement fabriqué de la poudre de guerre, et puni de 3,000 francs d'amende, à moins qu'il ne prouve l'avoir achetée d'un marchand domicilié et patenté, ou qu'il n'en mette le vendeur sous la main des tribunaux.

5. L'administration des poudres pourra toujours faire délivrer de ses magasins aux artificiers patentés la poudre de guerre qu'ils justifieront leur être nécessaire, en s'engageant à produire, toutes les fois qu'ils en seront requis, le certificat d'achat de ladite poudre.

DÉCRET DU 24 AOUT 1812.

ART. 1er. La régie des droits réunis est spécialement chargée de la recherche des poudres étrangères et de celles fabriquées hors des poudrières du Gouvernement, qui pourraient circuler et être vendues dans notre empire.

2. Le prix de celles qui seront saisies par les agents de cette régie, et qui doivent être remises à l'administration des poudres, et payées par elle au prix fixé par les lois et règlements, ainsi que les amendes des délinquants, seront adjugées à ces agents.

DÉCRET DU 16 MARS 1813.

ART. 2. Les employés des droits réunis sont autorisés à entrer en tous temps dans les ateliers, fabriques et magasins des fabricants, marchands et débitants, qui, aux termes des lois, sont tenus de justifier de l'emploi des poudres et salpêtres qu'ils ont en leur possession. Ils pourront aussi, conformément à l'article 83 de la loi du 5 ventôse an XII, faire des visites chez les particuliers soupçonnés de fraude, en se faisant assister par un officier de police.

3. Toutes contraventions aux lois et arrêtés concernant les poudres et salpêtres seront constatées par des procès-verbaux, rédigés concurremment au nom de l'administration des poudres et salpêtres et au nom de l'administration des droits réunis.

Toutes les formalités relatives à la rédaction de ces procès-verbaux et aux suites à y donner seront conformes à celles qui sont établies par le décret du 1er germinal an XIII, pour l'administration des droits réunis.

4. Les instances relatives aux fraudes et contraventions seront portées devant les tribunaux de police correctionnelle, où elles seront suivies, à la requête des deux administrations, par les défenseurs ou préposés supérieurs de l'administration des droits réunis, dans les formes propres à cette dernière.

5. Les tribunaux correctionnels prononceront dans tous les cas, à raison des fraudes et contraventions, les peines établies envers les contrevenants par les lois et arrêtés relatifs aux poudres et salpêtres.

Lorsque des employés des droits réunis, des poudres et salpêtres, des douanes, des agents de police, des gendarmes ou autres agents publics ayant le droit de verbaliser, auront seuls découvert la contravention et opéré la saisie, le produit des amendes et confiscations appartiendra exclusivement aux saisissants. Lorsque plusieurs préposés des administrations, ou agents publics ci-dessus désignés, auront concouru à une saisie, la répartition de l'amende et de la confiscation sera faite par portions égales entre les diverses administrations et les agents dépendant d'une même autorité, sans égard au nombre respectif des saisissants.

Les simples particuliers, qui auront découvert des contraventions et fait opérer des saisies de la manière prescrite par le décret du 10 septembre 1808, auront droit, comme les préposés et agents susdésignés, à la totalité du produit des amendes et confiscations.

Les agents de police et les gendarmes qui ne seront appelés que pour assister à la saisie n'auront droit à aucun partage des amendes.

6. Les transactions sur procès auront lieu dans la même forme et d'après les mêmes règles que celles qui sont établies pour la régie des droits réunis; mais elles ne pourront être consenties par les directeurs de cette régie que provisoirement, et de concert avec les commissaires de l'administration des poudres et salpêtres. Ces derniers consentiront seuls les transactions dans tous les cas où les employés des droits réunis n'auront point contribué à la découverte des délits, mais les arrangements qu'ils auront faits ne seront définitifs qu'après avoir été approuvés par l'administration des poudres.

7. Les personnes qui, en vertu de commission de la régie, sont autorisées à avoir en leur possession des poudres et salpêtres, à charge de justifier de l'emploi, feront cette justification; dans les formes qui seront déterminées par des instructions administratives, à la première réquisition des

19.

agents de l'administration des poudres et salpêtres et des
employés de la régie des droits réunis.

8. Les formalités relatives au transport des poudres et
salpêtres continueront comme par le passé, à être remplies, dans les lieux de départ et d'arrivée, par les officiers
municipaux; mais les employés des droits réunis seront
prévenus de ces transports par ceux qui les auront ordonnés.

ORDONNANCE DU 25 MARS 1818.

ART. 1ᵉʳ. A dater du 1ᵉʳ juin prochain, la vente des
poudres de chasse, de mine et de commerce sera exploitée
par la direction générale des contributions indirectes.

Il en sera de même des poudres de guerre destinées aux
armements du commerce maritime et à la consommation
des artificiers patentés.

La direction générale des contributions indirectes comp-
tera du produit de cette vente dans la même forme que du
produit de la vente des tabacs.

2. Une ordonnance spéciale déterminera, chaque année,
sur la proposition de nos ministres secrétaires d'État aux
départements de la guerre, de la marine et des finances, le
taux auquel chacun de ces deux derniers départements rem-
boursera à la direction générale des poudres le prix de fabrication des poudres qui lui seront livrées par cette direction dans le cours de l'année.

Les poudres seront vendues au commerce et aux particuliers par la direction générale des contributions indirectes,
aux prix déterminés par la loi.

3. La vente des poudres au public continuera d'être soumise, sous l'exploitation de la direction générale des contributions indirectes, aux lois, ordonnances et règlements
actuellement en vigueur sur la matière.

4 La direction générale des contributions indirectes de-

meure spécialement chargée de l'exécution des décrets des 24 août 1812 et 16 mars 1813, relatifs à la recherche et saisie des poudres, soit étrangères, soit fabriquées hors des poudreries du Gouvernement, qui pourraient circuler ou être vendues en fraude dans notre royaume.

5. A dater du 1er octobre prochain, les poudres de chasse de toute espèce ne seront vendues qu'en rouleaux ou paquets d'un demi, d'un quart et d'un huitième de kilogramme [1].

Chaque rouleau sera formé d'une enveloppe de plomb et revêtu d'une vignette indiquant l'espèce, le poids et le prix de la poudre, et sera fourni, ainsi confectionné, par la direction générale des poudres.

Dans aucun cas, le poids de l'enveloppe ne sera compté dans le poids de la poudre.

6. Les poudres de mine, de commerce extérieur et de guerre, pour les armateurs et artificiers patentés, ne seront point pliées, et continueront d'être vendues en barils, comme par le passé, dans les principaux établissements de vente : les barils qui les renfermeront porteront la marque et le plomb de la direction générale des poudres.

8. Chaque mois, le directeur général des contributions indirectes fera verser dans la caisse de la direction générale des poudres le prix de fabrication des poudres qui auront été vendues dans le courant du mois précédent.

13. A compter du 1er juin, toute autorisation ou commission, précédemment accordée par l'administration générale des poudres pour la vente au public, sera de droit annulée; et tout individu qui, en vertu de ces autorisations ou commissions, continuerait de vendre des poudres, sera passible des peines prononcées par la loi contre les particuliers coupables de ce genre de délit.

[1] Modifié.

LOI DU 16 MARS 1819.

Article unique. Le prix des poudres fabriquées par la régie des poudres, et que la régie des contributions indirectes vendra aux consommateurs, est fixé comme il suit jusqu'au 1er avril 1821, savoir :

Poudre de chasse [1].

Poudre de guerre, le kilogramme, 3 fr. 40 cent.

Les poudres de mine et de commerce extérieur seront livrées à cette destination aux prix auxquels elles reviendront à la régie des poudres, rendues sur les lieux de la livraison, sans que ce prix puisse excéder 3 fr. 40 cent. le kilogramme de la poudre de mine, et 3 fr. 20 cent. le kilogramme de la poudre de commerce extérieur.

ORDONNANCE DU 17 NOVEMBRE 1819.

Art. 1er. Les préposés dénommés dans l'article 223 de la loi du 28 avril 1816, ou toutes autres personnes qui, dans les cas déterminés par les articles 27 et 29 de la loi du 13 fructidor an v, arrêteront ou concourront à faire arrêter des contrevenants en matière de poudre à feu, recevront, quel que soit le nombre des saisissants, une prime de 15 francs par chaque individu arrêté.

2. La prime sera toujours partagée par tête, sans acception de grade, et sans que, sur son montant, il puisse être fait déduction d'aucun frais.

3. Les poudres saisies seront, dans les vingt-quatre heures de la saisie, déposées dans les magasins de l'administration des contributions indirectes, et payées aux saisissants à raison de 3 francs par kilogramme, sans distinction de qualité.

4. Immédiatement après la mise des poudres saisies dans

[1] Voir le tarif établi par la loi de 1834.

les magasins de la régie des contributions indirectes, les saisissants recevront, selon qu'il y aura lieu, la totalité de la prime et la part qui leur est attribuée par les règlements dans la valeur des poudres, sauf règlement de celle qu'ils auront à prétendre sur le produit de la vente des autres objets confisqués et sur celui de l'amende.

5. Les frais relatifs à des saisies de poudres ne seront, quels qu'ils puissent être, imputés que sur le produit de l'amende ou de la vente des autres objets confisqués. En cas d'insuffisance, ils demeureront à la charge de la régie.

ORDONNANCE DU 19 JUILLET 1829.

ART. 1er. L'administration des contributions indirectes fournira exclusivement aux armateurs et négociants les poudres de chasse et autres qui pourront être demandées par eux, soit pour l'armement et le commerce maritime, soit pour l'exportation par la voie de terre. Sont exceptées momentanément de la disposition ci-dessus les poudres de guerre. Toutefois, cette exception n'est pas applicable aux quantités de poudres de guerre délivrées aux armateurs en raison des armes à feu qu'exige le service de leurs bâtiments, et sur des états certifiés par le commissaire de marine du port de l'embarquement. L'exportation par la voie de terre ne pourra avoir lieu pour la poudre dite de commerce extérieur.

2. Les demandes de poudre que feront les armateurs et négociants seront appuyées de leur déclaration, laquelle énoncera, lorsqu'il s'agira de l'armement d'un navire, le nombre des bouches à feu et autres armes du bâtiment, et, lorsqu'il s'agira d'opérations commerciales, les contrées pour lesquelles les poudres seront destinées. Pour les exportations maritimes, la déclaration sera visée par le commissaire de la marine du lieu de l'armement ou de l'embar-

quement. En cas d'exportation par la voie de terre, elle le
sera par le préfet du département où réside le négociant
pour le compte duquel se fait l'exportation.

3. Les poudres destinées aux armateurs et négociants
leur seront délivrées des entrepôts les plus voisins des ports
ou des bureaux des douanes par lesquels les exportations
devront s'opérer.

4. Les délivrances de poudre seront certifiées par des
acquits-à-caution, sur lesquels les préposés de l'administration des contributions indirectes constateront les quantités
et les espèces de poudres fournies.

5. Lors de l'embarquement ou de la sortie desdites poudres, les préposés des douanes veilleront à ce que la totalité des poudres énoncées dans les acquits-à-caution soit ex-
portée. Ils en délivreront certificat sur les mêmes acquits,
ce dont les armateurs et négociants justifieront par la remise
desdits acquits aux préposés des contributions indirectes,
qui en donneront reçu.

6. Les poudres délivrées par l'administration des contributions indirectes pour le commerce d'exportation payeront,
à leur sortie, un droit de balance de 25 centimes par cent
kilogrammes (loi du 28 avril 1816, titre *Des douanes*, articles 13 et 14); celles destinées à l'armement des navires
seront affranchies de ce droit. Conformméent aux dispositions des articles 3, 4 et 20 de la loi du 10 juillet 1791 et
à l'article 19 de la loi du 21 avril 1818, les poudres expédiées à destination des colonies ou des établissements français restent affranchies de tout droit de sortie.

7. Pendant l'intervalle qui s'écoulera entre la délivrance
des poudres et leur exportation par mer, les armateurs et
négociants seront tenus, sous peine de 500 francs d'a-
mende, conformément à l'article 31 de la loi du 13 fructidor an v, de les déposer dans les magasins de l'État à ce
destinés : elles y resteront jusqu'au jour de la sortie des bâtiments sur lesquels elles devront être embarquées. Il en sera

de même pour les poudres qui rentreraient dans les ports de France après les expéditions maritimes.

8. Les poudres destinées à être exportées par la voie de terre ne pourront sortir que par les bureaux principaux de douane placés en première ligne. Elles resteront dans les magasins des entrepôts jusqu'à leur expédition au bureau de la frontière. Le délai et la route à suivre pour leur sortie du royaume seront fixés par les acquits-à-caution. Elles ne pourront plus rentrer en France.

9. Les armateurs et négociants prendront, pour le chargement et le transport des poudres qui leur sont délivrées, toutes les précautions nécessaires pour prévenir les accidents qui pourraient compromettre la sûreté des personnes et des habitations. Les barils de poudre seront bien assujettis sur les voitures, de manière que le mouvement de celles-ci ne puisse jamais les faire frotter les uns contre les autres. Ils y seront liés avec des cordes et non avec des chaînes. Les voitures chargées de poudre ne marcheront jamais plus vite que le pas et sur une seule file. On ne souffrira à leur suite ni feu, ni lumière, ni aucun fumeur. On en écartera les pierres et métaux qui peuvent produire les étincelles. On fera passer les transports de poudre, autant que possible, en dehors des communes, et, lorsqu'on sera forcé de faire entrer les voitures dans les villes, on requerra la municipalité de faire fermer les ateliers où il se fait du feu. Si la route est sèche on fera arroser les rues par où l'on devra passer. Les voitures chargées de poudre ne stationneront jamais dans les villes, bourgs ni villages; on les fera parquer en dehors, dans un lieu isolé des habitations, convenable, sûr et reconnu à l'avance. (Règlement du 24 septembre 1812.)

Les personnes pour le compte desquelles les poudres seront transportées demeureront responsables des accidents provenant du défaut de précautions, sauf leur recours contre qui de droit.

10. Les poudres livrées pour le service des armements maritimes, ou pour l'exportation par la voie de terre, devront être consommées ou vendues hors du territoire français. Toute vente, consommation ou réintroduction à l'intérieur en seront défendues, conformément à l'article 21 de la loi du 13 fructidor an v, la réintroduction sera punie de la confiscation de la poudre, des chevaux et des voitures, et, en outre, d'une amende de 20 fr. 44 cent. par kilogramme de poudre. Si la réintroduction est faite par la voie de mer, l'amende sera double, en outre de la confiscation de la poudre.

11. Les négociants, armateurs et tous autres qui conserveront dans leurs magasins, à l'intérieur, plus de cinq kilogrammes des poudres qui leur auraient été délivrées pour l'exportation, seront condamnés à une amende de 500 francs. Dans l'un et l'autre cas, les poudres seront confisquées et déposées dans les magasins de l'Etat; le tout conformément à l'article 28 de la loi du 13 fructidor an v.

12. Le prix des poudres de chasse fine et superfine, et de la poudre royale que la régie des contributions indirectes vendra à charge d'exportation, est fixé ainsi qu'il suit : poudre de chasse fine ou ordinaire, le kilog. 3 fr. 50 cent. au lieu de 6 fr. 50 cent., prix du tarif des ventes à l'intérieur; poudre de chasse superfine, le kilog. 4 francs au lieu de 8 francs; poudre royale, 4 fr. 50 cent. au lieu de 8 fr. 50 cent.

Les modifications qu'il pourrait y avoir lieu d'apporter ultérieurement aux prix ci-dessus fixés seront déterminées par ordonnances, sur le rapport du ministre secrétaire d'État au département des finances.

13. Les négociants qui obtiendront des poudres de chasse fines et superfines et des poudres royales, à des prix inférieurs à ceux du tarif des ventes à l'extérieur, à la charge d'exportation, contracteront, dans l'acquit-à-caution qui leur sera délivré, l'obligation de payer, s'ils ne justifient pas

de la sortie des poudres, le double de la différence entre le prix auquel la poudre leur aura été vendue et celui qui est réglé par le tarif pour la poudre de même espèce vendue au consommateur de l'intérieur ; et quant à la poudre de commerce extérieur et à la poudre de mine, les négociants contracteront par l'acquit-à-caution l'obligation de payer, pour les quantités de ces deux espèces de poudres dont la sortie ne serait pas justifiée, une somme égale à celle qu'ils auraient eu à payer dans le même cas pour une pareille quantité de poudre de chasse ordinaire.

LOI DU 24 MAI 1834.

Art. 2. Tout individu qui, sans y être légalement autorisé, aura fabriqué, débité ou distribué de la poudre, ou sera détenteur d'une quantité quelconque de poudre de guerre ou de plus de deux kilogrammes de toute autre poudre, sera puni d'un emprisonnement d'un mois à deux ans, sans préjudice des autres peines portées par les lois.

4. Les infractions prévues par les articles précédents seront jugées par les tribunaux de police correctionnelle.

Les armes et munitions fabriquées, débitées, distribuées ou possédées sans autorisation, seront confisquées.

Les condamnés pourront, en outre, être placés sous la surveillance de la haute police pendant un temps qui ne pourra excéder deux ans.

En cas de récidive, les peines pourront être élevées jusqu'au double.

26. A dater du 1er janvier 1835, les prix de la poudre de chasse superfine et fine, fixés par la loi du 16 mars 1819, seront modifiés comme il suit :

Poudre de chasse superfine, le kilog...... 10 francs.
Poudre de chasse fine, le kilog.......... 8 francs.

ORDONNANCE DU 26 DÉCEMBRE 1834.

Art. 1er. A dater du 1er janvier 1835, le prix de vente de la poudre de chasse dite royale sera fixé, par kilog., à 12 francs, y compris la valeur de la boîte.

ORDONNANCE DU 26 DÉCEMBRE 1836.

Art. 1er. Les prix de vente, par l'administration des contributions indirectes, des poudres de mine et de commerce extérieur sont fixés, à partir de l'année 1837, ainsi qu'il suit :

Poudre de mine prise dans les entrepôts de la régie 2 fr. le kilog.

La même poudre prise chez les débitants 2 fr. 25 cent. le kilog.

Poudre de commerce extérieur 1 fr. 45 cent. le kilog.

LOI DU 25 JUIN 1841.

Art. 25. Les dispositions des articles 222, 223, 224 et 225 de la loi du 28 avril 1816 sont applicables à la fabrication illicite, au colportage et à la vente des poudres à feu sans permission.

ORDONNANCE DU 5 OCTOBRE 1842.

Art. 1er. Les préposés dénommés dans l'article 223 de la loi du 28 avril 1816, ou toutes autres personnes qui arrêteront ou concourront à faire arrêter les individus qui se livreront à la fabrication illicite des poudres à feu, qui en vendront en fraude à leur domicile, ou qui en colporteront, qu'ils soient ou non surpris à vendre, recevront, comme dans les cas prévus par les articles 27 et 29 de la loi du 13 fructidor an v, une prime de 15 francs par chaque individu arrêté, quel que soit le nombre des saisissants.

RECOUVREMENTS.

LOI DU 22 FRIMAIRE AN VII.

Art. 65. L'introduction de l'instruction des instances aura lieu devant les tribunaux civils de l'arrondissement; la connaissance et la décision en sont interdites à toutes autres autorités constituées ou administratives.

L'instruction se fera par simples mémoires respectivement signifiés.

Il n'y aura d'autres frais à supporter, pour la partie qui succombera, que ceux du papier timbré, des significations et du droit d'enregistrement du jugement.

Les tribunaux accorderont, soit aux parties, soit aux préposés de la régie qui suivront les instances, le délai qu'ils leur demanderont pour produire leurs défenses; il ne pourra néanmoins être de plus de trois décades (trente jours).

Les jugements seront rendus dans les trois mois au plus tard, à compter de l'introduction des instances, sur le rapport d'un juge fait en audience publique, et sur les conclusions du *commissaire du directoire exécutif*[1]. Ils seront sans appel et ne pourront être attaqués que par voie de cassation.

LOI DU 27 VENTOSE AN IX.

Art. 17. L'instruction des instances que la régie aura à suivre pour toute les perceptions qui lui sont confiées se fera par simples mémoires respectivement signifiés, sans plai-

---

[1] Ministère public.

doiries. Les parties ne seront point obligées d'employer le ministère des avoués.

LOI DU 5 VENTOSE AN XII.

Art. 88. Les contestations qui pourront s'élever sur le fond des droits établis ou maintenus par la présente loi seront portées devant les tribunaux de première instance, qui prononceront dans la chambre du conseil, et avec les mêmes formalités prescrites pour le jugement des contestations qui s'élèvent en matière de payement des droits perçus par la régie de l'enregistrement.

DÉCRET DU 1er GERMINAL AN XIII.

Art. 43. La régie pourra employer contre les redevables en retard la voie de contrainte.

44. La contrainte sera décernée par le directeur ou receveur de la régie ; elle sera visée et déclarée exécutoire, sans frais, par le juge de paix du canton où le bureau de perception est établi, et pourra être notifiée par les préposés de la régie.

Le juge de paix ne pourra refuser de viser la contrainte pour être exécutée, à peine de répondre des valeurs pour lesquelles la contrainte aura été décernée.

45. L'exécution de la contrainte ne pourra être suspendue que par une opposition formée par le redevable. L'opposition sera motivée et contiendra assignation à jour fixe devant le tribunal civil de l'arrondissement, avec élection de domicile dans la commune où siége le tribunal ; le délai pour l'échéance de l'assignation ne pourra excéder huit jours ; le tout à peine de nullité de l'opposition.

47. La régie aura privilége et préférence à tous les créanciers sur les meubles et effets mobiliers des comptables pour leurs débets, et sur ceux des redevables pour les droits, à

l'exception des frais de justice, de ce qui sera dû pour six mois de loyer seulement, et sauf aussi la revendication dûment formée par les propriétaires des marchandises en nature qui seront encore sous balle et sous corde.

50. La prescription est acquise à la régie contre toutes demandes en restitution de droits et marchandises, payement d'appointements, après un délai révolu de deux années ; elle est acquise aux redevables contre la régie pour les droits que ses préposés n'auraient pas réclamés dans l'espace d'un an, à partir de l'époque où ils étaient exigibles.

La régie est déchargée de la garde des registres des recettes antérieures de trois années à l'année courante.

52. Les redevables sur lesquels auraient été protestées, faute de payement, des obligations souscrites par eux envers la régie, par suite de crédits obtenus, seront contraignables par corps.

CODE DE PROCÉDURE.

Art. 68. Tous exploits seront faits à personne ou domicile ; mais, si l'huissier ne trouve au domicile ni la partie, ni aucun de ses parents ou serviteurs, il remettra de suite la copie à un voisin, qui signera l'original ; si ce voisin ne peut ou ne veut signer, l'huissier remettra la copie au maire ou adjoint de la commune, lequel visera l'original sans frais. L'huissier fera mention du tout, tant sur l'original que sur la copie.

LOI DU 28 AVRIL 1816.

Art. 239. A défaut de payement des droits, il sera décerné contre les redevables des contraintes qui seront exécutoires, nonobstant opposition, et sans y préjudicier.

247. Aucunes instructions, soit du ministre, soit du directeur général, ou de la régie des impositions indirectes,

soit d'aucuns des préposés, ne pourront, sous quelque prétexte que ce soit, annuler, étendre, modifier ou forcer le
vrai sens des dispositions de la présente loi.

Les tribunaux ne pourront prononcer de condamnations
qui seraient fondées sur lesdites instructions, et qui ne
résulteraient pas formellement de la présente loi.

Les contribuables de qui il aurait été exigé ou perçu
quelques sommes au delà du tarif, ou d'après les seules
dispositions d'instructions ministérielles, pourront en réclamer la restitution.

Leur demande devra être formée dans les six mois; elle
sera instruite et jugée dans les formes qui sont observées
en matière de domaine.

LOI DU 17 AVRIL 1832.

TITRE II.

DISPOSITIONS RELATIVES À LA CONTRAINTE PAR CORPS EN MATIÈRE CIVILE.

SECTION 1re. — Contrainte par corps en matière civile ordinaire.

ART. 7. Dans tous les cas où la contrainte par corps a
lieu en matière civile ordinaire, la durée en sera fixée par
le jugement de condamnation; elle sera d'un an au moins
et de dix ans au plus.

Néanmoins, s'il s'agit de fermages de biens ruraux, aux
cas prévus par l'article 2062 du Code civil [1], ou de l'exécution des condamnations intervenues dans le cas où la contrainte par corps n'est pas obligée, et où la loi attribue seulement aux juges la faculté de la prononcer, la durée de
la contrainte ne sera que d'un an au moins et de cinq ans
au plus.

[1] Ce n'est pas seulement le Code civil qui prononce la contrainte par
corps en matière civile, le Code de procédure, dans les articles 126, 191,
201, etc., la prononce également.

Section 2. — Contrainte par corps en matière de deniers et effets mobiliers publics.

8. Sont soumis à la contrainte par corps, pour raison du reliquat de leurs comptes, déficit ou débet constatés à leur charge, et dont ils ont été déclarés responsables :

1° Les comptables de deniers publics ou d'effets mobiliers publics et leurs cautions [1];

2° Leurs agents ou préposés qui ont personnellement géré ou fait la recette;

3° Toutes personnes qui ont perçu des deniers publics dont elles n'ont point effectué le versement ou l'emploi, ou qui, ayant reçu des effets mobiliers appartenant à l'État, ne les représentent pas ou ne justifient pas de l'emploi qui leur avait été prescrit.

9. Sont compris dans les dispositions de l'article précédent les comptables chargés de la perception des deniers, ou de la garde et de l'emploi des effets mobiliers appartenant aux communes, aux hospices et aux établissements publics, ainsi que leurs cautions, et leurs agents et préposés ayant personnellement géré ou fait la recette.

10. Sont également soumis à la contrainte par corps :

1° Tous entrepreneurs, fournisseurs, soumissionnaires ou traitants, qui ont passé des marchés ou traités intéressant l'État, les communes, les établissements de bienfaisance et autres établissements publics, et qui sont déclarés débiteurs par suite de leurs entreprises;

2° Leurs cautions [2], ainsi que leurs agents et préposés qui ont personnellement géré l'entreprise, et toutes personnes déclarées responsables des mêmes services.

---

[1] Les cautions desdits entrepreneurs, etc., sont ainsi, de plein droit, soumises à la contrainte par corps, ce qui n'avait lieu précédemment qu'en cas de soumission explicite de leur part à cette contrainte. (Voir *Code civil*, art. 2,060.)

[2] Voir la note ci-dessus.

11. Seront encore soumis à la contrainte par corps tous redevables, débiteurs et cautions de droits de douanes, d'octrois et autres contributions indirectes, qui ont obtenu un crédit, et qui n'ont pas acquitté à l'échéance le montant de leurs soumissions ou obligations.

12. La contrainte par corps pourra être prononcée, en vertu des quatre articles précédents, contre les femmes et les filles.

Elle ne pourra l'être contre les septuagénaires.

13. Dans les cas énoncés dans la présente section, la contrainte par corps n'aura jamais lieu que pour une somme principale excédant 300 francs.

Sa durée sera fixée dans les limites de l'article 7 de la présente loi, paragraphe 1ᵉʳ [1].

TITRE III.

DISPOSITIONS RELATIVES À LA CONTRAINTE PAR CORPS CONTRE LES ÉTRANGERS.

14. Tout jugement qui interviendra au profit d'un Français contre un étranger non domicilié en France emportera la contrainte par corps, à moins que la somme principale de la condamnation ne soit inférieure à 150 francs, sans distinction entre les dettes civiles et les dettes commerciales.

15. Avant le jugement de condamnation, mais après l'échéance ou l'exigibilité de la dette, le président du tribunal de première instance dans l'arrondissement duquel se trouvera l'étranger non domicilié pourra, s'il y a de suffisants motifs, ordonner son arrestation provisoire, sur la requête du créancier français.

Dans ce cas, le créancier sera tenu de se pourvoir en condamnation dans la huitaine de l'arrestation du débiteur; faute de quoi celui-ci pourra demander son élargissement.

---

[1] Voir l'article 43 de la présente loi.

La mise en liberté sera prononcée par ordonnance de référé, sur une assignation donnée au créancier par l'huissier que le président aura commis dans l'ordonnance même qui autorisait l'arrestation, et, à défaut de cet huissier, par tel autre qui sera commis spécialement.

16. L'arrestation provisoire n'aura pas lieu ou cessera, si l'étranger justifie qu'il possède sur le territoire français un établissement de commerce ou des immeubles, le tout d'une valeur suffisante pour assurer le payement de la dette, ou s'il fournit pour caution une personne domiciliée en France et reconnue solvable.

17. La contrainte par corps, exercée contre un étranger en vertu de jugement pour dette civile ordinaire, ou pour dette commerciale, cessera de plein droit après deux ans, lorsque le montant de la condamnation principale ne s'élèvera pas à 500 francs;

Après quatre ans, lorsqu'il ne s'élèvera pas à 1,000 francs;

Après six ans, lorsqu'il ne s'élèvera pas à 3,000 francs;

Après huit ans, lorsqu'il ne s'élèvera pas à 5,000 francs;

Après dix ans, lorsqu'il sera de 5,000 francs et au-dessus.

S'il s'agit d'une dette civile pour laquelle un Français serait soumis à la contrainte par corps, les dispositions de l'article 7 seront applicables aux étrangers, sans que, toutefois, le minimum de la contrainte puisse être au-dessous de deux ans.

18. Le débiteur étranger, condamné pour dette commerciale, jouira du bénéfice des articles 4 et 6 de la présente loi [1]. En conséquence, la contrainte par corps ne sera point

---

[1] La contrainte par corps, en matière de commerce, ne pourra être prononcée contre les débiteurs qui auront commencé leur soixante-dixième année. (*Art. 4 de la présente loi.*)

Il (l'emprisonnement) cessera pareillement de plein droit le jour où le débiteur aura commencé sa soixante-dixième année. (*Art. 6 de la présente loi.*)

20.

prononcée contre lui, ou elle cessera dès qu'il aura commencé sa 70ᵉ année.

Il en sera de même à l'égard de l'étranger condamné pour dette civile, le cas de stellionat excepté.

La contrainte par corps ne sera pas prononcée contre les étrangères pour dettes civiles, sauf aussi le cas de stellionat, conformément au premier paragraphe de l'article 2066 du Code civil, qui leur est déclaré applicable [1].

TITRE IV.

DISPOSITIONS COMMUNES AUX TROIS TITRES PRÉCÉDENTS.

19. La contrainte par corps n'est jamais prononcée contre le débiteur au profit,

1° De son mari ni de sa femme;

2° De ses ascendants, descendants, frères ou sœurs, ou alliés au même degré.

Les individus mentionnés dans les deux paragraphes ci-dessus, contre lesquels il serait intervenu des jugements de condamnation par corps, ne pourront être arrêtés en vertu desdits jugements; s'ils sont détenus, leur élargissement aura lieu immédiatement après la promulgation de la présente loi.

20. Dans les affaires où les tribunaux civils ou de commerce statuent en dernier ressort, la disposition de leur jugement relative à la contrainte par corps sera sujette à l'appel; cet appel ne sera pas suspensif.

21. Dans aucun cas, la contrainte par corps ne pourra être exécutée contre le mari et contre la femme simultanément pour la même dette.

22. Tout huissier, garde du commerce ou exécuteur des mandements de justice, qui, lors de l'arrestation d'un débiteur, se refuserait à le conduire en référé devant le président

---

[1] Elle (la contrainte par corps) ne peut être prononcée contre les septuagénaires, les femmes et les filles, que dans le cas de stellionat. (*Code civil, art. 2066, § 1ᵉʳ.*)

du tribunal de première instance, aux termes de l'article 786 du Code de procédure civile, sera condamné à 1,000 francs d'amende, sans préjudice des dommages-intérêts.

23. Les frais liquidés que le débiteur doit consigner ou payer pour empêcher l'exercice de la contrainte par corps, ou pour obtenir son élargissement, conformément aux articles 798 et 800, paragraphe 2, du Code de procédure, ne seront jamais que les frais de l'instance, ceux de l'expédition et de la signification du jugement et de l'arrêt, s'il y a lieu, ceux enfin de l'exécution relative à la contrainte par corps seulement.

24. Le débiteur, si la contrainte par corps n'a pas été prononcée pour dette commerciale, obtiendra son élargissement en payant ou consignant le tiers du principal de la dette et de ses accessoires, et en donnant pour le surplus une caution acceptée par le créancier, ou reçue par le tribunal civil dans le ressort duquel le débiteur sera détenu.

25. La caution sera tenue de s'obliger solidairement[1] avec le débiteur à payer, dans un délai qui ne pourra excéder une année, les deux tiers qui resteront dus.

26. A l'expiration du délai prescrit par l'article précédent, le créancier, s'il n'est pas intégralement payé, pourra exercer de nouveau la contrainte par corps contre le débiteur principal, sans préjudice de ses droits contre la caution.

27. Le débiteur qui aura obtenu son élargissement de plein droit, après l'expiration des délais fixés par les articles 5[2], 7, 13 et 17 de la présente loi, ne pourra plus être dé-

---

[1] Ici, différemment de l'article 10, la caution n'est pas de droit soumise à la contrainte par corps. Voir la note 1 de la page 305.

[2] L'emprisonnement pour dette commerciale cessera de plein droit après un an, lorsque le montant de la condamnation principale ne s'élèvera pas à 500 francs;

Après deux ans, lorsqu'il ne s'élèvera pas à 1,000 francs;

Après trois ans, lorsqu'il ne s'élèvera pas à 3,000 francs;

Après quatre ans, lorsqu'il ne s'élèvera pas à 5,000 francs;

Après cinq ans, lorsqu'il sera de 5,000 francs et au-dessus.

(*Art. 5 de la présente loi.*)

tenu ou arrêté pour dettes contractées antérieurement à son arrestation et échues au moment de son élargissement, à moins que ces dettes n'entraînent, par leur nature et leur quotité, une contrainte plus longue que celle qu'il aura subie, et qui, dans ce dernier cas, lui sera toujours comptée pour la durée de la nouvelle incarcération.

28. Un mois après la promulgation de la présente loi, la somme destinée à pourvoir aux aliments des détenus pou dettes devra être consignée d'avance et pour trente jours au moins.

Les consignations pour plus de trente jours ne vaudront qu'autant qu'elles seront d'une seconde ou de plusieurs périodes de trente jours.

29. A compter du même délai d'un mois, la somme destinée aux aliments sera de 30 francs à Paris, et de 25 francs dans les autres villes, pour chaque période de trente jours.

30. En cas d'élargissement, faute de consignation d'aliments, il suffira que la requête présentée au président du tribunal civil soit signée par le débiteur détenu et par le gardien de la maison d'arrêt pour dettes, ou même certifiée véritable par le gardien, si le détenu ne sait signer.

Cette requête sera présentée en duplicata : l'ordonnance du président, aussi rendue par duplicata, sera exécutée sur l'une des minutes qui restera entre les mains du gardien; l'autre minute sera déposée au greffe du tribunal et enregistrée gratis.

31. Le débiteur élargi faute de consignation d'aliments ne pourra plus être incarcéré pour la même dette.

32. Les dispositions du présent titre et celles du Code de procédure civile sur l'emprisonnement, auxquelles il n'est pas dérogé par la présente loi, sont applicables à l'exercice de toute contrainte par corps, soit pour dettes commerciales, soit pour dettes civiles, même pour celles qui sont énoncées à la deuxième section du titre II ci-dessus, et enfin à la contrainte par corps qui est exercée contre les étrangers.

Néanmoins, pour les cas d'arrestation provisoire, le créancier ne sera pas tenu de se conformer à l'article 780 du Code de procédure, qui prescrit une signification et un commandement préalable.

ORDONNANCE DU 8 DÉCEMBRE 1832.

ART. 1er. Tous les comptables ressortissant au ministère des finances sont responsables du recouvrement des droits liquidés sur les redevables, et dont la perception leur est confiée; en conséquence, ils sont et demeurent chargés, dans leurs écritures et dans leurs comptes annuels, de la totalité des rôles ou des états de produits qui constatent le montant de ces droits, et ils doivent justifier de leur entière réalisation avant l'expiration de l'année qui suit celle à laquelle les droits se rapportent.

2. Les comptables peuvent obtenir la décharge de leur responsabilité, en justifiant qu'ils ont pris toutes les mesures et fait, en temps utile, toutes les poursuites et diligences nécessaires contre les redevables et débiteurs.

4. A l'égard des autres receveurs des deniers publics, il sera dressé, avant l'expiration de la seconde année de chaque exercice, des états par branche de revenus et par comptables, présentant les droits et produits restant à recouvrer, avec la distinction des créances qui devront demeurer à la charge des comptables, de celles qu'il y aura lieu d'admettre en reprise à l'exercice suivant, et de celles dont des receveurs seraient dans le cas d'obtenir la décharge. Le montant des droits et produits tombés en non-valeur ou à porter en reprise figurera distinctement dans les comptes des receveurs, et il en sera justifié à la cour des comptes. Notre ministre secrétaire d'État des finances statuera sur les questions de responsabilité, sauf l'appel en notre conseil d'État.

5. Les comptables en exercice verseront immédiatement dans leurs caisses le montant des droits dont ils auront été

déclarés responsables ; s'ils sont hors de fonctions, le recouvrement en sera poursuivi contre eux, à la diligence de
l'agent judiciaire du trésor public.

6. Lorsque les comptables auront soldé, de leurs deniers
personnels, les droits dus par les redevables ou débiteurs,
ils demeureront subrogés dans tous les droits du trésor
public, conformément aux dispositions du Code civil.

CONTENTIEUX.

LOI DU 24 AOUT 1790.

Art. 13. Les fonctions judiciaires sont distinctes et demeureront toujours séparées des fonctions administratives. Les juges ne pourront, à peine de forfaiture, troubler, de quelque manière que ce soit, les opérations des corps administratifs, ni citer devant eux les administrateurs pour raison de leurs fonctions.

LOI DU 1er DÉCEMBRE 1790.

Art. 1er. Il y aura un tribunal de cassation établi auprès du corps législatif.

14. En matière civile, le délai pour se pourvoir en cassation ne sera que de trois mois, du jour de la signification du jugement à personne ou domicile, pour tous ceux qui habitent en France, sans aucune distinction quelconque, et sans que, sous aucun prétexte, il puisse être donné des lettres de relief de laps de temps pour se pourvoir en cassation.

LOI DU 5 SEPTEMBRE 1792.

Art. 5. Lorsque plusieurs saisies de tabacs auront été faites séparément sur des inconnus, dans le ressort d'un même tribunal de district, et que la valeur de chaque partie saisie n'excédera pas 50 livres en argent, la régie pourra en demander la confiscation par une seule requête, laquelle contiendra l'estimation de chaque partie de tabac. Il sera statué sur ladite demande par un seul et même jugement.

LOI DU 5 VENTOSE AN XII.

Art. 83. En cas de suspicion de fraude, les employés peuvent faire des visites; mais en se faisant assister d'un officier de police qui sera tenu, sous peine de destitution et de dommages-intérêts, de déférer à la réquisition par écrit qu'ils lui en auront faite et qui sera transcrite en tête du procès-verbal.

84. Les procès-verbaux signés de deux employés feront foi en justice jusqu'à inscription de faux.

90. Les contraventions qui entraînent la confiscation ou l'amende seront poursuivies par-devant les tribunaux de police correctionnelle, qui prononceront les condamnations.

LOI DU 5 GERMINAL AN XII.

Art. 19. Le directeur veillera à ce que la perception soit faite en conformité des lois, et à ce que les différents employés de sa direction s'acquittent avec exactitude de leurs fonctions.

Il décernera des contraintes et fera toutes poursuites nécessaires contre les préposés en débet.

Il instruira et défendra sur les instances qui seront portées devant les tribunaux.

23. Les transactions sur procès seront définitives, 1° avec l'approbation du directeur de département, lorsque, sur les procès-verbaux de contravention et saisie, les condamnations de confiscations et amendes à obtenir ne s'élèveront pas à plus de 500 francs;

2° Avec l'approbation du directeur général, lorsque lesdites condamnations s'élèveront de 500 à 3,000 francs;

3° Avec l'approbation du ministre des finances dans les autres cas.

DÉCRET DU 1ᵉʳ GERMINAL AN XIII.

Art. 20. Les préposés de la régie seront âgés au moins de vingt et un ans accomplis; ils seront tenus, avant d'entrer en fonctions, de prêter serment devant le juge de paix ou le tribunal civil de l'arrondissement dans lequel ils exercent; ce serment sera enregistré au greffe et transcrit sur leur commission, sans autres frais que ceux d'enregistrement et de greffe; et sans qu'il soit nécessaire d'employer le ministère d'avoué.

21. Les procès-verbaux énonceront la date et la cause de la saisie, la déclaration qui en aura été faite au prévenu, les noms, qualités et demeures des saisissants et de celui chargé des poursuites, l'espèce, poids ou mesure des objets saisis, la présence de la partie à leur description, ou la sommation qui lui aura été faite d'y assister, le nom et la qualité du gardien, s'il y a lieu, le lieu de la rédaction du procès-verbal et l'heure de sa clôture.

22. Dans le cas où le motif de la saisie portera sur le faux et l'altération des expéditions, le procès-verbal énoncera le genre de faux, les altérations ou surcharges.

Lesdites expéditions, signées et paraphées des saisissants, *ne varietur*, seront annexées au procès-verbal, qui contiendra la sommation faite à la partie de les parapher et sa réponse.

23. Il sera offert mainlevée, sous caution solvable, ou en consignant la valeur des navires, bateaux, voitures, chevaux et équipages saisis pour autre cause que pour importation d'objets dont la consommation est défendue, et cette offre, ainsi que la réponse de la partie, sera mentionnée au procès-verbal.

24. Si le prévenu est présent, le procès-verbal énoncera qu'il lui en a été donné lecture et copie; en cas d'absence du prévenu, la copie sera affichée, dans le jour, à la porte de la maison commune du lieu de la saisie.

Ces procès-verbaux et affiches pourront être faits tous les jours indistinctement.

25. Les procès-verbaux seront affirmés, au moins par deux des saisissants, dans les trois jours, devant le juge de paix ou l'un de ses suppléants; l'affirmation énoncera qu'il en a été donné lecture aux affirmants.

26. Les procès-verbaux, ainsi rédigés et affirmés, seront crus jusqu'à inscription de faux.

Les tribunaux ne pourront admettre, contre lesdits procès-verbaux, d'autres nullités que celles résultant de l'omission des formalités prescrites par les articles précédents.

28. L'assignation à fin de condamnation sera donnée dans la huitaine, au plus tard, de la date du procès-verbal; elle pourra être donnée par les commis.

29. Si le tribunal juge la saisie mal fondée, il pourra condamner la régie, non-seulement aux frais du procès et à ceux de fourrière, le cas échéant, mais encore à une indemnité proportionnée à la valeur des objets dont le saisi aura été privé pendant le temps de la saisie, jusqu'à leur remise ou l'offre qui en aura été faite; mais cette indemnité ne pourra excéder un pour cent par mois de la valeur desdits objets.

30. Si, par l'effet de la saisie et leur dépôt dans un lieu et à la garde d'un dépositaire qui n'auraient pas été choisis ou indiqués par le saisi, les objets saisis avaient dépéri avant leur remise ou les offres valables de les remettre, la régie pourra être condamnée d'en payer la valeur ou l'indemnité de leur dépérissement.

31. Dans le cas où, la saisie n'étant pas déclarée valable, la régie des droits réunis interjetterait appel du jugement, les navires, voitures et chevaux saisis et tous les objets sujets à dépérissement ne seront remis que sous caution solvable, après estimation de leur valeur.

32. L'appel devra être notifié dans la huitaine de la signification du jugement, sans citation préalable, au bureau de

paix et de conciliation; après ce délai, il ne sera point recevable, et le jugement sera exécuté purement et simplement. La déclaration d'appel contiendra assignation, à trois
jours, devant le tribunal criminel du ressort de celui qui
aura rendu le jugement; le délai de trois jours sera prorogé
d'un jour par chaque deux myriamètres de distance du
domicile du défendeur au chef-lieu du tribunal [1].

33. Si la saisie est jugée bonne, et qu'il n'y ait pas d'appel
dans la huitaine de la signification, le neuvième jour le préposé du bureau indiquera la vente des objets confisqués,
par une affiche signée de lui et apposée tant à la porte de
la maison commune qu'à celle de l'auditoire du juge de
paix, et procédera à la vente publique cinq jours après.

34. Dans le cas où le procès-verbal portant saisie d'objets prohibés serait annulé par vices de forme, la confiscation desdits objets sera néanmoins prononcée sans amende,
sur les conclusions du poursuivant ou du procureur *impérial.*

La confiscation des objets saisis en contravention sera
également prononcée, nonobstant la nullité du procès-verbal, si la contravention se trouve d'ailleurs suffisamment
constatée par l'instruction.

35. Les propriétaires des marchandises seront responsables du fait de leurs facteurs, agents ou domestiques, en
ce qui concerne les droits, confiscations, amendes et dépens.

36. La confiscation des objets saisis pourra être poursuivie et prononcée contre les conducteurs, sans que la
régie soit tenue de mettre en cause les propriétaires, quand
même ils lui seraient indiqués; sauf, si les propriétaires in-
tervenaient, ou étaient appelés par ceux sur lesquels les
saisies auraient été faites, à être statué ainsi que de droit
sur leurs interventions ou réclamations.

37. Les condamnations pécuniaires contre plusieurs personnes, pour un même fait de fraude, seront solidaires.

---

[1] Voir le Code d'instruction criminelle, page 321.

38. Les objets, soit saisis pour fraude ou contravention, soit confisqués, ne pourront être revendiqués par les propriétaires, ni le prix, soit qu'il soit consigné ou non, réclamé par aucun créancier, même privilégié, sauf leur recours contre les auteurs de la fraude.

39. Les juges ne pourront, à peine d'en répondre en leur propre et privé nom, modérer les confiscations et amendes, ni en ordonner l'emploi au préjudice de la régie.

40. Celui qui voudra s'inscrire en faux contre un procès-verbal sera tenu d'en faire la déclaration par écrit, en personne ou par un fondé de pouvoir spécial passé par-devant notaire, au plus tard à l'audience indiquée par l'assignation à fin de condamnation : il devra, dans les trois jours suivants, faire au greffe dudit tribunal le dépôt des moyens de faux, et des noms et qualités des témoins qu'il voudra faire entendre ; le tout à peine de déchéance de l'inscription de faux.

Cette déclaration sera reçue et signée par le président du tribunal et le greffier, dans le cas où le déclarant ne saurait écrire ni signer.

41. Le délai pour l'inscription de faux contre le procès-verbal ne commencera à courir que du jour de la signification de la sentence, si elle a été rendue par défaut.

42. Les moyens de faux proposés dans le délai et dans la forme réglés par l'article 41 ci-dessus, par les prévenus, contre les procès-verbaux des préposés de la régie des droits réunis, ne seront admis qu'autant qu'ils tendront à justifier les prévenus de la fraude ou des contraventions qui leur sont imputées.

DÉCRET DU 22 JUILLET 1806.

Art. 1er. Le recours des parties au conseil d'État en matière contentieuse sera formé par requête signée d'un avocat au conseil ; elle contiendra l'exposé sommaire des faits et des moyens, les conclusions, les noms et demeures des parties, l'énonciation des pièces dont on entend se servir et qui y seront jointes.

DÉCRET DU 16 FÉVRIER 1807.

2. Les dépens, dans les matières ordinaires, seront liquidés par un des juges qui aura assisté au jugement, mais le jugement pourra être expédié et délivré avant que la liquidation soit faite.

3. L'avoué qui requerra la taxe remettra au greffier l'état des dépens adjugés, avec les pièces justificatives.

4. Le juge chargé de liquider taxera chaque article en marge de l'état, sommera le total au bas, le signera, mettra la taxe sur chaque pièce justificative et paraphera ; l'état demeurera annexé aux qualités.

5. Le montant de la taxe sera porté au bas de l'état des dépens adjugés ; il sera signé du juge qui y aura procédé et du greffier. Lorsque ce montant n'aura pas été compris dans l'expédition de l'arrêt ou jugement, il en sera délivré exécutoire par le greffier.

6. L'exécutoire ou le jugement au chef de la liquidation seront susceptibles d'opposition. L'opposition sera formée dans les trois jours de la signification à avoué avec citation. Il y sera statué sommairement, et il ne pourra être interjeté appel de ce jugement que lorsqu'il y aura appel de quelques dispositions sur le fond.

7. Si la partie qui a obtenu l'arrêt ou le jugement néglige de le lever, l'autre partie fera une sommation de le lever dans les trois jours.

8. Faute de satisfaire à cette sommation, la partie qui aura succombé pourra lever une expédition du jugement sans que les frais soient taxés, sauf à l'autre partie à les faire taxer dans la forme ci-dessus prescrite.

DÉCRET DU 5 SEPTEMBRE 1807.

Art. 1ᵉʳ. En conséquence de l'article 2,098 du Code civil, le privilége du trésor public est réglé de la manière suivante, en ce qui concerne le remboursement des frais dont la condamnation est prononcée à son profit, en matière criminelle, correctionnelle et de police.

2. Le privilége du trésor public sur les meubles et effets mobiliers des condamnés ne s'exercera qu'après les autres priviléges et droits ci-après mentionnés, savoir :

1° Les priviléges désignés aux articles 2101 et 2102 du Code civil ;

2° Les sommes dues pour la dépense personnelle du condamné, lesquelles, en cas de contestation de la part de l'administration des domaines, seront réglées, d'après la nature de l'affaire, par le tribunal qui aura prononcé la condamnation ;

3. Le privilége du trésor public sur les biens immeubles des condamnés n'aura lieu qu'à la charge de l'inscription dans les deux mois, à dater du jour du jugement de condamnation ; passé lequel délai, les droits du trésor public ne pourront s'exercer qu'en conformité de l'article 2113 du Code civil.

4. Le privilége mentionné dans l'article 3 ci-dessus ne s'exercera qu'après les autres priviléges et droits suivants :

1° Les priviléges désignés en l'article 2101 du Code civil dans le cas prévu par l'article 2,105.

2° Les priviléges désignés en l'article 2103 du Code civil, pourvu que les conditions prescrites pour leur conservation aient été accomplies.

3° Les hypothèques légales existantes indépendamment de l'inscription, pourvu, toutefois, qu'elles soient antérieures au mandat d'arrêt, dans le cas où il en aurait été décerné contre le condamné; et, dans les autres cas, au jugement de condamnation.

4° Les autres hypothèques, pourvu que les créances aient été inscrites au bureau des hypothèques avant le privilége du trésor public, et qu'elles résultent d'actes qui aient une date certaine antérieure auxdits mandat d'arrêt ou jugement de condamnation.

5° Les sommes dues pour la dépense personnelle du condamné, sauf le règlement, ainsi qu'il est dit en l'article 2 ci-dessus.

CODE D'INSTRUCTION CRIMINELLE.

ART. 149. Si la personne citée ne comparaît pas au jour et à l'heure fixés par la citation, elle sera jugée par défaut.

154. Les contraventions seront prouvées soit par procès-verbaux ou rapports, soit par témoins, à défaut de rapports et procès-verbaux, ou à leur appui. Nul ne sera admis, à peine de nullité, à faire preuve par témoins outre ou contre le contenu aux procès-verbaux ou rapports des officiers de police ayant reçu de la loi le pouvoir de constater les délits ou les contraventions, jusqu'à inscription de faux. Quant aux procès-verbaux ou rapports faits par des agents, préposés ou officiers auxquels la loi n'a pas accordé le droit d'en être crus jusqu'à inscription de faux, ils pourront être débattus par des preuves contraires, soit écrites, soit testimoniales, si le tribunal juge à propos de les admettre.

187. La condamnation par défaut sera comme non avenue, si, dans les cinq jours de la signification qui en aura été faite au prévenu ou à son domicile, outre un jour par cinq myriamètres, celui-ci forme opposition à l'exécution du jugement, et notifie son opposition tant au ministère public qu'à la partie civile. Néanmoins, les frais de l'expédition de la signification du jugement par défaut et de l'opposition demeureront à la charge du prévenu.

188. L'opposition emportera de droit citation à la première audience : elle sera non avenue si l'opposant n'y comparaît pas; et le jugement que le tribunal aura rendu sur l'opposition ne pourra être attaqué par la partie qui l'aura formée, si ce n'est par appel, ainsi qu'il sera dit ci-après. Le tribunal pourra, s'il y échet, accorder une provision, et cette disposition sera exécutoire nonobstant appel.

199. Les jugements rendus en matière correctionnelle pourront être attaqués par la voie de l'appel.

200. Les appels des jugements rendus en police correctionnelle seront portés des tribunaux d'arrondissement au tribunal du chef-lieu de département. Les appels des jugements rendus en police correctionnelle au chef-lieu du département seront portés au tribunal civil du chef-lieu du département voisin, quand il sera dans le ressort de la même cour royale, sans néanmoins que les tribunaux puissent, dans aucun cas, être respectivement jugés d'appel de leurs jugements. Il sera formé un tableau des tribunaux de chef-lieu auxquels les appels seront portés.

202. La faculté d'appeler appartiendra, 1° aux parties prévenues ou responsables; 2° à la partie civile, quant à ses intérêts civils seulement ; 3° à l'administration forestière; 4° au procureur du Roi près le tribunal de première instance, lequel, dans le cas où il n'appellerait pas, sera tenu, dans le délai de quinzaine, d'adresser un extrait du jugement au magistrat du ministère public près le tribunal ou la cour qui doit connaître de l'appel; 5° au ministère public, près le tribunal ou la cour qui doit prononcer sur l'appel.

208. Les jugements rendus par défaut sur l'appel pourront être attaqués par la voie de l'opposition, dans la même forme et dans les mêmes délais que les jugements par défaut rendus par les tribunaux correctionnels. L'opposition emportera de droit citation à la première audience, et sera comme non avenue, si l'opposant n'y comparaît pas. Le jugement qui interviendra sur l'opposition ne pourra être at-

taqué par la partie qui l'aura formée, si ce n'est devant la Cour de cassation.

209. L'appel sera jugé à l'audience, dans le mois, sur un rapport fait par l'un des juges.

210. A la suite du rapport, et avant que le rapporteur et les juges émettent leur opinion, le prévenu, soit qu'il ait été acquitté, soit qu'il ait été condamné, les personnes civilement responsables du délit, la partie civile et le procureur du Roi, seront entendus dans la forme et l'ordre prescrits par l'article 190.

Les dispositions des articles précédents, sur la solennité de l'instruction, la nature des preuves, la forme, l'authenticité de la signature du jugement définitif de première instance, la condamnation aux frais, ainsi que les peines que ces articles prononcent, seront communes aux jugements rendus sur l'appel.

212. Si le jugement est réformé parce que le fait n'est réputé délit ni contravention de police par aucune loi, la cour ou le tribunal renverra le prévenu et statuera, s'il y a a lieu, sur ses dommages-intérêts.

216. La partie civile, le prévenu, la partie publique, la personne civilement responsable du délit, pourront se pourvoir en cassation contre le jugement.

CODE PÉNAL.

Art 52. L'exécution des condamnations à l'amende, aux restitutions, aux dommages-intérêts et aux frais, pourra être poursuivie par la voie de la contrainte par corps.

53. Lorsque des amendes et des frais seront prononcés au profit de l'État, si, après l'expiration de la peine afflictive ou infamante, l'emprisonnement du condamné pour l'acquit de ses condamnations pécuniaires a duré une année complète, il pourra, sur la preuve acquise par les voies de droit de son absolue insolvabilité, obtenir sa liberté pro-

21.

visoire. La durée de l'emprisonnement sera réduite à six mois, s'il s'agit d'un délit, sauf, dans tous les cas, à reprendre la contrainte par corps, s'il survient au condamné quelque moyen de solvabilité.

54. En cas de concurrence de l'amende ou de la confiscation avec la restitution et les dommages-intérêts, sur les biens insuffisants du condamné, ces dernières condamnations obtiendront la préférence.

209. Toute attaque, toute résistance avec violence et voies de fait, envers les officiers ministériels, les gardes champêtres ou forestiers, la force publique, les préposés à la perception des taxes et des contributions, leurs porteurs de contraintes, les préposés des douanes, les séquestres, les officiers ou agents de la police administrative ou judiciaire, agissant pour l'exécution des lois, des ordres ou ordonnances de l'autorité publique, des mandats de justice ou jugements, est qualifiée, selon les circonstances, crime ou délit de rébellion.

DÉCRET DU 4 MARS 1808.

ART. 1er. Les détenus en prison à la requête de l'agent du trésor public, ou de tout autre fonctionnaire public, pour cause de dettes envers l'État, recevront la nourriture comme les prisonniers à la requête du ministère public.

DÉCRET DU 17 JUIN 1811.

ART. 157. Ceux qui se seront constitués parties civiles, soit qu'ils succombent ou non, seront personnellement tenus des frais d'instruction, expédition et signification des jugements, sauf leur recours contre les prévenus ou accusés qui seront condamnés, et contre les personnes civilement responsables du délit.

158. Sont assimilés aux parties civiles,

1° **Toute** régie ou administration publique relativement aux procès suivis, soit à sa requête, soit même d'office et dans son intérêt;

2° **Les** communes et les établissements publics dans les procès instruits, ou à leur requête, ou même d'office, pour crimes ou délits commis contre leurs propriétés.

LOI DU 28 AVRIL 1816.

Art. 235. Les visites et exercices que les employés sont autorisés à faire chez les redevables ne pourront avoir lieu que pendant le jour; cependant ils pourront aussi être faits la nuit dans les brasseries, distilleries, lorsqu'il résultera des déclarations que ces établissements sont en activité; et chez les débitants de boissons, pendant tout le temps que les lieux de débit seront ouverts au public.

236. Les visites et vérifications que les employés sont autorisés à faire pendant le jour seulement ne pourront avoir lieu que dans les intervalles de temps déterminés par l'article 26 de la présente loi.

237. En cas de soupçon de fraude à l'égard de particuliers non sujets à l'exercice, les employés pourront faire des visites dans l'intérieur de leurs habitations, en se faisant assister du juge de paix, du maire, de son adjoint, ou du commissaire de police, lesquels seront tenus de déférer à la réquisition qui leur en sera faite et qui sera transcrite en tête du procès-verbal. Ces visites ne pourront avoir lieu que d'après l'ordre d'un employé supérieur, du grade de contrôleur au moins, qui rendra compte des motifs au directeur du département.

Les marchandises transportées en fraude, qui, au moment d'être saisies, seraient introduites dans une habitation pour les soustraire aux employés, pourront y être suivies par eux, sans qu'ils soient tenus, dans ce cas, d'observer les formalités ci-dessus prescrites.

238. Les rébellions ou voies de fait contre les employés seront poursuivies devant les tribunaux, qui ordonneront l'application des peines prononcées par le Code pénal, indépendamment des amendes et confiscations qui pourraient êtres encourues par les contrevenants.

Quand les rébellions ou voies de fait auront été commises par un débitant de boissons, le tribunal ordonnera, en outre, la clôture du débit pendant un délai de trois mois au moins, et de six mois au plus.

240. Les employés n'auront aucun droit au partage du produit net des amendes et confiscations; un tiers de ce produit appartiendra à la caisse des retraites, les deux autres tiers feront partie des recettes ordinaires de la régie; le tout conformément aux dispositions de l'article 137 de la loi du 8 décembre 1814 sur les boissons.

Néanmoins les employés saisissants auront droit au partage du produit net des amendes et confiscations prononcées par suite des fraudes et contraventions relatives aux octrois, aux tabacs et cartes [1].

A Paris, et dans les villes où l'abonnement général autorisé par l'article 73 sera consenti, les communes disposeront, relativement aux saisies faites aux entrées par les préposés de l'octroi, du tiers affecté ci-dessus à la caisse des retraites de la régie.

241. Les registres portatifs tenus par les employés de la régie seront cotés et paraphés par les juges de paix; les registres de perception ou de déclaration, et tous autres pouvant servir à établir les droits du trésor et ceux des redevables, seront cotés et paraphés, dans chaque arrondissement de sous-préfecture, par un des fonctionnaires publics que les sous-préfets désigneront à cet effet.

242. les actes inscrits par les employés, dans le cours de leurs exercices, sur leurs registres portatifs, auront foi en justice jusqu'à inscription de faux.

[1] Voir l'article 126 de la loi du 25 mars 1817

243. Les expéditions et quittances délivrées par les employés seront marqués d'un timbre spécial dont le prix est fixé à 10 centimes.

244. Les préposés ou employés de la régie prévenus de crimes ou délits commis dans l'exercice de leurs fonctions seront poursuivis et traduits, dans les formes communes à tous les citoyens, devant les tribunaux compétents, sans autorisation préalable de la régie, seulement le juge instructeur, lorsqu'il aura décerné un mandat d'arrêt, sera tenu d'en informer le directeur des impositions indirectes du département de l'employé poursuivi ; le tout conformément aux dispositions de la loi du 8 décembre 1814, article 144.

245. Les autorités civiles et militaires et la force publique prêteront aide et assistance aux employés pour l'exercice de leurs fonctions, toutes les fois qu'elles en seront requises.

ORDONNANCE DU 22 MAI 1816.

ART. 4. Dans les affaires de police correctionnelle ou de simple police, qui seront poursuivies à la seule requête du ministère public, sans partie civile, ou même à la requête d'une administration publique agissant dans l'intérêt de l'État, d'une commune ou d'un établissement public, la partie poursuivante ne sera pas tenue de consigner d'avance le montant des frais de poursuites ni du droit d'enregistrement auxquels peuvent donner lieu les jugements ; mais les minutes de ces jugements devront être enregistrées en débet, conformément au paragraphe 1er de l'article 70 de la loi du 22 frimaire an VII, et il y aura lieu de suivre la rentrée des droits contre les parties condamnées, en même temps et de la même manière que celle des frais de justice.

Les dispositions du présent article ne sont pas applicables à la régie des contributions indirectes, laquelle continuera à faire l'avance des frais de poursuite et des droits

de timbre et d'enregistrement, dans toutes les affaires poursuivies à sa requête et dans son intérêt ou celui de ses
agents.

LOI DU 25 MARS 1817.

Art. 126. Il sera procédé, à l'égard du produit des
amendes et confiscations relatives aux droits établis ou maintenus par les paragraphes 2 et 4 du présent titre (Boissons
et voitures publiques), comme à l'égard des saisies en matière d'octroi.

ORDONNANCE DU 3 JANVIER 1821.

Art. 1er Il y aura un directeur général de la régie des contributions indirectes et cinq administrateurs.

2. Le directeur général dirigera et surveillera, sous les
ordres de notre ministre des finances, toutes les opérations
relatives à cette perception.

Il travaillera seul avec le ministre des finances.

Il correspondra seul avec les autorités militaires, administratives et judiciaires.

Il aura seul le droit de recevoir et d'ouvrir la correspondance.

Il signera seul les ordres généraux de service.

3. le ministre des finances fera la division du travail entre
les administrateurs.

Chacun d'eux sera chargé de suivre les parties du service qui lui seront spécialement attribuées.   •

Il correspondra avec les directeurs sur les objets qui seront placés sous sa surveillance; il travaillera particulière-
ment avec le directeur général, et prendra ses décisions sur
tous les points qui seront dans ses attributions directes, lorsqu'il y aura lieu à discussion ou à décision nouvelle.

4. Le directeur général et les administrateurs se formeront en conseil d'administration.

Le directeur général en aura la présidence.

En cas d'empêchement, il la déléguera à l'un des administrateurs.

Le ministre des finances appellera près de lui, dans les occasions où il le jugera convenable, le conseil d'administration.

En cas d'absence du directeur général, le ministre des finances désignera celui des administrateurs qui en remplira les fonctions.

5. Le conseil d'administration délibérera, sur le rapport qui lui sera fait par l'un des administrateurs,

1° Sur le budget général des dépenses de l'administration, sur lequel il donne son avis motivé;

2° Sur toutes les affaires résultant des procès-verbaux, saisies et contraventions;

3° Sur le contentieux de la comptabilité, débet des receveurs, contraintes à exercer contre les redevables;

4° Sur les demandes en décharge ou remboursement de droits;

5° Sur la liquidation des pensions de retraite de tout grade;

6° Sur les suppressions, divisions et créations d'emplois;

7° Sur les projets, devis, marchés et adjudications à passer pour le service de la régie;

8° Sur les révocations, destitutions et mises à la retraite des employés;

9° Sur les questions douteuses, dans tous les cas d'application des lois, ordonnances et règlements, dans tous ceux qui ne sont pas prévus ou qui ne sont pas suffisamment définis par lesdites lois, ordonnances et règlements, et sur les instructions générales relatives à leur exécution;

10° Sur les autres affaires sur lesquelles notre ministre des finances jugera convenable d'avoir son avis, et sur celle:

qui lui seront aussi, à cet effet, renvoyées par le directeur général.

6. Les délibérations du conseil d'administration seront prises à la majorité des voix; en cas de partage d'opinions, la voix du directeur général sera prépondérante.

Il pourra, lorsqu'il le jugera convenable, suspendre l'effet d'une délibération pour en référer au ministre des finances, qui statuera; mais, dans ce cas, il fera préalablement part de ses motifs au conseil, pour le mettre à même de modifier sa délibération, s'il y a lieu, ou de l'appuyer de nouvelles observations, qui seront jointes par le directeur général à son rapport au ministre.

7. Le directeur général présentera à l'approbation du ministre des finances l'état de composition des bureaux de l'administration centrale à Paris, avec l'indication des traitements attribués à chaque grade.

Il lui soumettra, chaque année, le budget général de l'administration, tel qu'il aura été délibéré par le conseil.

Il lui remettra, chaque mois, les bordereaux et états de situation de toutes les recettes et dépenses.

Il soumettra à son approbation les délibérations du conseil d'administration, sur les dispositions de service qui donneraient lieu à une dépense nouvelle, sur les objets dont la décision ne lui est pas attribuée, et sur les questions douteuses, dans tous les cas d'application des lois, ordonnances et règlements, dans tous ceux qui ne seraient pas prévus ou qui ne seraient pas suffisamment définis par lesdites lois, ordonnances et règlements, ainsi que sur les instructions générales relatives à leur exécution. Il lui rendra compte périodiquement de tous les résultats de son administration.

8. Les administrateurs et les *inspecteurs généraux* sont nommés par nous, sur le rapport de notre ministre des finances.

Notre ministre des finances proposera à notre approbation la nomination aux places de directeurs.

Il nommera aux places d'entreposeurs et d'*entreposeurs receveurs centraux*.

Le directeur général nommera à tous les autres emplois, après avoir pris l'avis de celui des administrateurs dans les attributions duquel se trouvera la suite principale de la partie du service pour laquelle la nomination aura lieu.

Il se conformera à l'ordre hiérarchique des grades et aux règles pour l'avancement et les nominations.

9. Le directeur général révoque, destitue et met à la retraite les employés dont la nomination lui est attribuée, après avoir pris l'avis du conseil d'administration, conformément aux articles 5 et 6 ci-dessus.

Il peut aussi suspendre les autres employés, sauf à rendre compte immédiatement au ministre des finances, qui statue.

10. Dans les affaires résultant de procès-verbaux de saisie et de contravention, les transactions seront définitives,

1° *Par le consentement du directeur d'arrondissement* [1], lorsque les condamnations, confiscations ou amendes, ne pourront s'élever à une valeur de plus de 500 francs;

2° Avec l'approbation du directeur général, lorsque lesdites condamnations pourront s'élever de 500 francs à 3,000 francs;

3° Par l'approbation du ministre des finances, lorsqu'il y aura eu dissentiment entre le directeur général et le conseil d'administration, et, dans tous les cas, lorsque le montant des condamnations excédera 3,000 francs.

11. Le conseil d'administration arrête, sur le rapport de l'administrateur chargé de la comptabilité, les comptes annuels de l'administration. Le directeur général les vise et les transmet au ministre des finances avec les pièces à l'appui.

---

[1] Modifié par l'article 6 de l'ordonnance royale du 4 décembre 1822.

ORDONNANCE DU 4 DÉCEMBRE 1822.

ART. 4. Les directions d'arrondissement établies dans chaque chef-lieu de préfecture sont érigées en directions de département.

5. Les directeurs de département continuent d'exercer les fonctions de directeur particulier de l'arrondissement chef-lieu de la préfecture.

Ils dirigent et surveillent le service de tout leur département.

Ils correspondent avec le directeur général, le préfet et les autres directeurs de leur département.

Ils reçoivent du directeur d'arrondissement, et ils transmettent, après les avoir vérifiés, les comptes des préposés de la régie comptables directs de la cour des comptes.

6. Les directeurs d'arrondissement continuent de diriger le service de l'arrondissement, sous les ordres du directeur de département.

Les transactions qu'ils sont autorisés à conclure par suite des contraventions dont les amendes et les confiscations ne s'élèveraient pas au delà de 500 francs, ne sont définitives que par le consentement du directeur de département.

LOI DU 15 JUIN 1835.

ARTICLE UNIQUE. Dans le cas prévu par l'article 28 du décret du 1ᵉʳ germinal an XIII, l'assignation à fin de condamnation sera donnée dans les trois mois, au plus tard, de la date du procès-verbal, à peine de déchéance. Elle pourra être donnée par les commis.

Lorsque les prévenus de contravention seront en état d'arrestation, l'assignation devra être donnée dans le délai d'un mois à partir de l'arrestation, à peine de déchéance.

LOI DU 11 JUIN 1842.

Art. 6. A partir de la promulgation de la présente loi, les lettres de voiture et les connaissements ne pourront être rédigés que sur du papier timbré, fourni par l'administration, ou sur du papier timbré à l'extraordinaire et frappé d'un timbre noir et d'un timbre sec.

Les particuliers qui, dans les départements autres que celui de la Seine, voudront faire timbrer à l'extraordinaire des papiers destinés aux lettres de voiture ou aux connaissements, seront admis à les remettre, en payant préalablement les droits, au receveur du timbre à l'extraordinaire établi au chef-lieu de chaque département. Ces papiers seront transmis par le directeur à l'administration, qui les fera timbrer et les renverra immédiatement.

Les frais de transport seront à la charge de l'administration.

7. Pour toute lettre de voiture ou connaissement non timbré ou non frappé du timbre noir et du timbre sec, la contravention sera punie d'une amende de 3o francs, payable solidairement par l'expéditeur et par le voiturier, s'il s'agit d'une lettre de voiture, et par le chargeur et le capitaine, s'il s'agit de connaissement.

GESTION DES COMPTABLES.

ARRÊTÉ DU 18 FRUCTIDOR AN VIII.

Art. 5. . . . .
Il est expressément défendu à toute autorité civile ou militaire, à peine d'en répondre personnellement, de disposer d'aucune somme dans les caisses publiques. Les payeurs et les receveurs seront également responsables de tout ce qu'ils auraient payé sans une ordonnance régulière.

ARRÊTÉ DU 10 FLORÉAL AN X.

Art. 1er. Les préfets sont autorisés, après avoir pris l'avis du sous-préfet, à traduire devant les tribunaux, sans recourir à la décision du conseil d'État, les percepteurs des contributions, pour faits relatifs à leurs fonctions.

DÉCRET DU 1er GERMINAL AN XIII.

Art. 27. Tout préposé destitué ou démissionnaire sera tenu, sous peine d'y être contraint, même par corps, de remettre à la régie ou à son fondé de pouvoir, en quittant son emploi, sa commission, ainsi que les registres et autres effets dont il aura été chargé par la régie, et de rendre ses comptes.

47. La régie aura privilége et préférence à tous les créanciers sur les meubles et effets mobiliers des comptables pour leurs débets, et sur ceux des redevables pour les droits, à l'exception des.frais de justice, de ce qui sera dû pour six mois de loyer seulement, et sauf aussi la re-

vendication, dûment formée par les propriétaires, des marchandises en nature qui seront encore sous balle et sous corde [1].

48. Toutes saisies du produit du droit, faites entre les mains des préposés de la régie ou dans celles de ses redevables, seront nulles et de nul effet.

CODE PÉNAL.

Art. 169. Tout percepteur, tout commis à une perception, dépositaire ou comptable public, qui aura détourné ou soustrait des deniers publics ou privés, ou effets actifs en tenant lieu, ou des pièces, titres, actes, effets mobiliers qui étaient entre ses mains, en vertu de ses fonctions, sera puni des travaux forcés à temps, si les choses détournées ou soustraites sont d'une valeur au-dessus de 3,000 francs.

170. La peine des travaux forcés à temps aura lieu également, quelle que soit la valeur des deniers ou des effets détournés ou soustraits, si cette valeur égale ou excède soit le tiers de la recette ou du dépôt, s'il s'agit de deniers ou d'effets une fois reçus ou déposés, soit le cautionnement, s'il s'agit d'une recette ou d'un dépôt attaché à une place sujette à cautionnement, soit enfin le tiers du produit commun de la recette pendant un mois, s'il s'agit d'une recette composée de rentrées successives et non sujettes à cautionnement.

171. Si les valeurs détournées ou soustraites sont au-dessous de 3,000 francs, et, en outre, inférieures aux mesures exprimées en l'article précédent, la peine sera un emprisonnement de deux ans au moins et de cinq ans au plus, et le condamné sera, de plus, déclaré à jamais incapable d'exercer aucune fonction publique.

172. Dans les cas exprimés aux trois articles précédents, il sera toujours prononcé contre le condamné une amende

[1] Voir la loi du 5 septembre 1807, page 338.

dont le maximum sera le quart des restitutions et indemnités, et le minimum le douzième.

173. Tout juge, administrateur, fonctionnaire ou officier public, qui aura détruit, supprimé, soustrait ou détourné les actes et titres dont il était dépositaire en cette qualité, ou qui lui auront été remis ou communiqués à raison
de ses fonctions, sera puni des travaux forcés à temps. Tous
agents, préposés ou commis, soit du Gouvernement, soit
des dépositaires publics, qui se seront rendus coupables
des mêmes soustractions, seront soumis à la même peine.

174. Tous fonctionnaires, tous officiers publics, leurs
commis ou préposés, tous percepteurs de droits, taxes, contributions, deniers, revenus publics ou communaux, et leurs
commis ou préposés, qui se seront rendus coupables du
crime de concussion, en ordonnant de percevoir ou en exi-
geant ou recevant ce qu'ils savaient n'être pas dû, ou excéder ce qui était dû pour droits, taxes, contributions, deniers
ou revenus, ou pour salaires ou traitements, seront punis,
savoir : les fonctionnaires ou les officiers publics, de la
peine de la reclusion, et leurs commis ou préposés, d'un
emprisonnement de deux ans au moins et de cinq ans au
plus. Les coupables seront, de plus, condamnés à une
amende dont le maximum sera le quart des restitutions et
des dommages-intérêts, et le minimum, le douzième.

175. Tout fonctionnaire, tout officier public, tout agent
du Gouvernement, qui, soit ouvertement, soit par actes simulés, soit par interposition de personnes, aura pris ou
reçu quelque intérêt que ce soit dans les actes, adjudications, entreprises ou régies, dont il a ou avait, au temps de
l'acte, en tout ou en partie, l'administration ou la surveillance, sera puni d'un emprisonnement de six mois au moins
et deux ans au plus, et sera condamné à une amende qui
ne pourra excéder le quart des restitutions et des indemnités,
ni être au-dessous du douzième. Il sera, de plus, déclaré à jamais incapable d'exercer aucune fonction publique. La pré-

sente disposition est applicable à tout fonctionnaire ou agent du Gouvernement qui aura pris un intérêt quelconque dans une affaire dont il était chargé d'ordonnancer le payement ou de faire la liquidation.

176. Tout commandant des divisions militaires, des départements ou des places et villes, tout préfet ou sous-préfet qui aura, dans l'étendue des lieux où il a droit d'exercer son autorité, fait ouvertement ou par des actes simulés, ou par interposition de personnes, le commerce des graines, grenailles, farines, substances farineuses, vins ou boissons, autres que ceux provenant de ses propriétés, sera puni d'une amende de 500 francs au moins, de 10,000 francs au plus, et de la confiscation des denrées appartenant à ce commerce.

177. Tout fonctionnaire public de l'ordre administratif ou judiciaire, tout agent et préposé d'une administration publique, qui aura agréé des offres ou promesses, ou reçu des dons ou présents pour faire un acte de sa fonction ou de son emploi, même juste, mais non sujet à salaire, séra puni du carcan et condamné à une amende double de la valeur des promesses agréées ou des choses reçues, sans que ladite amende puisse être inférieure à 200 francs. La présente disposition est applicable à tout fonctionnaire, agent ou préposé de la qualité ci-dessus exprimée, qui, par offres ou promesses agréées, dons ou présents reçus, se sera abstenu de faire un acte qui entrait dans l'ordre de ses devoirs.

178. Dans le cas où la corruption aurait pour objet un fait criminel emportant une peine plus forte que celle du carcan, cette peine plus forte sera appliquée aux coupables.

179. Quiconque aura contraint ou tenté de contraindre par voie de fait ou menaces, corrompu ou tenté de corrompre par promesses, offres, dons ou présents, un fonctionnaire, agent ou préposé de la qualité exprimée en l'article 177, pour obtenir, soit une opinion favorable, soit des procès-verbaux, états, certificats ou estimation contraires à

la vérité, soit des places, emplois, adjudications, entreprises ou autres bénéfices quelconques, soit enfin tout autre acte du ministère du fonctionnaire, agent ou préposé, sera puni des mêmes peines que le fonctionnaire, agent ou préposé corrompu.

Toutefois, si les tentatives de contraintes ou corruptions n'ont eu aucun effet, les auteurs de ces tentatives seront simplement punis d'un emprisonnement de trois mois au moins, et de six mois au plus, et d'une amende de 100 à 300 francs.

180. Il ne sera jamais fait au corrupteur restitution des choses par lui livrées, ni de leur valeur; elle seront confisquées au profit des hospices des lieux où la corruption aura été commise.

LOI DU 5 SEPTEMBRE 1807.

Art. 1er. Le privilége et l'hypothèque maintenus par les articles 2098 et 2121 du Code civil, au profit du Trésor public, sur les biens meubles et immeubles de tous les comptables chargés de la recette ou du payement de ses deniers, sont réglés ainsi qu'il suit:

2. Le privilége du Trésor public a lieu sur tous les biens meubles des comptables, même à l'égard des femmes séparées de biens, pour les biens trouvés dans les maisons d'habitation du mari, à moins qu'elles ne justifient légalement que lesdits immeubles leur sont échus de leur chef, ou que les deniers employés à l'acquisition leur appartiennent. Ce privilége ne s'exerce néanmoins qu'après les priviléges généraux et particuliers énoncés aux articles 2101 et 2102 du Code civil.

3. Le privilége du Trésor public sur les fonds de cautionnement des comptables continuera d'être régi par les lois existantes.

4. Le privilége du Trésor public a lieu,

1° Sur les immeubles acquis à titre onéreux par les comptables, postérieurement à leur nomination;

2° Sur ceux acquis au même titre, et depuis cette nomination, par leurs femmes, même séparées de biens.

Sont exceptées néanmoins les acquisitions à titre onéreux faites par les femmes, lorsqu'il sera légalement justifié que les deniers employés à l'acquisition leur appartenaient.

5. Le privilége du Trésor public, mentionné en l'article 4 ci-dessus, a lieu conformément aux articles 2106 et 2113 du Code civil, à la charge d'une inscription qui doit être faite dans les deux mois de l'enregistrement de l'acte translatif de propriété.

En aucun cas il ne peut préjudicier,

1° Aux créanciers privilégiés, désignés dans l'article 2103 du Code civil, lorsqu'ils ont rempli les conditions prescrites pour obtenir privilége;

2° Aux créanciers désignés aux articles 2101, 2104 et 2105 du Code civil, dans les cas prévus par le dernier de ces articles.

3° Aux créanciers du précédent propriétaire qui auraient sur le bien acquis des hypothèques légales, existantes indépendamment de l'inscription ou toute autre hypothèque valablement inscrite.

6. A l'égard des immeubles des comptables qui leur appartenaient avant leur nomination, le Trésor public a une hypothèque légale, à la charge de l'inscription, conformément aux articles 2121 et 2134 du Code civil.

Le Trésor public a une hypothèque semblable, et à la même charge, sur les biens acquis par le comptable autrement qu'à titre onéreux, postérieurement à sa nomination.

8. En cas d'aliénation, par tout comptable, de biens affectés aux droits du Trésor public par privilége ou par hypothèque, les agents du Gouverment poursuivront par voie de droit le recouvrement des sommes dont le comptable aura été constitué redevable.

22.

9. Dans le cas où le comptable ne serait pas actuellement constitué redevable, le Trésor public sera tenu, dans trois mois, à compter de la notification qui lui sera faite aux termes de l'article 2183 du Code civil, de fournir et de déposer, au greffe du tribunal de l'arrondissement des biens vendus, un certificat constatant la situation du comptable; à défaut de quoi, ledit délai expiré, la mainlevée de l'inscription aura lieu de droit, et sans qu'il soit besoin de jugement.

La mainlevée aura également lieu de droit dans le cas où le certificat constatera que le comptable n'est pas débiteur envers le Trésor public.

10. La prescription des droits du Trésor public, établie par l'article 2227 du Code civil, court au profit des comptables du jour où leur gestion a cessé.

ORDONNANCE DU 31 MAI 1838.

Art. 308. Les receveurs des finances et les percepteurs sous leurs ordres doivent faire sur les fonds de leurs recettes tous les payements pour lesquels leur concours est jugé nécessaire.

Les autres receveurs des revenus publics peuvent être appelés à concourir de la même manière au payement des dépenses pour le compte du payeur.

309. Ces payements ne peuvent être valablement effectués que sur la présentation, soit des lettres d'avis ou des mandats délivrés au nom des créanciers, soit de toute autre pièce en tenant lieu, et revêtue du vu *bon à payer* apposé par le payeur.

310. L'accomplissement de ces formalités et conditions, et la quittance régulière et datée de chaque partie prenante, suffisent pour dégager la responsabilité du comptable qui a effectué des payements de cette nature.

311. Les acquits constatant les payements faits par d'autres comptables pour le service du payeur doivent

être compris dans leur plus prochain versement à la recette particulière.

Les receveurs particuliers les transmettent au receveur général avec les acquits des payements faits par eux, et le receveur général reste chargé d'en effectuer la remise au payeur, qui en délivre des récépissés à talon.

SAISIES-ARRÊTS.

LOI DU 19 FÉVRIER 1792.

ART. 5. Toute personne pourra s'opposer et saisir, entre les mains des commissaires de la trésorerie nationale, les sommes qui doivent être acquittées directement au Trésor public, soit pour intérêt de finances, de cautionnement et de prix d'acquisition, soit pour fournitures, entreprises et travaux autres que ceux de charité.

7. A la mort d'un créancier de l'État, tout ce qui sera dû à la succession par la trésorerie nationale sera saisissable par les créanciers, quel que soit le titre dudit créancier.

8. Les saisies et oppositions ne pourront porter que sur les objets mentionnés aux articles précédents; elles seront datées du jour et de l'heure; elles exprimeront clairement, outre les noms des saisissants et opposants, les noms et qualités des parties prenantes, et l'objet saisi ou grevé d'opposition, faute de quoi elles seront regardées comme non-avenues.

9. L'huissier chargé des saisies et oppositions sera tenu de déposer son exploit pendant vingt-quatre heures à la trésorerie nationale, pour y être enregistré et visé sans frais : toutes saisies et oppositions non visées seront nulles.

14. Il sera délivré sans frais, par les commissaires de la trésorerie nationale, des extraits d'opposition, à la charge par les requérants de fournir le papier timbré nécessaire.

LOI DU 30 MAI 1793.

Art. 1er. La loi du 19 février 1792, relative aux saisies et oppositions formées au Trésor public, continuera d'avoir son exécution, à la charge, toutefois, par l'opposant, de déclarer dans l'exploit le montant de sa créance, et de fournir copie ou extrait en forme de son titre.

2. Lesdites saisies et oppositions n'auront d'effet que jusqu'à concurrence de la somme portée auxdits titres seulement, ou de ce qui sera déclaré en rester dû.

3. Toutes saisies ou oppositions faites à l'avenir, sans remplir les conditions ci-dessus, ne seront point visées et demeureront nulles.

LOI DU 21 VENTOSE AN IX.

Article unique. Les traitements des fonctionnaires publics et employés civils seront saisissables jusqu'à concurrence du cinquième sur les premiers 1,000 francs et toutes les sommes au-dessous, du quart sur les 5,000 francs suivants, et du tiers sur la portion excédant 6,000 francs, à quelque somme qu'elle s'élève, et ce, jusqu'à l'entier acquittement des créances.

DÉCRET DU 18 AOUT 1807.

Art. 1er. Indépendamment des formalités communes à tous les exploits, tout exploit de saisie-arrêt ou opposition entre les mains des receveurs, dépositaires ou administrateurs de caisses ou de deniers publics, en cette qualité, exprimera clairement les noms et qualités de la partie saisie; il contiendra, en outre, la désignation de l'objet saisi.

2. L'exploit énoncera pareillement la somme pour laquelle la saisie-arrêt ou opposition est faite; et il sera fourni,

avec copie de l'exploit, auxdits receveurs, caissiers ou administrateurs, copie ou extrait en forme du titre du saisissant.

3. A défaut par le saisissant de remplir les formalités prescrites par les articles 1 et 2 ci-dessus, la saisie-arrêt ou opposition sera regardée comme non-avenue.

4. La saisie-arrêt ou opposition n'aura d'effet que jusqu'à concurrence de la somme portée en l'exploit.

5. La saisie-arrêt ou opposition formée entre les mains des receveurs, dépositaires ou administrateurs de caisses ou de deniers publics, en cette qualité, ne sera point valable, si l'exploit n'est fait à la personne préposée pour le recevoir, et s'il n'est visé par elle sur l'original, ou, en cas de refus, par le procureur *impérial* près le tribunal de première instance de leur résidence, lequel en donnera de suite avis aux chefs des administrations respectives.

6. Les receveurs, dépositaires ou administrateurs seront tenus de délivrer, sur la demande du saisissant, un certificat qui tiendra lieu, en ce qui les concerne, de tous autres actes et formalités prescrits, à l'égard du tiers saisi, par le titre XX du livre III du Code de procédure civile.

S'il n'est rien dû au saisi, le certificat l'énoncera. Si la somme due au saisi est liquide, le certificat en déclarera le montant.

Si elle n'est pas liquide, le certificat l'exprimera.

7. Dans le cas où il serait survenu des saisies-arrêts ou oppositions sur la même partie et pour le même objet, les receveurs, dépositaires ou administrateurs seront tenus, dans les certificats qui leur seront demandés, de faire mention desdites saisies-arrêts ou oppositions, et de désigner les noms et élection de domicile des saisissants, et les causes desdites saisies-arrêts ou oppositions.

8. S'il survient de nouvelles saisies-arrêts ou oppositions depuis la délivrance d'un certificat, les receveurs, dépositaires ou administrateurs seront tenus, sur la demande qui

leur en sera faite, d'en fournir un extrait contenant pareillement les noms et élection de domicile des saisissants, et les
causes desdites saisies-arrêts ou oppositions.

9. Tout receveur, dépositaire ou administrateur de
caisses ou de deniers publics, entre les mains duquel il
existera une saisie-arrêt ou opposition sur une partie prenante, ne pourra vider ses mains sans le consentement
des parties intéressées, ou sans y être autorisé par justice.

CODE DE PROCÉDURE CIVILE.

Art. 561. La saisie-arrêt ou opposition formée entre les
mains des receveurs, dépositaires ou administrateurs de
caisses ou deniers publics, en cette qualité, ne sera point
valable, si l'exploit n'est fait à la personne préposée pour
le recevoir, et s'il n'est visé par elle sur l'original, ou, en
cas de refus, par le procureur du Roi.

569. Les fonctionnaires publics dont il est parlé à l'article 561 ne seront point assignés en déclaration, mais ils
délivreront un certificat constatant s'il est dû à la partie saisie, et énonçant la somme, si elle est liquide.

LOI DU 9 JUILLET 1836.

Art. 13. Toutes saisies-arrêts ou oppositions sur des
sommes dues par l'État, toutes significations de cession ou
transport desdites sommes, et toutes autres ayant pour objet d'en arrêter le payement, devront être faites entre les
mains des payeurs, agents ou préposés, sur la caisse desquels les ordonnances ou mandats seront délivrés.

Néanmoins, à Paris, et pour tous les payements à effectuer à la caisse du payeur central au trésor public, elles
devront être exclusivement faites entre les mains du conservateur des oppositions, au ministère des finances; toutes
dispositions contraires sont abrogées.

Seront considérées comme nulles et non avenues toutes oppositions ou significations faites à toutes autres personnes que celles ci-dessus indiquées.

Il n'est pas dérogé aux lois relatives aux oppositions à faire sur les capitaux et intérêts des cautionnements [1].

14. Lesdites saisies-arrêts, oppositions et significations n'auront d'effet que pendant cinq années à compter de leur date, si elles n'ont pas été renouvelées dans ledit délai, quels que soient d'ailleurs les actes, traités ou jugements, intervenus sur lesdites oppositions et significations.

En conséquence, elles seront rayées d'office des registres dans lesquels elles auraient été inscrites, et ne seront pas comprises dans les certificats prescrits par l'article 14 de la loi du 19 février 1792 et par les articles 7 et 8 du décret du 18 août 1807.

15. Le saisies-arrêts, oppositions et significations de cession ou transport et toutes autres faites jusqu'à ce jour, ayant pour objet d'arrêter le payement des sommes dues par l'État, devront être renouvelées dans le délai d'un an à partir de la publication de la présente loi, et conformément aux dispositions ci-dessus prescrites, faute de quoi elles resteront sans effet et seront rayées des registres dans lesquels elles auront été inscrites.

LOI DU 8 JUILLET 1837.

Art. 10. Le paragraphe 2 de l'article 9 de la loi du 29 janvier 1831 est rapporté.

11. Les dispositions des articles 14 et 15 de la loi du 9 juillet 1836 sont déclarées applicables aux saisies-arrêts, oppositions et autres actes ayant pour objet d'arrêter le payement des sommes versées, à quelque titre que ce soit,

---

[1] Voyez les lois des 25 nivôse et 6 ventôse an XIII; voyez aussi l'avis du conseil d'État, du 12 août 1807, relatif à l'effet des oppositions sur les cautionnements des fonctionnaires publics.

à la caisse des dépôts et consignations et à celle de ses préposés.

Toutefois, le délai de cinq ans mentionné à l'article 14 ne courra, pour les oppositions et significations faites ailleurs qu'à la caisse ou à celle de ses préposés, que du jour du dépôt des sommes grevées desdites oppositions et significations.

Les dispositions du décret du 18 août 1807, sur les saisies-arrêts ou oppositions, sont également déclarées applicables à la caisse des dépôts et consignations.

ORDONNANCE DU 16 SEPTEMBRE 1837.

Art. 1er. Les payeurs, agents ou préposés, chargés d'effectuer des payements à la décharge de l'État, continueront à verser d'office à la caisse des consignations la portion saisissable des appointements ou traitements civils et militaires arrêtée entre leurs mains par des saisies-arrêts ou oppositions.

A l'égard de toutes les autres sommes ordonnancées ou mandatées sur la caisse desdits payeurs, agents ou préposés, qui se trouveraient frappées de saisies-arrêts ou oppositions entre leurs mains, le dépôt ne pourra en être effectué à la caisse des dépôts et consignations qu'autant qu'il aura été autorisé par la loi, par justice ou par un acte passé entre l'administration et ses créanciers.

2. Les dépôts effectués en exécution des dispositions ci-dessus devront toujours être accompagnés d'un extrait certifié des oppositions et significations existantes, et contenant les noms, qualités et demeures du saisissant et du saisi, l'indication du domicile élu par le saisissant, le nom et la demeure de l'huissier, la date de l'exploit et le titre en vertu duquel la saisie a été faite, la désignation de l'objet saisi, et la somme pour laquelle la saisie a été formée.

3. Lesdites oppositions et significations passant à la caisse

des dépôts et consignations avec les sommes saisies, le renouvellement prescrit par les articles 14 et 15 de la loi du 9 juillet 1836 et par l'article 11 de la loi du 8 juillet 1837, devra être fait entre les mains du préposé de la caisse chargé de recevoir et viser les oppositions et significations.

Ce renouvellement devra être également fait entre les mains des payeurs, agents ou préposés du Trésor public, lorsque lesdites oppositions et significations continueront à subsister entre leurs mains, à raison des payements à effectuer ultérieurement pour le compte de l'État.

4. A défaut du renouvellement des oppositions et significations dans les délais prescrits par les articles précités, lesdites oppositions et significations seront rayées d'office des registres des payeurs, agents ou préposés du Trésor public et de la caisse des dépôts et consignations.

FIN.

TABLE DES MATIÈRES.

BOISSONS.

CARTES A JOUER.

23.

GARANTIE.

OCTROIS.

RECOUVREMENTS.

CONTENTIEUX.

FIN DE LA TABLE.